M. Hammer, E. Heddergott, M. Möhlenkamp

# ARBEITSBUCH
# FISCHER-PRÜFUNG

*MIT ALLEN PRÜFUNGSFRAGEN*

© Landwirtschaftsverlag GmbH, Münster-Hiltrup, 2002
4. Auflage 2005

| | |
|---|---|
| *Herausgeber* | Landesfischereiverband Westfalen und Lippe e. V. |
| *Verlag* | Landwirtschaftsverlag GmbH, 48084 Münster |
| *Umschlaggestaltung* | Grafisches Atelier im Landwirtschaftsverlag |
| *Innenlayout* | designbüro Bielefeld |
| *Fischzeichnungen* | Dietrich L. Bürkel, Hamburg |
| *Illustrationen* | Gabriele Mühlenkamp, Münster |
| *Gesamtherstellung* | LV Druck im Landwirtschaftsverlag GmbH |

Das Werk einschließlich aller seiner Teile ist urheberrechtlich geschützt. Jede Verwertung außerhalb der engen Grenzen des Urheberrechtsgesetzes ist ohne Zustimmung des Verlages unzulässig und strafbar. Das gilt insbesondere für Vervielfältigungen, Übersetzungen, Mikroverfilmungen und die Einspeicherung und Verarbeitung in elektronischen Systemen.

Gedruckt auf chlorfrei gebleichtem Papier

Printed in Germany

ISBN 3-7843-3036-3

# *Vorwort*

Mit dem Inkrafttreten des Fischereigesetzes für das Land Nordrhein-Westfalen am 01. Januar 1973 wurde die Fischerprüfung von den Verbänden auf die Behörden verlagert. Seit nunmehr 27 Jahren setzt die Erteilung eines Fischereischeins demnach grundsätzlich voraus, dass der Inhaber des Fischereischeins eine Fischerprüfung erfolgreich bei der unteren Fischereibehörde abgelegt hat.

Die Verordnung über die Fischerprüfung ist seither mehrfach geändert worden. Bei der letzten Änderung wurden die theoretischen Fragen überarbeitet und der praktische Teil mit einem neuen Bewertungsschema versehen. Zusätzlich ist der Nachweis einer ausreichenden Artenkenntnis der in NRW vorkommenden Fische, Neunaugen und Krebse eingeführt worden.

Der Prüfungsstoff ist somit umfangreicher und das Verfahren komplizierter. Wer sich also der Angelfischerei zuwenden und die Fischerprüfung bestehen möchte, muss sich intensiv vorbereiten.

Bereits bei der Vorstellung der „neuen" Verordnung über die Fischerprüfung wurde immer wieder der Wunsch an das Autorenteam herangetragen, einen Leitfaden zu erstellen, der sowohl dem Prüfling das notwendige Wissen vermitteln als auch dem Ausbilder für die Vorbereitung der Lehrgangsstunden dienlich sein sollte.

Das vorliegende Buch orientiert sich an den Anforderungen des Prüfungsstoffs der Verordnung über die Fischerprüfung in Nordrhein-Westfalen. Bei Durchsicht der entsprechenden Bestimmungen, die in anderen Bundesländern gelten, hat sich gezeigt, dass die Prüfungsfragen weitgehend identisch oder zumindest ähnlich sind. Auch ist das Artenspektrum der Fische naturgemäß vergleichbar, wenn man von einigen Arten des Donaueinzugsgebiets einmal absieht. Daher dürfte das vorliegende Arbeitsbuch auch demjenigen Prüfling bei der Vorbereitung helfen, der außerhalb von NRW die Fischerprüfung ablegen möchte.

Die einzelnen Fachgebiete des theoretischen Teils wurden so abgehandelt, dass – ggf. unter Einbeziehung weiteren Schrifttums oder mit Hilfe des Lehrgangsleiters – Zusammenhänge erkennbar und biologische Abläufe verständlich werden. Außerdem haben die Autoren versucht, nicht nur Interesse für den Fischfang, sondern auch für Natur und Landschaft und die darin lebenden Tiere und Pflanzen zu wecken.

Der praktische Teil dieses Leitfadens kann und soll kein Fachbuch und keine fischereiliche Zeitschrift ersetzen. Hier werden relativ einfache Gerätemontagen als Musterlösungen für die Prüfung dargestellt, mit denen man die genannten Fische fangen kann. Es gibt darüber hinaus viele andere Gerätekombinationen, Spezialmontagen und Methoden, die ständig weiter verfeinert werden und dann in der Praxis auch mehr Erfolg versprechen.

Der Anfänger ist bestimmt gut beraten, zunächst die Schnurstärken zu wählen, wie sie hier empfohlen werden. Später, nachdem man Erfahrungen im Umgang mit dem Gerät gesammelt hat, sind zahllose andere, auch individuelle Lösungen möglich.

Der Leitfaden ist in erster Linie als Arbeitsbuch gedacht, das in Verbindung mit Vorbereitungslehrgängen benutzt werden sollte. Ergänzende Erklärungen wird daher der Ausbildungsleiter geben.

Verbesserungsvorschläge werden gern aufgenommen und ggf. bei späteren Auflagen berücksichtigt.

Das Autorenteam

# Inhalt

Allgemeine Fischkunde ........ 7
Trainingsbögen ........ 36

Spezielle Fischkunde ........ 42
Trainingsbögen ........ 64

Gewässerkunde und Fischhege ........ 71
Trainingsbögen ........ 101

Natur- und Tierschutz ........ 109
Trainingsbögen ........ 124

Gerätekunde ........ 129
Trainingsbögen ........ 142

Gesetzeskunde ........ 146
Trainingsbögen ........ 162

Hinweise zur schriftlichen Prüfung ........ 169

Testprüfung ........ 171

Praktische Prüfung Teil I
(Gerätezusammenstellung) ........ 177

Praktische Prüfung Teil II
(Fischartenbestimmung) ........ 192

Bestimmungsschlüssel ........ 194

Hinweise zur praktischen Prüfung ........ 199

Fachbegriffe ........ 201

# Allgemeine Fischkunde

Als „Fische" werden gemeinhin alle Wirbeltiere bezeichnet, die im Wasser leben und Flossen haben. Trotz solcher charakteristischen Merkmale setzt sich diese Gruppe aber aus ganz verschiedenen, verwandtschaftlich z.T. weit auseinander stehenden Lebewesen zusammen. Daher ist es notwendig, etwas näher auf ihren Stammbaum einzugehen.

## ■ Kieferlose/Rundmäuler

Zu Beginn der stammesgeschichtlichen Entwicklung von Fischen bildeten sich kieferlose Tiere. Ihnen fehlen neben anderen Merkmalen höher entwickelter Wirbeltiere die Kiefer zum Aufnehmen von Nahrung.

Nur wenige Vertreter dieser Gruppe, wie z.B. die Neunaugen haben bis in die heutige Zeit überlebt. Bezüglich ihrer Ernährungsweise sind die urtümlichen Neunaugen jedoch hoch spezialisiert. Sie besitzen ein rundes Maul, mit dem sich einige Arten an Wirtsfischen festsaugen. Dort ernähren sie sich als Parasiten von Blut und Hautgewebe.

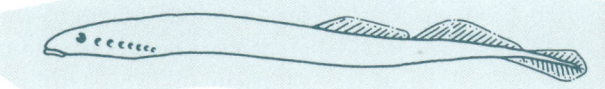

Bachneunauge
(Lampetra planeri)

In Deutschland kommen die folgenden, zu den Rundmäulern gehörenden Neunaugen vor: Meerneunauge sowie Bach- und Flussneunauge. Letztere sind eng miteinander verwandt, und es wird diskutiert, ob es sich dabei nur um unterschiedliche Standortformen einer Art handelt.

*Bach- und Flussneunaugen gehören zu den Rundmäulern.*

## ■ Knorpelfische/Haie

Zu den Knorpelfischen gehören als bekannte und gefürchtete Meeresbewohner die Haie. Ihrem Körperbau fehlen einige sehr vorteilhafte Errungenschaften der Knochenfische, von denen sich die Entwicklungslinie der Knorpelfische schon früh abgespalten hat. So verfügen sie z.B. nicht über Kiemendeckel und eine Schwimmblase.

Dennoch sind Haie durch enge Anpassung an die Freiwasserzone der Meere sehr konkurrenzstark und stehen an

*Der Dornhai besitzt je einen Dorn vor den Rückenflossen.*

den Enden der Nahrungsketten. Auch am Grund von Küstenmeeren leben Haie in größerer Artenzahl. Im Nordatlantik und seinen Nebenmeeren kommt z.B. der Dornhai vor, der durch je einen Dorn vor den beiden Rückenflossen gekennzeichnet ist.

Die Besiedlung der Binnengewässer ist Haien und anderen Knorpelfischen dagegen nicht in nennenswertem Umfang gelungen.

Dort herrschten schon zur „Blütezeit" der Knorpelfische im Devon und Karbon vor ca. 350 Millionen Jahren primitive Knochenfische vor. In der weiteren Evolution setzte sich Knochen als Baumaterial immer weiter durch, bis in der Kreidezeit vor ca. 100 Millionen Jahren das Zeitalter der modernen Knochenfische endgültig begann.

### ■ Knochenfische im „weiteren Sinne"

Der Übergang erfolgte jedoch keineswegs plötzlich, denn die ersten Knochenfische wiesen noch immer einzelne altertümliche Merkmale auf. Mit wenigen Ausnahmen sind die frühen Formen heute ausgestorben und nur ihre als Fossilien erhaltenen Skelette zeugen noch von den bedeutenden anatomischen Veränderungen in dieser Tiergruppe. Die überlebenden Arten der frühen Knochenfische werden als „lebende Fossilien" bezeichnet und haben große Bedeutung für die Aufklärung der Verwandtschaftsverhältnisse.

Störe, Knochenhechte und der Flösselhecht sowie Lungenfische und Quastenflosser zählen zu den noch lebenden Knochenfischen „im weiteren Sinne". Insbesondere der Quastenflosser *Latimeria chalumnae* kann als Bindeglied der Evolution betrachtet werden, weil aus seinen Vorfahren die Amphibien hervorgingen, mit denen das Leben an Land begann.

### ■ Knochenfische im „engeren Sinne"

In der weiteren Evolution der Fische wurde der Bauplan der Knochenfische weiter abgewandelt: Dünne Schuppen ersetzten die äußeren Knochenplatten altertümlicher Fische. Dadurch wird eine größere Vielfalt der Körperformen und -bewegungen ermöglicht. Ein hydrostatisches Organ, die Schwimmblase, befähigt zum schwerelosen Schweben im Wasser und bewegliche Ansätze der Brust- und Bauchflossen steigern die Manövrierfähigkeit beim Schwimmen.

## Allgemeine Fischkunde

Diese und andere Veränderungen im Körperbau der Knochenfische „im engeren Sinne" trugen zur Erschließung neuer ökologischer Nischen bei und führten zur Aufspaltung in zahllose Arten. Der Erfolg moderner Knochenfische (Teleostei) wird durch die Tatsache belegt, dass gegenwärtig die Klasse der Fische, davon überwiegend Teleosteer, beinahe die Hälfte aller Wirbeltierarten stellt.

Die einheimischen Fischarten werden gemäß ihrem Verwandtschaftsgrad in Gattungen, Familien und Ordnungen eingeteilt. In unserer Fischfauna ist die Familie der Karpfenartigen (Cyprinidae) mit der höchsten Artenzahl vertreten, gefolgt von den Lachsartigen (Salmonidae), den Barschartigen (Percidae) und den Schmerlen (Cobitidae). Gerade bei den artenreicheren Familien ist die Bestimmung manchmal schwierig, während Vertreter artenarmer Familien nach dem äußeren Erscheinungsbild meistens richtig eingeordnet werden können, ebenso wie die Familienzugehörigkeit an sich. Das Erscheinungsbild (Habitus) wird im Wesentlichen von den Bauplänen der Fische bestimmt.

*Die meisten heimischen Fischarten gehören zur Familie der Karpfenartigen.*

### ■ Baupläne

Zugleich geben die Baupläne auch Aufschluss über die äußeren Einflüsse, denen der Fisch in seinem Lebensraum ausgesetzt ist. Es ist also durchaus möglich, aufgrund des Bauplans auf das Habitat eines Fisches bzw. auf die äußeren Einflüsse, denen der Fisch ausgesetzt ist, zu schließen.

Reich strukturierte Lebensräume bieten die Voraussetzungen für die Entstehung einer außerordentlichen Formen- und Artenvielfalt. Korallenriffe gelten z.B. als eines der artenreichsten Ökosysteme. Die Vielzahl ökologischer Nischen auf kleinstem Raum sowie der hohe Raub- und Konkurrenzdruck haben extreme und z.T. äußerst bizarre Baupläne entstehen lassen, für die stellvertretend das Seepferdchen angeführt werden kann.

Nicht nur die Körperform an sich, sondern auch äußere und innere Organe können durch den Einfluss der Umwelt außergewöhnliche Formen annehmen. Obwohl dadurch im Einzelnen vollkommene Anpassungen vorgeführt werden, die bei vielen Menschen großes Interesse für Fische wecken, sind diese Ausnahmen für das Verständnis der allgemeinen Organentwicklung und -funktion von untergeordneter Bedeutung. Nachfolgend wird daher auf einen „Modell-

## Allgemeine Fischkunde

fisch" Bezug genommen, der ursprüngliche und für die heimische Fischfauna typische Merkmale aufweist.

### ■ Körperformen

Die Körperformen der meisten Süßwasserfische können wenigen Grundtypen zugeordnet werden. Eine schlangenförmige Gestalt ist geeignet, um sich in engen Winkeln und Löchern zu verstecken. Zur Fortbewegung versetzen solche Fische den gesamten Körper in s-förmige Bewegungen und nutzen auf diese Weise den Reibungswiderstand des Wassers aus. Wie Schlangen zeigen, funktioniert diese Art der Fortbewegung auch auf dem Trockenen. Von Aalen ist bekannt, dass sie sich gelegentlich über Land fortbewegen, wobei dies wahrscheinlich weniger oft vorkommt, als es immer wieder berichtet wird.

Senkrecht abgeplattete Grundfische bieten dem Wasser nur eine geringe Angriffsfläche, insbesondere weil sie regelmäßig die strömungsarme Grenzschicht am Gewässergrund ausnutzen. Groppen halten sich in den Bächen zum Beispiel vorwiegend zwischen oder unter den Steinen auf. Bei dieser Lebensweise ist eine optische Ähnlichkeit mit dem Substrat vorteilhaft. Meisterhafte Tarnung führen z.B. Flundern vor, die sich verschiedenen Untergründen farblich anpassen können oder sich bis auf die Augen im Sand eingraben. (Eigentlich sind Plattfische jedoch seitlich abgeplattet. Ein Auge wandert im Verlauf ihrer Entwicklung auf die andere Körperseite.)

*Körperformen*

*a) schlangenförmig (Aal, Anguilla anguilla)*

*b) abgeplattet (Flunder, Platichthys flesus)*

*c) torpedoförmig (Bachforelle, Salmo trutta f. fario)*

*d) hochrückig (Brassen, Abramis brama)*

*Allgemeine Fischkunde*

Stark strömendem Wasser bietet eine torpedoförmige Gestalt den geringsten Widerstand. Zugleich erlaubt die damit verbundene Masse und Anordnung der Muskeln solchen Fischen, schnell und ausdauernd zu schwimmen. Salmoniden z.B. vermögen bei ihren Laichwanderungen lange Strecken flussaufwärts zurückzulegen. Kurzfristig können sie sich gegen hohe Strömungsgeschwindigkeiten behaupten und sogar Abstürze springend überwinden.

Seitlich abgeplattete, hochrückige Fische dagegen bieten eine große Angriffsfläche und werden daher bei starker Strömung unweigerlich abgetrieben. Aus diesem Grund kommen sie nur in langsam fließenden oder stehenden Gewässern vor. Der hohe Rücken stabilisiert den Körper bei Schwimmmanövern auf engstem Raum. Die hochrückigen Brassen wenden diese Bewegungsfreiheit bei der Nahrungsaufnahme an, indem sie um die Körperlängsachse geneigt den Grund absuchen. Beim Angeln machen sich Brassen daher häufig durch sog. Hebebisse bemerkbar.

*Brassen zeigen eine hochrückige Körperform.*

■ **Flossen**

Flossen können in unterschiedlicher Zahl und Form ausgebildet werden. Die Abweichungen vom Grundmuster reichen beispielsweise bis zu den Rückenflossen einiger Tiefseefische, die zu einem Hautlappen umgebildet sind, mit dem Beutefische angelockt werden (sog. Anglerfische).

Wenn einzelne Flossen keine Funktion mehr erfüllen, können sie vollständig zurückgebildet werden. Dem Aal fehlen beispielsweise die Bauchflossen. Für seine versteckte Lebensweise zwischen Steinen oder Wurzelwerk wären diese Anhänge hinderlich.

*Der Aal besitzt keine Bauchflossen.*

Das Grundmuster der Flossenanordnung besteht aus paarigen Brust- und Bauchflossen sowie je einer unpaaren

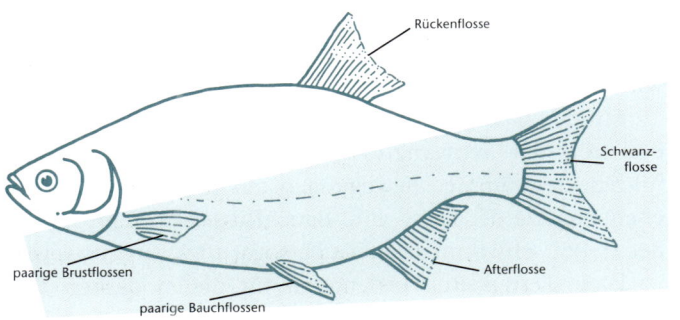

*Anordnung der Flossen (Rotfeder, Scardinius-erythrophthalmus)*

## Allgemeine Fischkunde

Rücken-, After- und Schwanzflosse. Abweichungen treten besonders häufig bei der Rückenflosse auf, die bei Dorschartigen mehrfach unterteilt oder wie beim Aal mit Schwanz- und Afterflosse zu einem Flossensaum verwachsen ist.

Zwischen Rücken- und Schwanzflosse sind Lachsartige mit einer weiteren Flosse ausgestattet, der Fettflosse. Ihre Bedeutung ist immer noch nicht restlos geklärt. Sie besitzt jedenfalls keine lebenswichtige Funktion, weil sich Fische mit fehlender Fettflosse normal verhalten und keinen offensichtlichen Nachteil hinnehmen müssen. Da die Fettflosse bei einigen Arten charakteristisch gefärbt ist, kann sie zur Artbestimmung herangezogen werden.

*Die Fettflosse der Salmoniden kann zur Artbestimmung herangezogen werden.*

Die Schwanzflosse dient hauptsächlich dem Antrieb. Ihre seitliche Bewegung wird durch das Spannen der dort ansetzenden Muskeln erzeugt. So entsteht ein Vortrieb, der je nach Form der Schwanzflosse auch nach oben oder unten gerichtet sein kann. Weil viele Fischarten sogar ausschließlich mit der Schwanzflosse schwimmen, wird sie zu Recht als „Motor der Fortbewegung" bezeichnet.

In Abhängigkeit von Art und Geschwindigkeit des Schwimmens ist ein unterschiedlich großer Teil des Körpers in die seitliche Bewegung der Schwanzflosse mit einbezogen. Schießt ein Hecht beispielsweise aus seiner Lauerstellung hervor, erstrecken sich die abwechselnden Krümmungen auch über einen erheblichen Teil seines lang gestreckten Körpers. Der vordere Rumpfteil und der Kopf bleiben dagegen starr, um die Beute nicht zu verfehlen.

Rücken- und Afterflossen stabilisieren die aufrechte Stellung des Fisches. Sie gleichen geringfügige Wasserturbulenzen oder durch Schwimmbewegungen entstandene Schwankungen aus und verhindern, dass der Fisch im Wasser „umkippt". Auf diese Weise verstärken die Flossensäume die Wirkung der hochrückigen Körperform. Zusammen ergibt sich daraus eine ähnliche Wirkung, wie sie z.B. durch das Schwert eines Segelbootes oder Surfbrettes hervorgerufen wird.

*Rücken- und Afterflossen dienen der Stabilisierung beim Schwimmen.*

Mit den paarigen Brust- und Bauchflossen steuern Fische den von der Schwanzflosse produzierten Vortrieb und führen kleinräumige Bewegungen aus. Durch die beweglichen Ansätze der Brust- und Bauchflossen können sie „auf der Stelle" schwimmen oder sich sogar rückwärts bewegen.

*Brustflossen sind immer paarig vorhanden.*

Diese Fertigkeiten bedeuteten für die modernen Knochenfische einen beachtlichen Vorteil bei der Eroberung

*Allgemeine Fischkunde*

neuer Lebensräume. Andere Lösungen der Evolution sind weniger ergiebig gewesen. So sind Haie mit starren Brustflossen ausgestattet, deren vorrangige Aufgabe es ist, Auftrieb zu erzeugen. Diese Wirkung kann sich aber nur bei fortwährendem Schwimmen entfalten. Deshalb sind viele Haie auf die Freiwasserzonen der Meere als Lebensraum angewiesen.

■ **Knochen**

Die Knochen der Fische entstehen in zwei grundsätzlich unterschiedlichen Prozessen. Einige sind von den äußeren Knochenplatten abgeleitet, mit denen die altertümlichen Fische bedeckt waren. Sie werden daher auch als Deckknochen bezeichnet. Im Gegensatz dazu entstehen Ersatzknochen durch nachträgliche Verknöcherung von Knorpelmasse.

Knochenmaterial wird ständig von spezialisierten Zellen gebildet und sichtbar an bestehende Skeletteile angelagert. Bei Fischen aus gemäßigten Breiten kann nun die vergangene Zeit am Knochenwachstum abgelesen werden, weil das Wachstum der Fische unter diesen klimatischen Bedingungen ungleichmäßig verläuft. Einer Wachstumsperiode im Sommer folgt eine Ruhephase mit nur geringer Längenzunahme im Winter. Die Ablagerungen erscheinen dann dichter und dunkler und unterscheiden sich deutlich von den helleren Bereichen des Sommers.

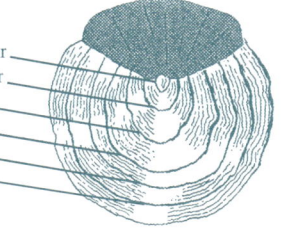

*Schuppe eines 6-jährigen Karpfens mit Jahresringen*

1. Winter
2. Winter
3. Winter
4. Winter
5. Winter
6. Winter

Für die Untersuchung dieser von Bäumen auch als Jahresringe bekannten Wachstumsunterschiede haben sich je nach Fischart Schuppen, Otolithen (Gehörsteine im Innenohr), Kiemendeckel oder Wirbelkörper als besonders geeignet erwiesen. Diese Methode der Altersbestimmung hat den Fischereiwissenschaftlern zu vielen neuen Erkenntnissen verholfen. Sie ermöglichte es, das Wachstum einzelner Fische zu erfassen. Dadurch können Zuwachsraten für Fischbestände genauer beschrieben und vorhergesagt werden. Dieses Wissen mündet schließlich in der Festlegung von Fangquoten für Seefischbestände, um diese vor Überfischung zu schützen.

*Das Alter von Fischen kann z.B. an Schuppen und Kiemendeckeln festgestellt werden.*

■ **Wirbelsäule**

Das Achsenskelett besteht aus Wirbeln, deren Zahl je nach Fischart schwankt. Beim Aal können bis zu 200 Wirbel gezählt werden. Ihr mittlerer Teil ist zylindrisch geformt und

## Allgemeine Fischkunde

an beiden Seiten nach innen gebogen. Die dadurch entstehenden Hohlräume zwischen den Wirbelkörpern sind mit den Überresten der knorpeligen *Chorda dorsalis*, dem Achsenskelett niederer Wirbeltiere ausgefüllt.

Verschiedene Fortsätze fassen über die angrenzenden Wirbel und verhindern sowohl die Verdrehung des Achsenskeletts als auch seine senkrechte Überdehnung. Andere Fortsätze umschließen die oberhalb der Wirbelsäule verlaufenden Nervenbahnen und die unterhalb angeordneten Blutgefäße.

An den Wirbeln setzen Rippen an, die im vorderen Rumpfbereich die Bauchhöhle mit den inneren Organen umschließen. Sie sind nicht mit den Gräten zu verwechseln, die Verknöcherungen der bindegewebsartigen Scheidewände zwischen den Muskelsträngen darstellen und die bei manchen Fischarten den Verzehr erheblich beeinträchtigen können.

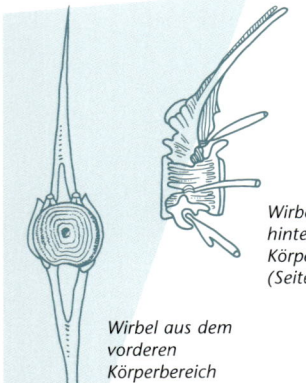

*Wirbelkörper*

*Wirbel aus dem hinteren Körperbereich (Seitenansicht)*

*Wirbel aus dem vorderen Körperbereich (Frontalansicht)*

### ■ Flossenstrahlen

Abgesehen von den Fleischflossern (Sarcopterygii), zu denen auch der bereits erwähnte Quastenflosser gehört und die sich schon im Devon vor ca. 400 Millionen Jahren abgespalten haben, stützen Strahlenflosser (Actinopterygii) ihre Flossen durch knöcherne Strahlen. Knochenfische spannen die Flossen durch Stachel- oder Gliederstrahlen wie einen Fächer auf und können daher auf einen großen Teil überflüssigen Bindegewebes verzichten. Gliederstrahlen sind entweder als unverzweigte Hart- oder als verzweigte

*Flossenstrahlen (Barsch Perca fluvatilis)*

*Stachelstrahlen*

*Gliederstrahlen*

Die Flossenformel des Flussbarsches lautet:
D1 XIII-XVII, D2 I-II 0/13-15
D = Dorsalis (Rückenflosse)
röm. Ziffern = Stachelstrahlen
arab. Ziffern vor dem Schrägstrich = Hartstrahlen
arab. Ziffern nach dem Schrägstrich = Weichstrahlen

Weichstrahlen ausgebildet. Nur eine dünne Haut verbindet die Flossenstrahlen miteinander. Die Beweglichkeit der Flossen und in demselben Maße der Fische nahm dadurch zu. Einzelne Flossenstrahlen können von den dazugehörigen Muskeln sogar unabhängig voneinander bewegt werden.

Strahlenflosser können ihre Flossen auch für andere Zwecke als zur Fortbewegung einsetzen. Die Stachelstrahlen vor den Rückenflossen der beiden heimischen Stichlingsarten etwa dienen zur Abschreckung oder zur Abwehr von Fressfeinden. Flossen können außerdem bei der Begattung helfen, wie die vergrößerten Bauchflossen beim Männchen der Schleie, oder sie haben eine Bedeutung bei der Partnerwahl, wie die fahnenförmig vergrößerte Rückenflosse beim Männchen der Äsche.

### ■ Schädel

Der Schädel der Fische ist wie bei einem Puzzle aus vielen einzelnen Knochen zusammengesetzt. Wissenschaftler befassen sich mit deren Herkunft und Verschiebung im Verlauf der Evolution, um daraus Verwandtschaftsbeziehungen abzuleiten.

### ■ Zähne

Die Kieferknochen und mithin auch die darauf befestigten Zähne leiten sich von den äußeren Knochenplatten altertümlicher Fische ab. Die Kieferzähne kommen in ganz verschiedenen Formen vor. Erst diese Vielfalt schuf die Voraussetzung, alle verfügbaren Nahrungsquellen zu nutzen. Die Befestigung der Zähne im Kieferknochen kann fest oder gelenkig sein. Der Verlust von Zähnen ist jedoch bei Fischen nicht so folgenschwer wie bei Säugetieren, da ausgefallene Zähne fortwährend ersetzt werden. Damit fischfressende Raubfische ihre glatte Beute packen und festhalten können, sind ihre Zähne häufig schlundeinwärts geneigt.

Statt Kieferzähnen besitzen karpfenartige Fische (Cyprinidae) Schlundzähne. Auf den fünften Kiemenbögen stehen Zähne in ein bis drei Reihen. Schmerlenartige (Cobitidae), die auch über Schlundzähne verfügen, weisen dagegen immer nur eine Zahnreihe auf. Friedfischen wie Brassen, Rotfedern und Karpfen dienen die Schlundzähne zum Zerkleinern pflanzlicher und tierischer Nahrung. Vor

*Brassen, Rotfedern und Karpfen besitzen wie alle Cypriniden Schlundzähne.*

# Allgemeine Fischkunde

*Schlundzähne (Karpfen Cyprinus carpio)*

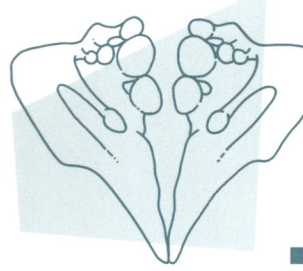

*Die Schlundzahnformel beim Karpfen lautet: 1.1.3-3.1.1
Die Schlundzähne auf beiden Schlundknochen stehen in drei Reihen, von denen die beiden äußeren jeweils einen Zahn und die inneren drei Zähne aufweisen*

allem beim Aufbrechen hartschaliger Schnecken und Muscheln dienen Schlundzähne als unentbehrliches Werkzeug.

Zahl und Anordnung der Schlundzähne sind eindeutige Unterscheidungsmerkmale innerhalb der artenreichen Familie der Karpfenartigen. Leider sind die Schlundzähne von außen nicht zu sehen, so dass sie erst nach dem Töten des Fisches zur Artbestimmung herangezogen werden können.

### ■ Schuppen

Die Schuppen gehen ebenfalls auf das äußere Skelett früherer Knochenfische zurück. Obwohl sie im Gegensatz zu deren Knochenplatten ausgesprochen dünn sind, schützen sie den Fisch noch immer wirksam vor Verletzungen. Darüber hinaus wird vermutet, dass sie bei einigen Arten die Schwimmeigenschaften verbessern. Offenbar sind trotz dieser Vorteile Schuppen in einigen Fällen entbehrlich. Arten aus ganz verschiedenen Fischfamilien haben darauf verzichtet, wie der Wels und die Groppe. Auch der mit nur winzigen Schuppen ausgestattete Aal befindet sich vermutlich auf dem Weg, die in engen Schlupfwinkeln hinderlichen Schuppen vollständig zurückzubilden.

*Schuppen*

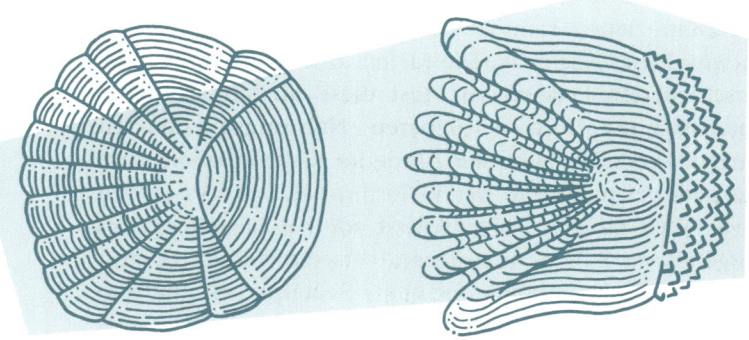

a) Rundschuppe (Cycloidschuppe)   b) Kammschuppe (Ctenoidschuppe)

*Die Schuppen des Döbels sind glatt und rund. Zander und Barsch haben rauhe Kammschuppen.*

Man kann zwischen den glatten Rundschuppen (Cycloidschuppen) der Lachs- und Karpfenartigen, z.B. beim Döbel, und den rauen, am Hinterrand bedornten Kammschuppen (Ctenoidschuppen) der Barschartigen, z.B. beim Barsch und Zander, unterscheiden.

*Allgemeine Fischkunde*

Die Beschuppung ist ein gleich bleibendes, äußerlich sicht- und zählbares Merkmal, nach dem Fische sicher bestimmt werden können.

## ■ Haut

Die Schuppen liegen in der Lederhaut, der unteren Hautschicht der Fische. Beim Lederkarpfen, dem die Beschuppung vollständig weggezüchtet wurde, ist diese Hautschicht namensgebend. Schuppen und Lederhaut werden von der Oberhaut (Epidermis) überdeckt. In der Oberhaut befinden sich spezialisierte Zellen, die verschiedene Aufgaben wahrnehmen.

Einige sondern z.B. die Schleimhaut ab, die den Fisch vor äußeren Einflüssen, insbesondere vor dem Eindringen von Krankheitserregern und Pilzen schützt. Sie vermindert außerdem den Reibungswiderstand beim Schwimmen und erschwert das Ergreifen durch Räuber, vor allem dann, wenn Fische in Stresssituationen vermehrt Schleim absondern.

*Verletzungen der Schleimhaut können zu Verpilzungen führen.*

*Die Schleimhaut schützt den Fisch und erleichtert das Schwimmen.*

Andere Zellen in der Epidermis erzeugen die silbrig glänzende oder farbige Erscheinung der Fische. Die helle Färbung der Bauchseite und der Körperflanken vor allem pelagischer Fische kann als Schutz vor Räubern gedeutet werden, die ihre Beute von unten gegen die helle Wasseroberfläche nur schwer ausmachen können. Im Gegenzug ist der Rücken meist dunkler gefärbt, um gegen den Blick von oben getarnt zu sein.

Eingelagerte Guaninkristalle, die die silbrige Färbung erzeugen, oder andere chemische Verbindungen werden je nach Stimmung oder körperlichem Zustand des Fisches innerhalb der Zelle konzentriert oder gestreut. Mit diesen Farbänderungen reagieren Fische auch auf Umweltbedingungen. Körperfärbungen sind daher von verschiedenen Einflüssen abhängig und selten ein gutes Bestimmungsmerkmal für Fische. Der Vorgang wird über die optische Wahrnehmung durch das Auge oder über Hormone gesteuert, wie bei den Laichfärbungen z.B. von Bitterling und Dreistachligem Stichling.

Die Haut der Fische steuert als äußere Hülle des Körpers den Stoffaustausch mit der Umgebung. In diesem Zusammenhang ist sie auch für die Aufnahme von Sauerstoff bedeutsam. Insbesondere der Aal besitzt die Fähigkeit zur Hautatmung und kann deshalb sogar einige Zeit außerhalb des Wassers überleben.

## Allgemeine Fischkunde

### ■ Atmung

Wie alle Tiere benötigen auch Fische unbedingt Sauerstoff zum Atmen. Gewöhnlich nehmen sie gelösten Sauerstoff aus dem Wasser auf und geben Kohlendioxid ab. Nur bei plötzlich auftretendem Mangel nehmen sie Sauerstoff aus der Luft auf, indem sie mit dem Maul an die Wasseroberfläche drängen.

*Bei akutem Sauerstoffmangel versuchen Fische an der Oberfläche Luft zu atmen.*

### ■ Kiemen

Die Aufnahme gelösten Sauerstoffs erfolgt über die Kiemen. Durch sog. Kiemenlamellen und -blättchen wird eine vergrößerte Oberfläche für den Gasaustausch bereitgestellt. Zu diesem Zweck ist die Haut der Kiemen dünn und durchlässig. Bei hohem Schwebstoffanteil im Atemwasser besteht allerdings die Gefahr, dass das empfindliche Kiemengewebe verstopft. Grobe Partikel werden dagegen von den Kiemenreusendornen zurückgehalten. Einige planktonfressende Fische, z.B. Maränen, nutzen die Kiemenreusendornen auch als Filterapparat zum Nahrungserwerb.

*Sauerstoff wird mit den Kiemen aus dem Wasser aufgenommen.*

Mehrere Kiemendeckel schützen den empfindlichen Atmungsapparat. Beim Flussbarsch sind die Kiemendeckel sogar mit einem Kiemendeckeldorn versehen. Überdies steigern Kiemendeckel, die weder bei Neunaugen noch bei Knorpelfischen vorkommen, die Wirksamkeit der Atmung, indem das Prinzip einer Saugpumpe angewendet wird. Während Haie für das Aufrechterhalten eines Wasserstroms über die Kiemen unablässig schwimmen müssen, können Knochenfische Atemwasser durch das Maul aufnehmen und bei geschlossenem Maul durch Verengung des Rachenraumes und Heben der Kiemdeckel zu den Kiemen führen.

*Die Kiemendeckel der Barsche sind mit einem Dorn versehen.*

Durch vermehrte Atembewegungen, angezeigt durch schnellere Bewegungen der Kiemendeckel, kann die Sauerstoffaufnahme vergrößert werden. Dies geschieht häufig bei Sauerstoffmangel oder anderweitigem Stress. Die Atembewegungen eines Fisches geben deshalb einen deutlichen Hinweis auf sein Befinden.

*Die Sauerstoffaufnahme wird durch Steigerung der Atemfrequenz vergrößert.*

Als zusätzliches Atmungsorgan findet man bei manchen Fischen noch eine Lunge. Sie ist aus einer Ausstülpung des Vorderdarms entstanden und stammesgeschichtlich älter als die Kiemen. Als dann später die Kiemen die Atmung übernahmen, entstand aus der Lunge die Schwimmblase. Lun-

## Allgemeine Fischkunde

genfische haben sich jedoch das frühere Atmungsorgan bewahrt und nutzen es weiterhin als Luftspeicher. Von tropischen Süßwasserfischen sind noch weitere Hilfsorgane zur Atmung bekannt. Aber auch der heimische Schlammpeitzger, der z. T. in temporären Gewässern unter ganz ähnlichen Bedingungen lebt, verfügt zusätzlich über die Fähigkeit zur Darmatmung.

*Der Schlammpeitzger betreibt zusätzlich Darmatmung.*

### ■ Schwimmblase

Das spezifische Gewicht von Fischen ist ein wenig höher als das des Wassers. Im bewegungslosen Zustand würden sie deshalb langsam absinken. Um die Position in der Wassersäule halten oder verändern zu können, ohne Energie für Schwimmbewegungen zu verbrauchen, verfügen die Knochenfische über eine Schwimmblase. Durch dieses Organ können sie einen vollkommenen Schwebezustand erreichen.

Es liegt nahe, dass bereits zu einem stammesgeschichtlich frühen Zeitpunkt die Atemluft zum Austarieren des Körpergewichts im Wasser verwendet wurde. (Ein Taucher bedient sich ebenfalls einer Veränderung des Lungenvolumens, um geringfügige senkrechte Ausgleichsbewegungen durchzuführen.) Daher war es ein folgerichtiger Entwicklungsschritt von der Lunge früher Knochenfische zur Schwimmblase, die neuzeitlichen Fischen als Auftriebskörper dient.

*Die Schwimmblase dient als Auftriebskörper.*

Das hydrostatische Organ muss unter Umständen große Druckschwankungen ausgleichen können. Dazu scheiden Fische im Blut gelöstes Gas gegen ein Konzentrationsgefälle in die Schwimmblase ab oder entfernen es auf demselben Weg. Spezialisierte Organe, Oval und Wundernetz übernehmen diese Aufgabe.

In der Natur reicht deren Leistung vollkommen aus, um die bei Vertikalwanderungen von Fischen auftretenden Druckschwankungen auszugleichen. Beim Hieven eines Schleppnetzes oder beim raschen Einholen der Angelschnur aus großer Tiefe kann das Gas jedoch nicht so schnell aus der Schwimmblase entfernt werden, wie es sich durch Nachlassen des Drucks ausdehnt. (In den letzten zehn Metern bis zur Oberfläche verdoppelt sich z.B. das Gasvolumen in der Schwimmblase.) Letztendlich kann in dem Fall die Schwimmblase mit den Gedärmen durch das Maul nach außen drängen oder sogar platzen.

*Allgemeine Fischkunde*

Hochseefische, wie Thune oder auch Makrelen, die bei der Jagd ausgedehnte Vertikalwanderungen unternehmen, vermeiden die durch Druckschwankungen entstehenden Gefahren, indem sie die Schwimmblase zurückgebildet haben. Einige Tiefseefische benutzen Fett statt Luft als Auf-

Aufbau der Schwimmblase

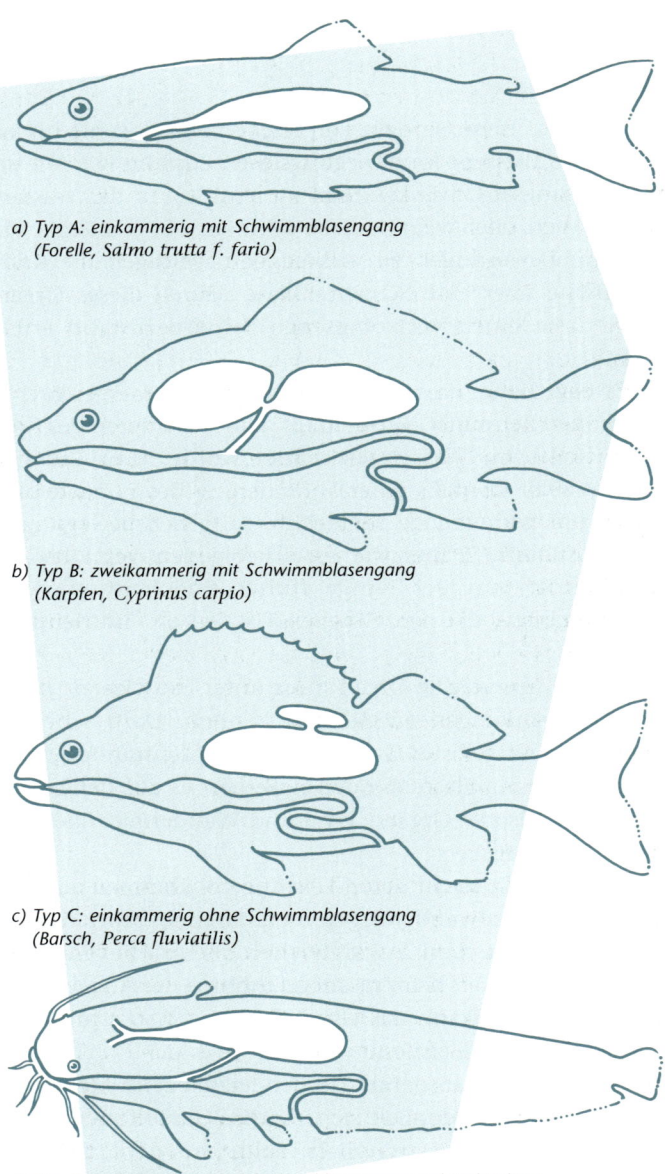

a) Typ A: einkammerig mit Schwimmblasengang (Forelle, Salmo trutta f. fario)

b) Typ B: zweikammerig mit Schwimmblasengang (Karpfen, Cyprinus carpio)

c) Typ C: einkammerig ohne Schwimmblasengang (Barsch, Perca fluviatilis)

d) Typ D: einkammerig mit Schwimmblasengang und Verbindung zum Labyrinthorgan (Wels, Siluris glanis)

## Allgemeine Fischkunde

triebsmittel und haben die Schwimmblase dementsprechend zu einem Fettspeicherorgan umgebildet. Aus der heimischen Fischfauna kann die Groppe oder Mühlkoppe angeführt werden, bei der sich keine Schwimmblase mehr findet. Für ihre bodennahe Lebensweise wäre mit dem Erhalt einer Schwimmblase kein erkennbarer Vorteil verbunden.

*Groppe und Makrele besitzen keine Schwimmblase.*

An die Abstammung von der Lunge erinnert bei einigen Fischarten noch der Schwimmblasengang *(Ductus pneumaticus)*, der die Schwimmblase mit dem Vorderdarm verbindet. Lachsartige, Karpfenartige, Wels, Hecht und Aal behalten dieses ursprüngliche Merkmal zeitlebens bei (Physostomen). Sie können ihre Schwimmblase direkt mit atmosphärischer Luft füllen.

Auch barschartige Fische verfügen in einem frühen Stadium ihrer Entwicklung noch über einen Schwimmblasengang. Als Fischlarven, unmittelbar nachdem sie das freischwimmende Stadium erreicht haben, füllen auch sie damit ihre Schwimmblase. Mit zunehmendem Alter bilden sie jedoch diese Verbindung vom Darm zu ihrer einkammerigen Schwimmblase vollständig zurück (Physoclisten). Fische dieser Gruppe, zu der auch Quappe und Stichlinge zählen, können im adulten Stadium ihre Schwimmblase daher ausschließlich durch die Abscheidung von Gas aus dem Blut füllen.

*Die Schwimmblase der Barsche ist einkammerig gebaut. Ihr fehlt der Luftgang.*

Im Gegensatz zu den Barschartigen besitzen karpfenartige Fische wie das Rotauge eine zweikammerige Schwimmblase. Bei ihnen und bei der Familie der Welse können Schallwellen über die Gehörknöchelchen zur Schwimmblase übertragen werden. Dort werden die Laute durch Resonanz verstärkt und somit hörbar gemacht.

*Heimische Karpfenartige zeichnen sich durch unbezahnte Kiefer, Schlundzähne und eine zweikammerige Schwimmblase aus.*

### ■ Labyrinthorgan

Wenn Fische Töne hervorbringen können, ist es nahe liegend, dass sie diese auch wahrnehmen. Obwohl äußere Ohrmuscheln fehlen, ist ein inneres Organ ausgebildet, mit dem Fische Töne hören. Das Innenohr der Fische besteht aus drei Bogengängen, die in verschiedenen, sich schneidenden Ebenen angelegt sind und den Eindruck eines Labyrinths erwecken.

*Fische können Töne im Wasser mit einem inneren Organ hören.*

Dort ist auch der Gleichgewichtssinn zu finden. Die mit Sinneshaaren ausgekleideten Bogengänge sind mit Körperflüssigkeit gefüllt und erweitern sich an ihrer Basis zu einer Kammer. Dort befindet sich jeweils ein Gehörstein (Otolith).

## Allgemeine Fischkunde

Bei Verlagerung des Körpers üben die Otolithen einen Druck auf die Sinneshaare in Richtung der Schwerkraft aus. Auf diese Weise kann sich der Fisch im Raum orientieren.

*Labyrinthorgan mit Gehörsteinchen (Otolithen)*

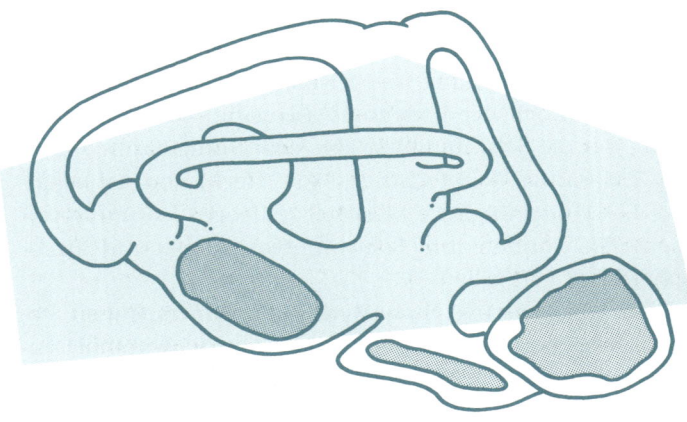

### ■ Seitenlinienorgan

Als weiteres Sinnesorgan für die Wahrnehmung von Schall- bzw. Druckwellen verfügen Fische über das Seitenlinienorgan. Insbesondere an den Körperflanken und über den Kopf verteilt verlaufen schleimgefüllte Kanäle, die mit Sinneshaaren versehen sind. Änderungen des Wasserdrucks werden durch Poren in den Seitenlinienschuppen an die Nervenenden weitergeleitet. Auf diese Weise kann der Fisch Bewegungen im Wasser erkennen und einordnen, Reflexionswellen von Gegenständen wahrnehmen und sogar seine eigene Schwimmgeschwindigkeit ermitteln.

*Die Seitenlinie an den Körperflanken der Fische zählt zu den Sinnesorganen.*

Diese Art der Wahrnehmung arbeitet so empfindlich, dass Fische hauptsächlich mit dem Seitenlinienorgan ihre genaue Position im Schwarm einhalten. Auch feinste Erschütterungen am Ufer werden von den Fischen bemerkt. Angler sind deshalb gut beraten, sich am Angelplatz so ruhig wie möglich zu verhalten.

### ■ Augen

Die optische Wahrnehmung scheint dagegen bei vielen Fischen eher von untergeordneter Bedeutung zu sein, u.a. weil im Wasser und insbesondere im Süßwasser die Sichtweite durch Schwebstoffe begrenzt ist. Wie in Versuchen festgestellt wurde, war die Überlebensfähigkeit geblendeter

## Allgemeine Fischkunde

Fische daher kaum beeinträchtigt. Sie waren weiterhin in der Lage, in einem Schwarm zu schwimmen, Nahrung zu finden und Räubern auszuweichen. Das trifft aber sicher nicht auf alle Fische und Altersstadien zu. Insbesondere Fischlarven nutzen z.B. ihr Sehvermögen bei der Jagd nach Nahrungstierchen.

Große Unterschiede in der Leistungsfähigkeit der Augen bei Fischen sind vor allem auf die Art, Anordnung und Menge der lichtempfindlichen Zellen zurückzuführen. Bei Raubfischen sind die Augen häufig überdurchschnittlich gut ausgestattet. In die Netzhaut des Zanders ist als Besonderheit eine sog. „Silberhaut" eingelagert, die das Licht abermals auf die Sehzellen reflektiert und dadurch eine bessere Ausnutzung erzielt. Aus diesem Grund jagt der Zander auch in trüben Gewässern noch erfolgreich nach Beute, in denen der Hecht nicht mehr genug Nahrung finden würde.

Das Gesichtsfeld, in dem der Fisch Kontraste, Farben und Bewegungen wahrnehmen kann, öffnet sich ausgehend von jedem Auge in einem Winkel von annähernd 180°. Im Überschneidungsbereich beider Felder ist das räumliche Sehvermögen besonders gut ausgeprägt.

Außerhalb des Wassers gelegene Gegenstände können hingegen nur durch einen begrenzten Ausschnitt erblickt werden. Unterschiedliche Brechungseigenschaften von Wasser und Luft führen dazu, dass Lichtstrahlen, die in einem zu

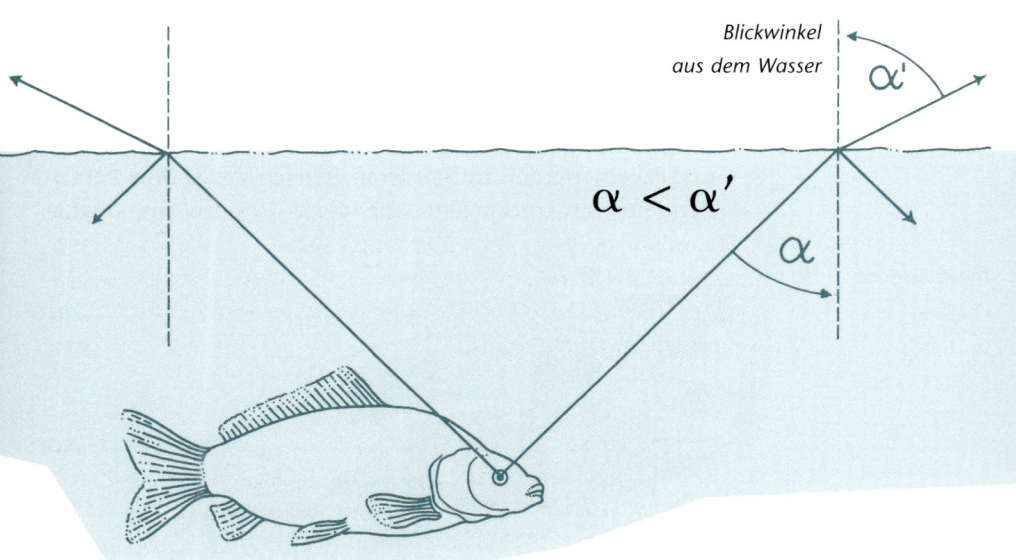

Blickwinkel aus dem Wasser

$\alpha < \alpha'$

## Allgemeine Fischkunde

*Fische können außerhalb des Wassers nur mit eingeschränktem Gesichtsfeld sehen.*

flachen Winkel von außen auf die Wasseroberfläche auftreffen, zurückgeworfen werden. Steiler auftreffende Lichtstrahlen dringen jedoch in das Wasser ein und werden dabei zum dichteren Medium, also dem Wasser hin gebrochen. Ein Fisch sieht also Gegenstände außerhalb des Wassers nur mit einem kleineren Gesichtsfeld wie durch ein Fenster.

### ■ Geruchsinn

Die Geruchswahrnehmung findet in Vertiefungen beiderseits am Kopf statt. Obwohl es sich bei den Riechgruben um unscheinbare Organe handelt, sind sie zu beeindruckenden Leistungen fähig. Aale können beispielsweise wenige Milliliter einer stark riechenden Substanz in einem Wasservolumen wahrnehmen, das dem Bodensee entspricht. Elritzen sondern bei Gefahr Schreckstoffe aus ihrer Haut ab, die den Schwarm in Sekundenbruchteilen vor der drohenden Gefahr warnen. U. a. wird das Riechvermögen auch für die zielgerichtete Rückkehr von Lachsen verantwortlich gemacht, die zur Fortpflanzung den Fluss ihrer Geburt aufsuchen, nachdem sie sich ein oder mehrere Jahre im Meer aufgehalten haben. Angler machen sich den Geruchssinn der Fische zunutze, indem sie den Ködern immer neue Variationen von Lockstoffen beimengen.

### ■ Verdauungstrakt

Im Darm wird die aufgenommene Nahrung verdaut. Bei Fischen spricht man allgemein vom Verdauungstrakt, da ein abgegrenzter Magen mit einem muskulösen Übergang zum Darm allenfalls bei Raubfischen anzutreffen ist. Zur Aufspaltung der eiweißreichen Kost von Raubfischen wie Zander und Hecht werden im vorderen Bereich des Darms besondere Enzyme produziert, die diese Unterteilung recht-

*Innere Organe*

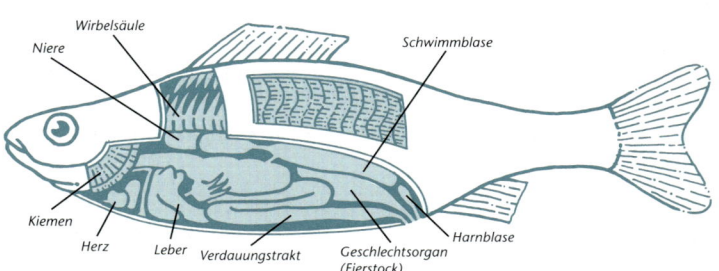

fertigen. Bei karpfenartigen Fischen wie Schleie und Karausche lässt sich diese Trennung weder aufgrund der Wirkungsweise noch aufgrund körperlicher Merkmale feststellen. Ein Magen ist daher bei diesen Fischarten nicht vorhanden.

*Cypriniden wie Schleie und Karausche haben keinen Magen.*

Von der Bauchspeicheldrüse werden verdauungsfördernde Stoffe abgesondert, die durch eine Verbindung zum Darm gelangen und dort dem Nahrungsbrei hinzugefügt werden. Auf diese Weise wird die aufgenommene Nahrung im Darm bis zur molekularen Ebene abgebaut. Als Endergebnis dieses Vorgangs werden z. B. Kohlenhydrate und Proteine gewonnen, die als Quelle für den Energiestoffwechsel oder zum Aufbau von Körpersubstanz dienen.

### ■ Niere

Als Abfallprodukte des Stoffwechsels fallen giftige Stickstoffverbindungen an, die aus dem Körper ausgeschieden werden müssen. Die Entsorgung flüssiger Abfallstoffe übernimmt die Niere. Sie ist außerhalb der Leibeshöhle und zwar unmittelbar unter der Wirbelsäule angeordnet. Bei gesunden Süßwasserfischen erscheint die Niere dunkelrot, weil sie intensiv von Blut durchflossen wird. In ihrem vorderen Bereich ist sie ein blutbildendes Organ, während die Blutreinigung im hinteren Teil stattfindet. Abfallstoffe, wie Harnstoff, Ammoniak und einige andere Substanzen von geringer Menge werden in den Nierenkanälchen gesammelt und über Harnblase und Harnleiter abgeführt.

*Flüssige Abfallstoffe werden durch die Nieren ausgeschieden.*

### ■ Osmoregulation

Der Harn von Süßwasserfischen besteht zum großen Teil aus Wasser, das über Kiemen und Haut aufgenommen wird. Die Wasseraufnahme erfolgt dabei nach physikalischen Gesetzen (Osmose). Weil die Körperflüssigkeit von Süßwasserfischen einen höheren Salzgehalt aufweist als das sie umgebende Wasser, dringt dieses in den Körper ein, um einen Konzentrationsausgleich herzustellen. Süßwasserfische scheiden deshalb möglichst viel Wasser über den Urin wieder aus und vermeiden jede aktive Flüssigkeitsaufnahme.

Umgekehrt verhält es sich bei Fischen, die im Meer einer höheren Salzkonzentration ausgesetzt sind. Sie wirken dem drohenden Verlust von Körperflüssigkeit entgegen, indem sie das Salz und andere Abbauprodukte des Stoffwechsels

## Allgemeine Fischkunde

durch einen hoch konzentrierten Harn wieder abgeben. Sie sind bemüht, Wasser auch an anderen Stellen zu sparen und zusätzlich viel zu trinken.

Die osmotische Anpassung hat zur Folge, dass viele Meeresfische, z.B. Makrelen, an den Salzgehalt des Meeres gebunden sind und im Süßwasser nicht überleben können. Einigen Süßwasserfischen fällt die Umstellung dagegen leichter (die jungen Entwicklungsstadien ausgenommen). Sie können durchaus im Salzwasser überleben und zeigen dort sogar ein besonders gutes Wachstum. Bei anadromen Wanderfischarten wie dem Lachs kann der Lebensabschnitt im Meer sogar regelrecht als Wachstumsphase angesehen werden. Da eine Beeinträchtigung durch den Wechsel zwischen Süß- und Salzwasser in diesem Fall nicht erfolgt, müssen Lachse Stofftransporte in den Kiemen und Nieren auch gegen ein Konzentrationsgefälle durchführen können.

*Makrelen sind als Meeresfische an das Salzwasser gebunden.*

■ **Leber**

Andere Giftstoffe aus dem Blut der Fische werden in der Leber dem Stoffkreislauf entzogen. Dort sind Zellen mit großen, aufnahmefähigen Zellräumen (Vakuolen) darauf eingerichtet, schädliche Stoffe aufzunehmen und dadurch auszuschalten.

Leberzellen speichern jedoch keineswegs nur Giftstoffe, sondern sie können auch Reservestoffe wie Glykogen und Fett einlagern. Bei Bedarf stellen sie diese dem Stoffwechsel wieder zur Verfügung. Das Glykogen sowie die starke Durchblutung sind für die typische dunkelrote bis braune Färbung der Leber beim gesunden Fisch verantwortlich.

*Leber und Niere sind beim gesunden Fisch dunkelrot gefärbt.*

Je nach Jahreszeit und Ernährungszustand kann sich die Färbung jedoch verändern. Beim Hecht und auch bei der Quappe, die wie alle Dorschartigen überdurchschnittlich viel Fett in der Leber speichert, treten selbst bei guter Gesundheit und Kondition hellbraune bis beige Leberfärbungen auf. Abgesehen davon ist ein heller, fleckiger oder wässriger Zustand der Leber allgemein als Anzeichen einer Krankheit zu werten.

Die Leber ist als größtes Stoffwechselorgan außerdem am Kohlenhydrat- und Eiweißstoffwechsel beteiligt und bewirkt die Bildung von Harnstoff und Gallenflüssigkeit. Letztere wird in der grünlich gelben Gallenblase gespeichert, die sich nahe bei der Leber befindet. Nach Bedarf wird die Gallenflüssigkeit in den Darm abgegeben, wo sie zur Aufspaltung der Fette beiträgt.

## ■ Herz/Blutkreislauf

Das in der Kehlgegend gelegene, mehrkammerige Herz pumpt Blut durch den Körper der Fische und versorgt auf diese Weise selbst die äußeren Körperteile mit Sauerstoff. Das Blut fließt durch ein geschlossenes Gefäßsystem und dient vorrangig als Transportmittel.

*Das Herz der Fische liegt in der Kehlgegend.*

Zunächst wird sauerstoffarmes und mit Kohlendioxid angereichertes Blut (venös) vom Herz zu den Kiemen geführt, wo der Gasaustausch erfolgt. Das nun sauerstoffreiche und kohlendioxidarme Blut (arteriell) aus den Kiemen vereinigt sich dann in einer Hauptader *(Aorta descendens)*, die unterhalb der Wirbelsäule verläuft. Von dort erreicht es durch ein immer feiner werdendes Adernetz die inneren Organe und Muskeln. Auf dem Rückweg durchfließt das Blut auf je nach Fischart unterschiedlichen Wegen die Pfortadern und gelangt über die Stoffwechselorgane Leber und Niere schließlich wieder zum Herz.

## ■ Körpertemperatur

Fische werden als wechselwarme Tiere (poikilotherm) bezeichnet, weil sich ihre Körpertemperatur der jeweiligen Wassertemperatur angleicht. Alle Stoffwechselvorgänge laufen deshalb im Winter bei niedrigen Temperaturen langsamer ab. Bei vielen Süßwasserfischen gemäßigter Breiten kann man von einer Winterruhe sprechen. Sie verharren dann an geschützten Stellen im Gewässer und nehmen nur wenig Nahrung auf.

*Die Körpertemperatur von Fischen richtet sich nach der Wassertemperatur.*

Das trifft jedoch nicht auf Kaltwasserfische zu, die in Gewässern mit ganzjährig geringen Wassertemperaturen leben. Lachsartige Fische beispielsweise zeigen keine Aktivitätsabnahme im Winter. Ganz im Gegenteil findet bei ihnen sogar das energieaufwendige Laichgeschäft zu dieser Jahreszeit statt.

Besondere Anpassungen ermöglichen es einigen Fischen, auch in arktischen Gebieten bei Wassertemperaturen unter dem Gefrierpunkt zu überleben. Ihre Körperflüssigkeit ist mit Stoffen angereichert, welche die Gefriertemperatur herabsetzen. Auf der anderen Seite vermögen einige Fischarten durch die Nutzung der Abwärme von Muskeltätigkeit ihre

*Allgemeine Fischkunde*

Körpertemperatur wie bei gleichwarmen Tieren (homoiotherm) zu regeln. Thunfische verfügen deshalb über einen höheren Stoffwechsel und sind leistungsfähiger z.B. bei der Verfolgung ihrer Beute.

- **Krankheiten**

In ihrer natürlichen Umgebung sind Fische den verschiedensten Stoffen und Organismen ausgesetzt, die Krankheiten auslösen und zum Tod führen können. Zu ihrem Schutz verfügen Fische über besondere Abwehrmechanismen. Äußerlich können Pilze und einige Mikroorganismen beispielsweise durch eine intakte Schleimhaut abgewehrt werden.

Vor anderen Mikroorganismen, vielen Parasiten und Umweltgiften besitzen die Fische dagegen keinen ausreichenden Schutz. Insbesondere über die direkte Berührung von Wasser und Blut in den Kiemen können Krankheitserreger und krankheitsauslösende Stoffe ungehindert in den Körper der Fische eindringen. Sie werden dann zwar vom Immunsystem bekämpft, aber nur dann mit Erfolg, wenn die Umweltbedingungen, insbesondere die Wassertemperatur und die Sauerstoffverhältnisse mit den Vorzugswerten der jeweiligen Fischart übereinstimmen.

Auch wenn der Fisch aus anderen Gründen, z.B. wegen Nahrungsmangel geschwächt ist, reicht die körpereigene Abwehrkraft oft nicht aus, einen Krankheitsausbruch zu verhindern. Deshalb werden Erkrankungen vermehrt im Frühjahr beobachtet, wenn die Fische mit schlechter Kondition aus dem Winter kommen.

Ein zu dichter Fischbestand kann ebenfalls Stress für die Fische bedeuten. Sie müssen sich die vorhandene Nahrung mit vielen Konkurrenten teilen oder unterliegen u. U. einem starken und fortwährenden Raubdruck. Auch unter diesen Bedingungen können Krankheiten ausbrechen, die aber letztlich nur eine für das Gewässer verträgliche Dichte des Fischbestandes wieder herstellen.

*Organisch belastete Gewässer begünstigen Fischkrankheiten wie die Furunkulose oder die Fleckenseuche.*

Schließlich fördert auch eine hohe organische Gewässerbelastung die Ausbreitung von Krankheiten. Insbesondere die Erreger bakterieller Infektionen, wie z.B. der Furunkulose bei Lachsartigen oder der Fleckenseuche bei Hechten und Aalen, können sich unter solchen Voraussetzungen gut entwickeln, während andererseits die Abwehrkraft der Fische durch abnehmende Wasserqualität noch zusätzlich geschwächt wird.

## ■ Erregerbedingte Krankheiten

Erregerbedingte Krankheiten gehen auf Viren, Bakterien oder Parasiten aus ganz verschiedenen Tierstämmen zurück. Die Ausbreitung der Krankheiten kann durch Fischbesatz gefördert werden, wenn infizierte Fische in bislang seuchenfreie Gewässer gelangen und dort erstmalig den Ausbruch der Krankheit verursachen. Die Ansteckung erfolgt entweder über das Wasser oder durch die direkte Berührung der Fische untereinander. Insbesondere bei Viruserkrankungen, die durch Transport- und Fanggeräte sowie durch das Transportwasser übertragen werden können, sind besondere Vorsichtsmaßnahmen geboten. Bei Parasiten sind es in vielen Fällen die Zwischenwirte, die für eine Übertragung sorgen.

*Viruserkrankungen können durch Wasser oder durch direkten Kontakt übertragen werden.*

Viele Krankheitserreger sind mehr oder weniger stark an eine ganz bestimmte Fischart gebunden. Im Falle eines Fischsterbens kann deshalb immer dann auf eine Krankheit als Ursache geschlossen werden, wenn nur eine oder wenige, miteinander verwandte Arten betroffen sind. Andere Krankheitserreger sind jedoch weniger spezifisch und schädigen unterschiedliche, nicht miteinander verwandte Fischarten. Die durch ein Bakterium hervorgerufene Fleckenseuche tritt beispielsweise bei Karpfenartigen sowie vor allem bei Hechten und Aalen auf.

*Hechte und Aale erkranken an Fleckenseuche.*

Als weiterer Hinweis auf eine Krankheit als Todesursache bei Fischsterben kann der schleichende Verlauf angesehen werden. Dabei treten über einen längeren Zeitraum verteilt immer wieder Todesfälle auf. Nach einiger Zeit ebbt die Sterblichkeit wieder ab, ohne dass der Bestand nachhaltig geschädigt oder gar die gesamte Population erloschen sein muss.

*Durch Krankheiten hervorgerufene Fischsterben verlaufen schleichend und betreffen nur eine oder miteinander verwandte Fischarten.*

Die Bauchwassersucht (Frühjahrsvirämie) des Karpfens und nah verwandter Arten geht auf ein Virus zurück, das durch Außenparasiten wie Karpfenläuse und Egel übertragen wird. Der Krankheitsverlauf steht in engem Zusammenhang mit der Temperaturentwicklung im Frühjahr. Ab einer Erwärmung des Wassers auf ca. 13°C treten die ersten Anzeichen der Erkrankung auf. Ein deutlicher Rückgang der Sterblichkeit ist erst dann zu verzeichnen, wenn die Wassertemperatur über 20°C gestiegen ist.

*Allgemeine Fischkunde*

*Karpfen (Cyprinus carpio) mit Bauchwassersucht*

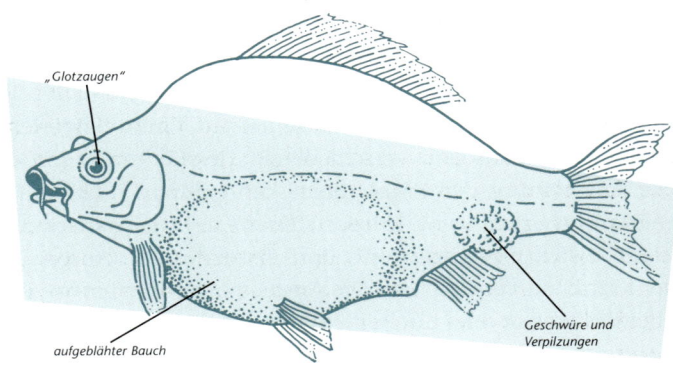

"Glotzaugen"

aufgeblähter Bauch

Geschwüre und Verpilzungen

*Die Bauchwassersucht des Karpfens verursacht eine starke Flüssigkeitsansammlung in der Leibeshöhle.*

Die befallenen Fische halten sich vermehrt in Ufernähe auf und zeigen unbeholfene Schwimmbewegungen und fehlendes Fluchtverhalten. Die Augen quellen als sog. „Glotzaugen" hervor. Nach dem Öffnen der Leibeshöhle können fortgeschrittene Entzündungen der inneren Organe sowie Blutungen an der Schwimmblasenwand festgestellt werden. Im Bauchraum befindet sich eine starke Flüssigkeitsansammlung, worauf sich der Name dieser Krankheit bezieht.

Einige Virus- und bakterielle Erkrankungen sind typisch für lachsartige Fische. Mit der weitesten Verbreitung und den schwersten Folgeschäden in den Forellenzuchtbetrieben ist die VHS (Virale Haemorrhagische Septikaemie) oder „Forellenseuche" zu nennen. Das Virus wird über die Kiemen direkt aus dem Wasser aufgenommen. Erkrankte Fische halten sich in Ufernähe auf und sind ebenfalls durch „Glotzaugen" sowie durch blutarmes, sehr helles Kiemengewebe gekennzeichnet. Als sicheres Merkmal dieser Krankheit werden kommaförmige Blutergüsse in der Muskulatur angesehen. Auch an der Leibeshöhlenwand und an der Schwimmblase befinden sich Blutungen. Die Leber ist gelblich verfärbt.

*Die Forellenseuche erkennt man an kommaförmigen Blutergüssen in der Muskulatur, blutarmen Kiemen und Glotzaugen.*

■ **Parasiten**

Parasiten leben in enger Gemeinschaft mit ihrem Wirt. Die Beziehung ist allerdings nur von einseitigem Nutzen für den Parasiten. In den meisten Fällen wird der Wirt geschädigt, indem der Schmarotzer ihm Nährstoffe für den eigenen Lebensbedarf entzieht. An dem Verlust geht der Wirt jedoch in der Regel nicht zugrunde. Anderenfalls würde der Parasit seine eigene Lebensgrundlage vernichten.

*Parasiten entziehen anderen Tieren oder Pflanzen Nährstoffe für ihren eigenen Lebensbedarf.*

Aus diesem Grund ist der Befall mit Innen- oder Außenparasiten für Fische zwar lästig und kann wegen der allgemeinen Schwächung zu Zweitinfektionen führen, größere Schäden an den Fischbeständen in freier Natur sind dadurch jedoch kaum zu befürchten. In der geringen Sterblichkeit unterscheidet sich Parasitenbefall grundsätzlich von Virus- oder bakteriellen Erkrankungen.

Eine Ausnahme stellt die Einführung gebietsfremder Parasiten dar, mit denen sich die heimischen Wirtsorganismen bislang nicht auseinander setzen mussten und gegen die sie demzufolge auch keine Abwehrstrategien entwickelt haben.

Als jüngstes Beispiel kann der in Ostasien beheimatete Schwimmblasenwurm *(Anguillicola crassus)* angeführt werden, der ursprünglich beim japanischen Aal vorkam, aber dort nur geringe Schäden hervorrief. Wahrscheinlich durch den weltweiten Transport der Aale kam es jedoch zu einer Übertragung auf den Europäischen Aal. In nur wenigen Jahren hat sich der Parasit über ganz Europa ausgebreitet und ist gegenwärtig im Begriff, auch auf den Amerikanischen Aal überzugehen. Die Befallsrate z.B. in Nordrhein-Westfalen liegt derzeit zwischen 50 % und 80 %.

Wenn auch Todesfälle als eine direkte Folge des Parasitenbefalls selten beobachtet werden, so verändert sich die Schwimmblase der Aale durch den Befall jedoch derart, dass eine erfolgreiche Reise zu den Laichgebieten in der Sargasso-See unwahrscheinlich erscheint. Der Befall mit dem Schwimmblasenwurm wird als eine der möglichen Ursachen für den Bestandsrückgang des Europäischen Aals diskutiert.

## ■ Innenparasiten

Die Übertragung von Innenparasiten erfolgt meistens durch die Aufnahme von infizierten Zwischenwirten. Das können Kleinkrebse, Schnecken oder andere wirbellose Tiere sein, die zur normalen Nahrung der Fische zählen. Für manche Parasiten sind selbst Fische nur Zwischenstationen, um in den Endwirt, einen fischfressenden Vogel oder ein Säugetier zu gelangen.

Fischbandwürmer können sich beispielsweise auch im Menschen entwickeln. Die Infektion erfolgt beim Verzehr von rohem Fisch. Fischbandwürmer sind wie alle Bandwürmer Innenparasiten, die in der Muskulatur oder den Organen des Wirtes schmarotzen. Den letzten Entwicklungs-

*Bandwürmer sind Innenparasiten.*

## Allgemeine Fischkunde

schritt bis zur Geschlechtsreife vollziehen Bandwürmer im Darm von Raubfischen, Vögeln oder Säugetieren. Die Eier werden dann mit dem Kot ausgeschieden und z.B. von Kleinkrebsen aufgenommen. Über verschiedene Larvenstadien und Zwischenwirte wird schließlich der Endwirt erreicht und der Lebenszyklus geschlossen.

Dieser Kreislauf ist auch typisch für den Riemenbandwurm, dessen Endwirt ein fischfressender Vogel ist. Da als erster Zwischenwirt ein Kleinkrebs auftritt, ist die Gefahr der Aufnahme von Bandwurmlarven für kleine karpfenartige Fische besonders groß. Größere Weißfische erkranken dagegen kaum noch an einem Befall mit dem Riemenbandwurm, weil Kleinkrebse nicht mehr zu ihrer gewöhnlichen Nahrung zählen.

*Große Weißfische werden selten vom Riemenbandwurm befallen, weil sie kaum noch Hüpferlinge fressen.*

*Entwicklungszyklus des Riemenbandwurms*

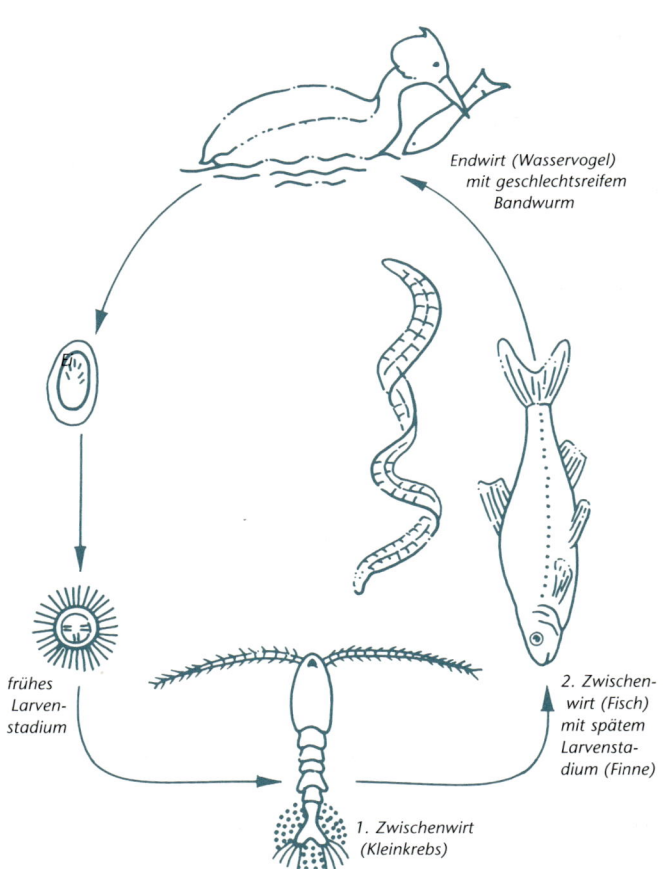

Erreger der Drehkrankheit ist ein Sporentierchen aus der Klasse der Myxozoa. Der einzellige Parasit benötigt für seine Entwicklung Schlammröhrenwürmer als Zwischenwirte. Junge Forellen stecken sich über diese Zwischenwirte oder direkt über das Wasser an. Die Erreger kapseln sich im Knorpelgewebe des Schädelbereichs, u.a. auch im Gleichgewichtsorgan ein und verursachen dort entzündliche Veränderungen. Erkrankte Fische fallen daher durch kreisförmige Schwimmbewegungen auf.

*Die Drehkrankheit der Forellen wird durch abgekapselte Sporen im Gleichgewichtsorgan der Fische hervorgerufen.*

Nach dem Tod des Fisches werden die Sporen der Erreger freigesetzt und wiederum von Schlammröhrenwürmern aufgenommen. Wegen der Gefahr der Verbreitung von Parasiten und deren Larvenstadien sollte man deshalb grundsätzlich keine Fischeingeweide ins Wasser zurückwerfen.

*Fischeingeweide dürfen nicht ins Wasser geworfen werden.*

Forellen, welche die Drehkrankheit überlebt haben, sind häufig durch auffällige Skelettveränderungen, wie Wirbelsäulenverkrümmungen und verkrüppelte Kiefer, sog. „Mopsköpfe", gekennzeichnet.

## ■ Außenparasiten

Außenparasiten leben auf der Körperoberfläche von Fischen und ernähren sich von Gewebe und Blut. Die meisten von ihnen sind zu den Krebsen und Egeln zu zählen.

*Fischegel*

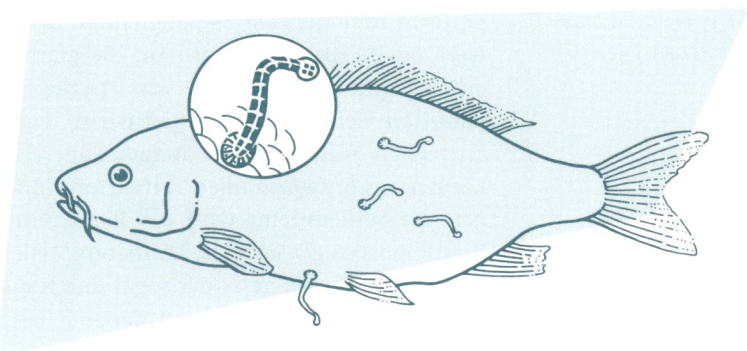

Fischegel lauern in gestreckter Haltung an Wasserpflanzen oder Steinen auf einen vorbeischwimmenden Fisch. Mit Saugnäpfen an beiden Körperenden können sie sich an dem glatten Fischkörper festheften und dort mit einem vorstülpbaren Rüssel Blut saugen. Dabei besteht die Möglichkeit der Übertragung von Krankheiten, die den Fisch weit mehr schädigen können als der Parasit selber.

*Fischegel finden sich auf dem Körper der befallenen Fische.*

## Allgemeine Fischkunde

*Der Kiemenkrebs Ergasilus parasitiert an den Kiemen.*

Kiemenkrebse der Gattung *Ergasilus* parasitieren an den Kiemen. Als Vertreter der „Hüpferlinge" (Copepoden), die in der Mehrzahl im Plankton leben und sich von einzelligen Algen ernähren, sind sie mit besonderen Anpassungen an die parasitäre Lebensweise ausgestattet. So ist das zweite Antennenpaar der Weibchen beispielsweise zu kräftigen Greiforganen umgewandelt, mit denen sie sich in den Kiemen der Fische festhaken. Anders als bei Fischegeln und auch bei Karpfenläusen verlassen Kiemenkrebse ihren Wirt selbst zur Fortpflanzung nicht.

*Kiemenkrebs (Weibchen mit Eisäcken)*

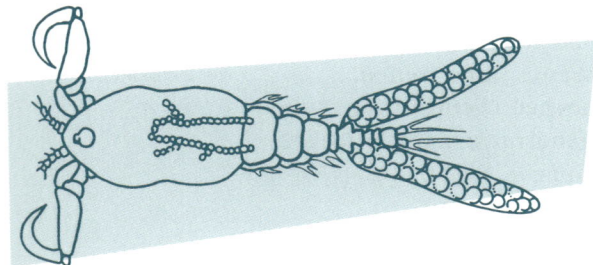

*Die Karpfenlaus ist ein Krebstier und saugt auf der Haut sitzend das Blut der Fische.*

Wie die Kiemenkrebse gehören auch die Karpfenläuse zur großen Gruppe der Krebse (Crustacea). Die abgeflachte Körperform und ein Paar zu Saugnäpfen umgewandelte Mundwerkzeuge ermöglichen ihnen, die glatte Körperoberfläche einschließlich der Flossen von Fischen zu besiedeln. Ihre parasitäre Lebensweise besteht darin, dass sie ein Blutgefäß anstechen und das Blut heraussaugen. Die Stichwunden können zu Entzündungen führen und durch die Verletzungen der Schleimhaut wird der Befall mit Pilzen gefördert. Krankheitserreger können an diesen Stellen ungehindert in den Körper eindringen oder sogar durch die Stiche der Karpfenläuse direkt übertragen werden.

*Karpfenlaus und Fischegel sind Außenparasiten.*

### ■ Umweltbedingte Fischkrankheiten

Umweltgifte gelangen über verschiedene Wege vergleichsweise einfach in den Fischkörper. Sie verursachen dort Schäden, die als umweltbedingte Fischkrankheiten bezeichnet werden.

Es ist jedoch nicht nur diese direkte Schädigung durch Umwelteinflüsse von Bedeutung, sondern ebenso die allgemeine nachteilige Beeinflussung des Gesundheitszustandes von Fischen und die möglicherweise förderlichen Auswirkungen auf die Populationen der Krankheitserreger. Ungünstige Umweltbedingungen können daher gleich auf mehrfache Weise die Entstehung von Fischereischäden verursachen bzw. begünstigen. So geht z.B. der Ausbruch von erregerbedingten Fischkrankheiten in vielen Fällen mit einer hohen organischen Belastung der Gewässer und zeitweiligem Sauerstoffmangel einher.

# Allgemeine Fischkunde — Trainingsbogen 1

1. **Welche Aufgaben erfüllen Rücken- und Afterflossen heimischer Fische?**
   - ☐ Sie dienen der Fortbewegung.
   - ☐ Sie dienen der Steuerung.
   - ☒ Sie dienen als Stabilisatoren.

2. **Welche der nachstehenden Fische sind hochrückig?**
   - ☒ Brassen.
   - ☐ Welse.
   - ☐ Hechte.

3. **Welche Funktion hat die Schwimmblase?**
   - ☐ Sie dient der Verdauung.
   - ☐ Sie dient der Ausscheidung.
   - ☒ Sie dient als Auftriebskörper.

4. **Welche Bedeutung haben Wasserflöhe, Hüpferlinge und andere Zooplankter für die Fische?**
   - ☐ Sie haben keine Bedeutung.
   - ☐ Sie sind wichtige Sauerstoffproduzenten.
   - ☒ Sie sind wertvolle Fischnahrung.

5. **Welche der aufgeführten Parasiten sind Innenparasiten?**
   - ☐ Der Fischegel.
   - ☒ Die Bandwürmer.
   - ☐ Die Karpfenlaus.

6. **Was befähigt Fische zum Hören?**
   - ☐ Die Schleimhaut.
   - ☒ Ein inneres Hörorgan.
   - ☐ Die Kiemendeckel.

7. **Wie viel heimische Süßwasserfischarten kommen etwa in Deutschland vor?**
   - ☐ 10 Arten.
   - ☐ 30 Arten.
   - ☒ 70 Arten.

8. **Was ist ein Milchner?**
   - ☒ Ein reifer männlicher Fisch.
   - ☐ Eine bestimmte Fischart.
   - ☐ Eine süddeutsche Karpfenrasse.

9. **Was bedeutet es, wenn die Fische mit dem Maul über die Wasseroberfläche drängen?**
   - ☐ Das Wasser ist zu kalt.
   - ☐ Es besteht Nahrungsmangel.
   - ☒ Es besteht Sauerstoffmangel.

10. **Wodurch können Viruserkrankungen bei Fischen übertragen werden?**
    - ☒ Durch die Transport- und Fanggeräte, durch das Transportwasser, durch Kontakte von Fisch zu Fisch.
    - ☐ Durch Menschen, wenn diese solche Fische verzehren.
    - ☐ Durch Fischbandwürmer.

*Trainingsbogen 2*                    *Allgemeine Fischkunde*

**1. Warum können Makrelen nicht im Süßwasser leben?**
   ☒ Weil sie als Meeresfische an den Salzgehalt des Meeres gebunden sind.
   ☐ Weil es im Süßwasser zu warm ist.
   ☐ Weil der Sauerstoffgehalt im Süßwasser zu gering ist.

**2. Welche Flosse ist beim Fisch paarig vorhanden?**
   ☐ Die Schwanzflosse.
   ☐ Die Fettflosse.
   ☒ Die Brustflosse.

**3. Wie kann der Fisch seine Sauerstoffaufnahme vergrößern?**
   ☐ Durch das Spreizen der Flossen.
   ☒ Durch die Vermehrung der Atembewegungen.
   ☐ Durch Abspreizen der Kiemendeckel.

**4. Wozu kann man bei bestimmten Fischen die Fettflosse heranziehen?**
   ☐ Zur Bestimmung des Geschlechtes beim Döbel.
   ☐ Zur Abschätzung des Ernährungszustandes.
   ☒ Zur Artbestimmung.

**5. Bei welchen Altersstadien unserer Fische ist die prozentuale Gewichtszunahme am größten?**
   ☒ Bei den Jungfischen.
   ☐ Bei sehr alten Fischen.
   ☐ Fische wachsen in allen Altersstadien gleichmäßig.

**6. Wozu gehört die Karpfenlaus?**
   ☐ Zu den Spinnen.
   ☒ Zu den Krebsen.
   ☐ Zu den Insekten.

**7. Wodurch kommt es in der Regel bei Fischen zu Verpilzungen?**
   ☒ Durch Verletzung der Schleimhaut.
   ☐ Durch hohes Alter der Fische.
   ☐ Durch falsche Ernährung.

**8. Wodurch werden die Drehbewegungen der an der Drehkrankheit infizierten Fische hervorgerufen?**
   ☐ Durch Ermüdungserscheinungen des erkrankten Fisches.
   ☒ Durch Einlagerung von abgekapselten Sporen im Gleichgewichtsorgan der Fische.
   ☐ Durch das Bemühen der Fische, sich durch Bewegungen der Parasiten zu entledigen.

**9. Welche Gruppe unserer Fischfauna hat die meisten Fischarten?**
   ☐ Die Lachsartigen.
   ☐ Die Barschartigen.
   ☒ Die Karpfenartigen.

**10. Womit nimmt der Fisch Sauerstoff auf?**
   ☐ Mit dem Schlund.
   ☒ Mit den Kiemen.
   ☐ Mit der Seitenlinie.

# Allgemeine Fischkunde

**Trainingsbogen 3**

1. **Wo befindet sich die Seitenlinie des Fisches?**
   - ☒ An den Körperflanken.
   - ☐ Längs der Bauchkante.
   - ☐ Zwischen den paarigen Flossen.

2. **Welche Fische haben Schlundzähne?**
   - ☐ Forellen, Hechte und Zander.
   - ☒ Brassen, Rotfedern und Karpfen.
   - ☐ Dorsche, Streber und Barsche*.

3. **Kann ein Fisch Gegenstände außerhalb des Wassers sehen?**
   - ☒ Ja, aber mit kleinerem Gesichtsfeld.
   - ☐ Ja, das Gesichtsfeld außerhalb des Wassers wird vergrößert.
   - ☐ Nein, überhaupt nicht.

4. **Welche Bedeutung hat der Dottersack für die geschlüpfte Fischlarve?**
   - ☐ Er verhindert, dass sie von der Strömung fortgeschwemmt wird.
   - ☒ Er dient zu ihrer Ernährung.
   - ☐ Er hat keine Bedeutung.

5. **Worauf lässt das oberständige Maul eines Fisches schließen?**
   - ☒ Der Fisch frisst Oberflächennahrung.
   - ☐ Der Fisch ist ein starker Räuber.
   - ☐ Der Fisch ist ein Laichfresser.

6. **Welcher Verdacht besteht, wenn sich in der Leibeshöhle des Karpfens eine starke Flüssigkeitsansammlung befindet?**
   - ☐ Der Fisch leidet an einer Nierenerkrankung.
   - ☒ Der Fisch ist an Bauchwassersucht erkrankt.
   - ☐ Es besteht kein Krankheitsverdacht.

7. **Wozu gehört der Ergasilus?**
   - ☐ Zu den Egeln.
   - ☐ Zu den Bakterien.
   - ☒ Zu den Kleinkrebsen.

8. **An welchen Teilen des Fischkörpers kann man das ungefähre Alter des Fisches feststellen?**
   - ☐ An der Stärke der Haut und an der Anzahl der Flossenstrahlen.
   - ☐ An der Anzahl und Länge der Kiemendorne.
   - ☒ An den Schuppen und den Kiemendeckeln.

9. **Welche Farbe hat die Leber des gesunden Süßwasserfisches?**
   - ☐ Weißlich bis gelblich.
   - ☐ Hellrot.
   - ☒ Überwiegend dunkelrot.

10. **Was versteht man unter einem Rogner?**
    - ☐ Die Larve von Heringsfischen.
    - ☒ Den reifen weiblichen Fisch.
    - ☐ Ein altes Forellenmännchen.

---

* Mit dem Ausdruck „Barsch(e)" ist hier und bei allen weiteren Fragen der Verordnung über die Fischerprüfung in NRW immer der Flussbarsch *(Perca fluviatilis)* gemeint.

# Trainingsbogen 4 — Allgemeine Fischkunde

**1. Wo sitzt das Herz der Fische?**
- ☒ In der Kehlgegend.
- ☐ In der Mitte zwischen Kopf und After.
- ☐ Zwischen Rückenflosse und Bauchflosse.

**2. Warum werden Fische als wechselwarme Tiere bezeichnet?**
- ☒ Weil sich ihre Körpertemperatur der jeweiligen Wassertemperatur angleicht.
- ☐ Weil sie ihre Körpertemperatur unabhängig von der Wassertemperatur wechseln können.
- ☐ Weil ihre Körpertemperatur in den verschiedenen Altersstufen wechselt.

**3. Ist bei Fischen die Entwicklung der Eier temperaturabhängig?**
- ☒ Ja.
- ☐ Nein.
- ☐ Nur beim Karpfen.

**4. Welche der genannten Fische laichen im Winter?**
- ☒ Die Forellen.
- ☐ Die Karpfen.
- ☐ Die Rotaugen (Plötzen).

**5. Auf welchem Organ parasitiert der Ergasilus?**
- ☐ Auf der Haut.
- ☐ Auf der Leber.
- ☒ Auf den Kiemen.

**6. Woran erkennt man ein Fischsterben, das durch Abwässer hervorgerufen wird?**
- ☒ Das Fischsterben vernichtet meist alle im Gewässer vorkommenden Fische innerhalb kurzer Zeit.
- ☐ Das Fischsterben ist meistens schleichend und erfasst in der Regel nur bestimmte Fischarten.
- ☐ Das Fischsterben erstreckt sich nur auf die am Boden des Gewässers lebenden Fische.

**7. Bei welchem Fisch tritt die ansteckende Bauchwassersucht am häufigsten auf?**
- ☐ Beim Hecht.
- ☒ Beim Karpfen.
- ☐ Beim Aal.

**8. Welche Symptome sind besonders charakteristisch für die Forellenseuche?**
- ☐ Der Körper des erkrankten Fisches ist mit Geschwüren bedeckt.
- ☒ Der erkrankte Fisch weist zahlreiche kommaförmige Blutergüsse in der Muskulatur auf, hat blutarme Kiemen und Glotzaugen.
- ☐ Der befallene Fisch weist eine Schwarzfärbung im letzten Drittel des Schwanzstückes auf, das zudem oft verkrüppelt ist.

**9. Welche Aufgaben hat die Niere des erwachsenen Fisches?**
- ☒ Sie dient der Ausscheidung flüssiger Abfallstoffe.
- ☐ Sie regelt den Hormonhaushalt.
- ☐ Sie bildet Verdauungsstoffe.

**10. Hören Fische Töne?**
- ☐ Nein.
- ☒ Ja.
- ☐ Nur im flachen Wasser.

# Allgemeine Fischkunde

**Trainingsbogen 5**

1. **Welche Fische erkranken vornehmlich an Fleckenseuche?**
   - ☒ Hechte und Aale.
   - ☐ Forellen und Saiblinge.
   - ☐ Barsche und Zander.

2. **Wozu dient den Fischen die Seitenlinie?**
   - ☒ Als Sinnesorgan.
   - ☐ Zur Erhöhung der Sauerstoffaufnahme.
   - ☐ Sie hat keine spezielle Funktion.

3. **Was sind Parasiten?**
   - ☒ Schmarotzer, die andere lebende Tiere oder Pflanzen befallen und ihnen Nährstoffe für ihren eigenen Lebensbedarf entziehen.
   - ☐ Tiere, die ihren Wirten Nährstoffe liefern, die diese nicht selber produzieren können.
   - ☐ Tiere, die gelegentlich einem Wirt Nährstoffe entziehen, um Geschlechtsprodukte bilden zu können.

4. **Woran erkennt man ein Fischsterben, das durch eine Krankheit hervorgerufen wird?**
   - ☐ Das Fischsterben vernichtet meist alle im Gewässer vorkommenden Fische innerhalb kurzer Zeit.
   - ☒ Das Fischsterben ist in der Regel schleichend und erfasst nur eine oder miteinander verwandte Fischarten.
   - ☐ Das Fischsterben erstreckt sich nur auf die am Boden des Gewässers lebenden Fische.

5. **Wo befinden sich Fischegel am befallenen Fisch?**
   - ☐ In der Leibeshöhle.
   - ☐ In der Schwimmblase.
   - ☒ Auf dem Körper.

6. **Auf welchem Organ parasitiert die Karpfenlaus?**
   - ☐ Auf der Leber.
   - ☐ Auf den Kiemen.
   - ☒ Auf der Haut.

7. **Wie sollen die Organe in einem gesunden Süßwasserfisch aussehen?**
   - ☐ Die Leber – gelblich marmoriert, die Niere – wässrig aufgehellt.
   - ☒ Die Leber – dunkelrot, die Niere – dunkelrot.
   - ☐ Die Leber – hellgelb, die Niere – ausgezackt.

8. **Welche Aufgabe hat die Schleimhaut?**
   - ☒ Sie schützt den Fisch gegen äußere Einflüsse und vermindert den Reibungswiderstand des Fischkörpers beim Schwimmen.
   - ☐ Sie ist für die Färbung des Fisches verantwortlich.
   - ☐ Sie gibt den Schuppen Halt.

9. **Warum können große Weißfische kaum noch an einem Befall mit dem Riemenbandwurm erkranken?**
   - ☐ Weil der Riemenbandwurm bereits aus dem Fisch ausgeschieden wurde.
   - ☐ Weil die großen Fische genügend Abwehrstoffe gegen den Parasiten haben.
   - ☒ Weil große Weißfische Cyclops-Arten (Hüpferlinge) nicht mehr als Nahrung aufnehmen.

10. **Wodurch werden bakterielle Infektionen, wie z. B. die Furunkulose oder die Fleckenseuche begünstigt?**
    - ☒ Durch stark organisch belastete Gewässer.
    - ☐ Durch Eisbildung.
    - ☐ Nicht durch äußere Faktoren, da die Krankheitserreger in jedem Fisch vorhanden sind.

*Trainingsbogen 6*  *Allgemeine Fischkunde*

**1. Wie viel heimische Süßwasserfischarten kommen etwa in Deutschland vor?**
- ☐ 10 Arten.
- ☐ 30 Arten.
- ☒ 70 Arten.

**2. Welche der nachstehenden Fische sind hochrückig?**
- ☒ Brassen.
- ☐ Welse.
- ☐ Hechte.

**3. Was sind Parasiten?**
- ☒ Schmarotzer, die andere lebende Tiere oder Pflanzen befallen und ihnen Nährstoffe für ihren eigenen Lebensbedarf entziehen.
- ☐ Tiere, die ihren Wirten Nährstoffe liefern, die diese nicht selber produzieren können.
- ☐ Tiere, die gelegentlich einem Wirt Nährstoffe entziehen, um Geschlechtsprodukte bilden zu können.

**4. Welche Aufgaben hat die Niere des erwachsenen Fisches?**
- ☒ Sie dient der Ausscheidung flüssiger Abfallstoffe.
- ☐ Sie regelt den Hormonhaushalt.
- ☐ Sie bildet Verdauungsstoffe.

**5. Ist bei Fischen die Entwicklung der Eier temperaturabhängig?**
- ☒ Ja.
- ☐ Nein.
- ☐ Nur beim Karpfen.

**6. Wozu gehört der Ergasilus?**
- ☐ Zu den Egeln.
- ☐ Zu den Bakterien.
- ☒ Zu den Kleinkrebsen.

**7. Wie kann der Fisch seine Sauerstoffaufnahme vergrößern?**
- ☐ Durch das Spreizen der Flossen.
- ☒ Durch die Vermehrung der Atembewegungen.
- ☐ Durch Abspreizen der Kiemendeckel.

**8. Welche Flosse ist beim Fisch paarig vorhanden?**
- ☐ Die Schwanzflosse.
- ☐ Die Fettflosse.
- ☒ Die Brustflosse.

**9. Welche Farbe hat die Leber des gesunden Süßwasserfisches?**
- ☐ Weißlich bis gelblich.
- ☐ Hellrot.
- ☒ Überwiegend dunkelrot.

**10. Welche Aufgaben erfüllen Rücken- und Afterflossen heimischer Fische?**
- ☐ Sie dienen der Fortbewegung.
- ☐ Sie dienen der Steuerung.
- ☒ Sie dienen als Stabilisatoren.

# Spezielle Fischkunde

*In Deutschland kommen etwa 70 Süßwasserfischarten vor.*

*Karpfen (Cyprinius carpio)*

In Deutschland kommen etwa 70 einheimische Fischarten vor, wovon einige jedoch ausschließlich die Donau und ihr Einzugsgebiet besiedeln. (Sie sind dann für diesen Landschaftsraum endemisch.) In Nordrhein-Westfalen sind nur etwa 50 verschiedene Fischarten heimisch. Die Angaben im Schrifttum schwanken, je nachdem wie die Verwandtschaftsbeziehungen aufgefasst und inwieweit neuere Informationen berücksichtigt werden. Zwei Beispiele sollen die Abweichungen erläutern:

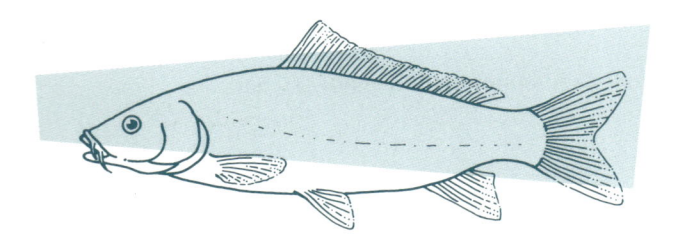

In den letzten Jahren sind vermehrt genetische Untersuchungen an Fischen durchgeführt worden. Daraufhin müssen in einigen Fällen die Vorstellungen über ihre Verwandtschaftsverhältnisse geändert werden. So konnten im Erbgut von Bach- und Flussneunaugen angeblich keine unterschiedlichen Merkmale festgestellt werden, die eine Trennung in zwei Arten gerechtfertigt erscheinen ließe. Bevor sich derartige neue Erkenntnisse jedoch durchsetzen, müssen die Ergebnisse gründlich und mehrfach nachgeprüft werden.

Neue Informationen über das Vorkommen des Weißflossengründlings *(Gobio albipinnatus)* im Rhein und seinen Nebenflüssen führen zu einer Erweiterung der Artenliste. Bisher ist von dieser Fischart allerdings nicht bekannt, ob sie durch einen natürlichen Ausbreitungsprozess dorthin gelangt ist oder ob sie mit Fischbesatz verbreitet wurde.

### ■ Einheimische Fischarten

Von den einheimischen Fischarten, die in den meisten Fällen bereits seit der letzten Eiszeit in Mitteleuropa vorkommen (autochthon), unterscheidet man gebietsfremde

## Spezielle Fischkunde

Fischarten (allochthon), die durch die Einwirkung des Menschen hierher gelangten. Bei Fischarten, die sich in Mitteleuropa am Rande ihres Verbreitungsgebietes befinden, ist der menschliche Einfluss nicht immer eindeutig von natürlichen Ausbreitungsprozessen zu trennen.

### ■ Eingebürgerte Fischarten

Eine Zwischenstellung nehmen die gebietsfremden, aber inzwischen eingebürgerten Fischarten Karpfen und Zander ein. Der aus Vorderasien stammende Karpfen kam wahrscheinlich schon mit den Römern nach Europa und wurde im Mittelalter zu einem wichtigen Speisefisch. Bis heute hat er seine Bedeutung für die Teichwirtschaft nicht verloren. Darüber hinaus ist er auch aufgrund seiner Größe für Angler interessant.

*Zander*
*(Stizostedion lucioperca)*

Das ursprüngliche Verbreitungsgebiet des Zanders in Osteuropa grenzte westlich an die Elbe. Man kann daher annehmen, dass sich diese Art auch ohne Zutun des Menschen nach Westen ausgebreitet hätte, wenn auch bedeutend langsamer.

Beide Arten pflanzen sich in den Gewässern Mitteleuropas jedenfalls erfolgreich fort – Zander wohl regelmäßiger als Karpfen – und haben sich auf diese Weise einen Platz in der einheimischen Fischfauna erobert.

### ■ Gebietsfremde Fischarten

Anders verhält es sich mit Fischarten, die auf natürliche Weise wohl niemals Deutschland erreicht hätten oder die erst in jüngerer Zeit durch den Menschen hierhin verfrachtet worden sind. Nur wenige dieser gebietsfremden Fischarten konnten sich aber letztlich durchsetzen und dauerhafte Bestände bilden.

Die erste Einwanderungswelle gegen Ende des vorigen Jahrhunderts ging auf die Absicht zurück, die heimische Fischfauna durch fremde Arten zu bereichern und dadurch wirtschaftliche Gewinne zu erzielen. Dabei spielte der Fisch-

## Spezielle Fischkunde

*Kamberkrebs*
*(Orconectes limosus)*

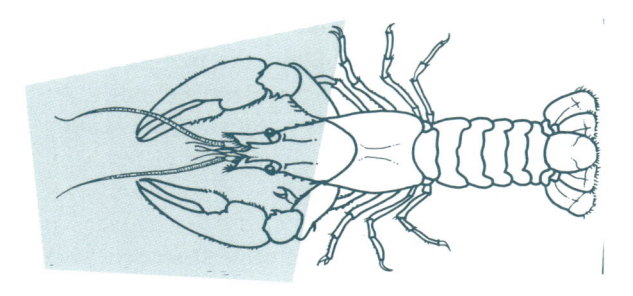

**Tierarten aus Nordamerika**

*Regenbogenforelle*
*(Oncorhynchus mykiss)*

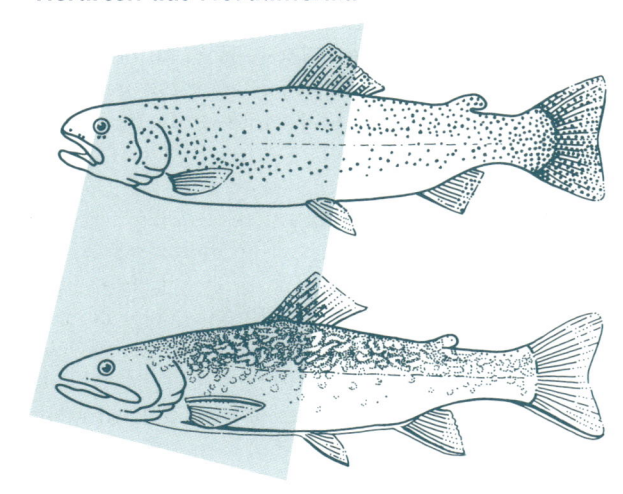

*Bachsaibling*
*(Salvelinus fontinalis)*

*Die Regenbogenforelle stammt aus Nordamerika. Sie ist wie Bachsaibling und Wels in Nordrhein-Westfalen nicht einheimisch.*

züchter MAX VON DEM BORNE eine herausragende Rolle. Durch seine Bemühungen wurden aus Nordamerika u. a. die schnellwüchsige Regenbogenforelle, der gegen versauerte Gewässer unempfindliche Bachsaibling sowie der Kamberkrebs eingeführt.

In den letzten Jahrzehnten sind gebietsfremde Fischarten aus verschiedenen Herkunftsländern hinzugekommen, die wohl erstmals als Zierfische für Aquarien oder Gartenteiche eingeführt wurden. Durch die Sorglosigkeit ihrer Besitzer gerieten sie in Flüsse und Seen. Zwar finden nur wenige von ihnen Bedingungen vor, die ein Überleben oder gar eine Vermehrung erlauben. Ihre Chancen stehen aber immer dort recht gut, wo Gewässer künstlich verändert wurden und die natürliche Artengemeinschaft nicht mehr besteht.

So erreichen die Bestände von Blaubandbärblingen *(Pseudorasbora parva)* und Sonnenbarschen *(Lepomis spec.)* in der durch Kühlwasser aufgeheizten Lippe stellenweise bereits erhebliche Dichten. Die Auswirkungen gebietsfrem-

## Spezielle Fischkunde

der Fischarten auf die ursprüngliche Lebensgemeinschaft sind noch nicht ausreichend erforscht.

### ■ Ernährung

Fische nutzen für ihre Ernährung alle Glieder der Nahrungskette. In unseren Binnengewässern stellt nur das pflanzliche Plankton (Phytoplankton) eine Ausnahme dar. Es wird in größeren Mengen allein von den aus Ostasien stammenden Silber- und Marmorkarpfen *(Hypophthalmichthys molitrix* und *H. nobilis)* gefressen. Diese Ernährungsweise verleitete die Fachleute der ehemaligen DDR in den 60er Jahren dazu, die gebietsfremden Arten aus Ostasien einzuführen, um der Zunahme des pflanzlichen Planktons entgegenzuwirken.

### ■ Planktonnahrung

Im Wesentlichen wird das pflanzliche Plankton stehender Gewässer von tierischem Plankton (Zooplankton) gefressen. Zooplankton umfasst mit den mikroskopisch kleinen Rädertierchen und den z.T. schon mit bloßem Auge sichtbaren Kleinkrebsen ein breites Größenspektrum. Zu den größeren Formen zählen die sog. „Hüpferlinge" (Copepoda) und die „Wasserflöhe" (Cladocera), denen Bedeutung als wertvolle Fischnahrung zukommt.

In den ersten Lebenstagen und -wochen ernähren sich die Jungstadien fast aller einheimischer Fischarten in Stillgewässern von tierischem Plankton. Wenn die Energiebilanz aus der Jagd nach einzelnen kleinen Planktonorganismen mit zunehmender Körpergröße ungünstig ausfällt, stellen sie ihre Ernährungsweise um (Nahrungswechsel). Lediglich kleinere Fischarten wie der Ukelei ernähren sich zeitlebens zu einem erheblichen Teil von Plankton.

Auch die Hauptnahrung der Maränen besteht aus tierischem Plankton. Sie stellen ihrer Beute in der Freiwasserzone größerer Seen nach, wo sich ein für Süßwasserverhältnisse artenreiches Zooplankton entfalten kann. Mit den Kiemenreusendornen filtrieren sie das Plankton aus dem Atemwasser.

Im Meer können sich auch größere Organismen im Schwebezustand halten, weil Salzwasser eine höhere Dichte aufweist als Süßwasser. Diese Planktonorganismen bilden die Nahrungsgrundlage für die größten lebenden Fische und Säugetiere, Walhaie und Bartenwale. In ihrem Fall ist die

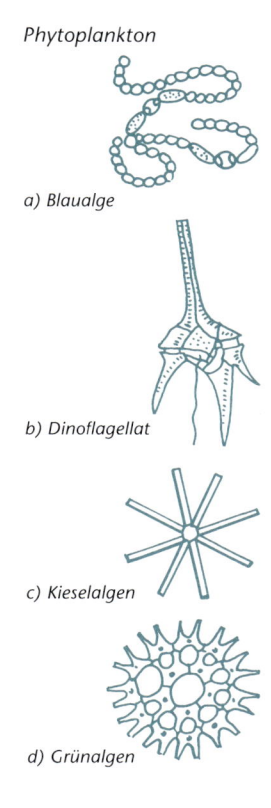

*Phytoplankton*

a) Blaualge

b) Dinoflagellat

c) Kieselalgen

d) Grünalgen

*Zooplankton ist wichtige Nahrung insbesondere für Jungfische.*

*Die Kleine Maräne ernährt sich hauptsächlich von Zooplankton.*

## Spezielle Fischkunde

*Zooplankton*

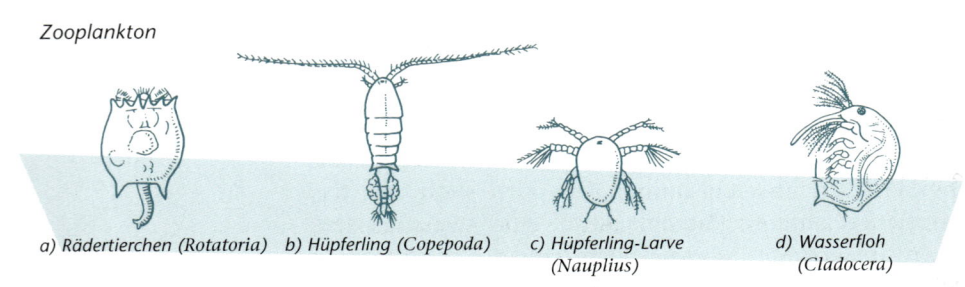

a) Rädertierchen (Rotatoria)   b) Hüpferling (Copepoda)   c) Hüpferling-Larve (Nauplius)   d) Wasserfloh (Cladocera)

Nahrungskette – bestehend aus pflanzlichem Plankton, tierischem Plankton und Wal – sehr kurz. Die Energieausnutzung ist bei derart kurzen Nahrungsketten besonders günstig, da von einer Stufe der Nahrungskette zur nächsten ungefähr 90 % der Nahrungsenergie verloren geht. Dadurch kann die enorme Größe mancher planktonfressenden Arten erklärt werden.

Auf der Nahrungsgrundlage des Planktons haben sich in den Freiwasserzonen der Meere riesige Fischbestände entwickelt, die in großem Maßstab von der Fischerei ausgebeutet werden. Makrele und Hering sind z.B. typische Freiwasserfische. Jährlich macht der Fang von heringsartigen Fischen, vor allem Sardinen und Sardellen, den weitaus größten Teil des weltweiten Fischereiertrages aus.

*Makrelen leben im Freiwasser des Meeres.*

### ■ Pflanzliche Nahrung

Anders als im Meer sind im Süßwasser auch Aufwuchsalgen und höhere Wasserpflanzen für die Ernährung der Fische von Bedeutung. Die einheimischen Fische nutzen diese Nahrungsreserven allerdings nur selten. Hauptsächlich die Rotfeder frisst Unterwasserpflanzen und auch Schwebalgen (Phytoplankton) in größeren Mengen. Möglicherweise konnten sich die anderen Fischarten auf dieses Nahrungsangebot nicht einstellen, weil es in gemäßigten Breiten nur saisonal verfügbar ist. Vielleicht boten aber auch die nährstoffarmen nacheiszeitlichen Stillgewässer pflanzenfressenden Fischen nur ein geringes Auskommen.

*Die Rotfeder ernährt sich u.a. von Wasserpflanzen und Phytoplankton.*

*Wasserstern (Callitriche pallustris)*

Erst durch die intensive Landwirtschaft hat sich der Prozess der Gewässerdüngung beschleunigt. Dadurch entstanden innerhalb kürzester Zeit nährstoffreiche Gewässer mit dichten Wasserpflanzenbeständen. Eine gebietsfremde Fischart füllt die neue ökologische Nische aus. Der aus Ostasien stammende Grasfisch (Ctenopharyngodon idella) „weidet" die Unterwasserpflanzenbestände ab. Da die Wasser-

## Spezielle Fischkunde

pflanzen zwar nicht so sehr als Nahrung, dafür aber als Unterstand oder Laichhabitat für die einheimischen Fischarten wichtig sind, kann diese Art beträchtlichen ökologischen Schaden anrichten.

### ■ Tierische Nahrung

Viele einheimische Fische ernähren sich zum überwiegenden Teil von Kleintieren, die am oder im Gewässergrund (Makrozoobenthos) oder an Wasserpflanzen leben. Für die Jagd nach wirbellosen Tieren, hauptsächlich bestehend aus Würmern, Muscheln, Schnecken, Insektenlarven und Krebsen, wenden die Fische verschiedene Methoden an, die mit entsprechenden Maulformen einhergehen.

*Kleintiere im Gewässer werden von Fischen gefressen.*

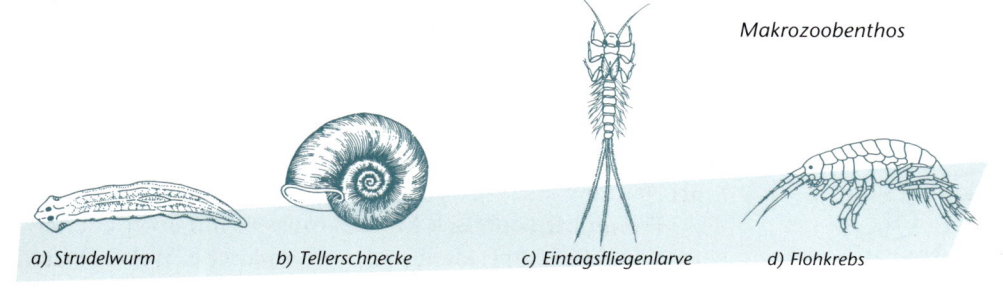

*Makrozoobenthos*

a) Strudelwurm     b) Tellerschnecke     c) Eintagsfliegenlarve     d) Flohkrebs

### ■ Ernährungsbedingte Maul- und Kopfformen

Brassen und Karpfen gründeln mit ihrem rüsselartig vorstreckbaren Maul im Schlamm, während die Schleie mit ihrem endständigen Maul die Unterwasserpflanzen nach Nahrungsorganismen absucht. In Fließgewässern stellt das Makrozoobenthos aufgrund des Fehlens von Plankton die vorherrschende Nahrungsgrundlage dar. Um der Strömung zu entgehen, halten sich die wirbellosen Tiere vornehmlich am Grund auf. Typische Flussfischarten wie Nase, Barbe und Gründling sind daher mit einem unterständigen Maul ausgestattet.

*Der Brassen streckt sein Maul zur Nahrungsaufnahme rüsselartig vor.*

*Nase, Barbe und Gründling haben ein unterständiges Maul.*

Das Nahrungsspektrum einheimischer Fische wird durch Fluginsekten, die an der Wasseroberfläche erbeutet werden, oder durch Samen und Früchte, die vom Ufer ins Wasser fallen, ergänzt. Der Flugangler macht sich dieses Verhalten zunutze, indem er Insektennachbildungen als Köder anbietet. Fischarten, die regelmäßig Oberflächennahrung aufnehmen, sind durch eine oberständige Maulstellung gekennzeichnet, z.B. Ukelei und Rapfen, der wiederum dem Ukelei nachstellt.

*Fische mit einem oberständigen Maul nehmen regelmäßig Oberflächennahrung auf.*

## Spezielle Fischkunde

*Maulstellungen*

*a) unterständig (Barbe, Barbus barbus)*

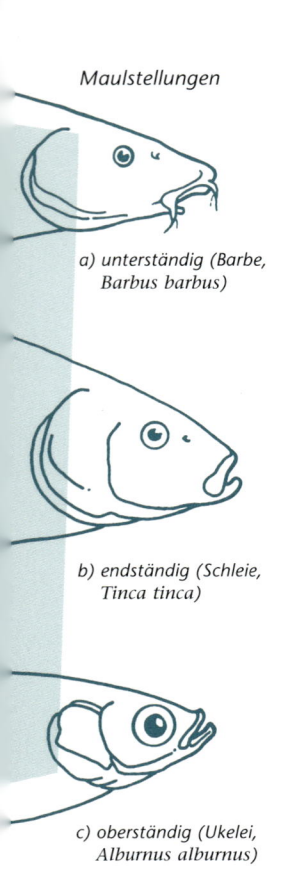

*b) endständig (Schleie, Tinca tinca)*

*c) oberständig (Ukelei, Alburnus alburnus)*

Beim Aal beeinflusst die Ernährung auf andere Weise die Maul- und dadurch auch die Kopfform. Besteht die Nahrung vorwiegend aus wirbellosen Tieren oder Fischlaich und nur gelegentlich aus Fischen, ist der Kopf spitz ausgebildet. Die Bezeichnung „Spitzkopfaal" verweist auf diese ernährungsbedingte Kopfform. Hauptsächlich Fisch fressende Aale besitzen eine stärkere Kaumuskulatur. Ihr Kopf wirkt dadurch breiter. Infolgedessen werden sie als „Breitkopfaale" bezeichnet.

### ■ Räuberische Ernährung

Flussbarsch und Rapfen (der einzige sich überwiegend von Fischen ernährende Karpfenartige) ergänzen oder ersetzten mit fortschreitendem Alter ihre anfänglich aus Wirbellosen bestehende Nahrung durch Fische. Sie werden dann neben Hecht, Wels und Zander, die schon unmittelbar nach ihrer Larvalphase mit der Jagd auf Fische beginnen, zu den Raubfischen gezählt. Aber auch sog. Friedfische wie Brassen oder Karpfen nehmen gelegentlich Fische geeigneter Größe als Nahrung auf.

Der größte Raubfisch Mitteleuropas ist mit einer Endlänge von etwa drei Metern der Europäische Wels. Ob er ursprünglich z.B. in Nordrhein-Westfalen vorkam, ist umstritten. Alte Aufzeichnungen berichten von Fängen aus dem Niederrhein und sogar aus dem Gebiet des Oberrheins, die auf eine frühere durchgehende Besiedlung des Rheinstroms schließen lassen. Gegenwärtig breitet er sich jedenfalls im gesamten Rheinsystem und anderen Flüssen Nordwestdeutschlands aus.

*Der größte Raubfisch Mitteleuropas ist der Wels*

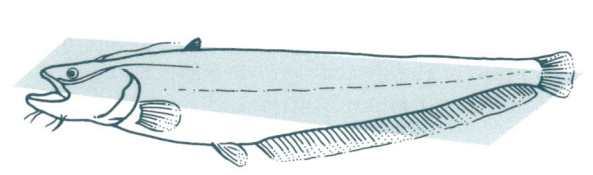

*Wels (Silurus glanis)*

### ■ Wachstum

Ein Teil der Nahrungsenergie unterhält die laufenden Stoffwechselvorgänge, z.B. Atmung und Verdauung. Ein weiterer Teil wird für die bei der Fortbewegung zu leistende Muskeltätigkeit aufgewendet. Die verbleibende Energie wird in Körperwachstum angelegt. Jungfische wachsen am

## Spezielle Fischkunde

schnellsten und mit fortschreitendem Alter nimmt das Wachstum ab. In der Regel wird zunächst das Längenwachstum vorangetrieben, um möglichst schnell aus dem Beutespektrum der Räuber herauszuwachsen. Erst später zieht die Gewichtszunahme nach, häufig verbunden mit dem Wachstum und der Entwicklung der Geschlechtsdrüsen (Gonaden) und -produkte.

*Junge Fische wachsen schneller als alte Fische.*

Bei einem überalterten Fischbestand ist demnach nur noch ein geringer Gewichtszuwachs zu verzeichnen und der Punkt des höchsten Fischereiertrages bereits überschritten. Daher ist es nicht sinnvoll, große Hechte in einem Gewässer zu schonen, weil diese schlechte Futterverwerter sind und die begrenzte Zahl von Standplätzen belegen. Allerdings üben alte und damit schwere Einzelfische große Anziehungskraft auf Angler aus, die sich bemühen, diese „Rekordfische" zu fangen.

*Alte Fische sollten dem Gewässer entnommen werden.*

Die Schonbestimmungen der Fischerei sollten den Altersaufbau eines Fischbestandes in der Weise berücksichtigen, dass das Mindestmaß nicht unnötig angehoben wird. Nach dem gesetzlich vorgeschriebenen Mindestmaß soll jeder Fisch mindestens einmal in seinem Leben ablaichen können (s. S. 159).

### ■ Fortpflanzungsstrategie

Die meisten Fischarten vermehren sich nach der Strategie, eine große Anzahl Eier abzugeben, anstatt viel Energie in Form von Reservestoffen oder elterlicher Fürsorge für die Nachkommenschaft aufzuwenden. In Abhängigkeit von den abiotischen Faktoren und der Anwesenheit von Räubern überlebt immer nur ein winziger Teil der Eier und Fischlarven. Die Überlebensrate reicht aber immer noch aus, die Art selbst im ungünstigsten Fall zu erhalten.

Unter normalen Verhältnissen besteht dagegen ein erheblicher Überschuss an Nachkommen, die entweder abwandern und auf diese Weise zur Verbreitung der Art beitragen oder die kleinwüchsig bleiben (Verbuttung) bzw. zugrunde gehen, wenn das Aufnahmevermögen des Gewässers erschöpft ist (s. S. 80).

### ■ Fruchtbarkeit

Einige Beispiele sollen das ungeheure Vermehrungsvermögen der Fische verdeutlichen. Ein Hechtweibchen bringt ungefähr 20.000 bis 50.000 Eier pro kg Körpergewicht her-

## Spezielle Fischkunde

*Eizahlen pro kg Körpergewicht:*
*Hecht bis 50.000*
*Karpfen bis 300.000*
*Zander bis 200.000*

vor. Karpfen produzieren sogar 100.000 bis 300.000 Eier pro kg Körpergewicht. Mit 100.000 bis 200.000 Eiern pro kg Körpergewicht liegt die Fruchtbarkeit des Zanders in ähnlicher Größenordnung.

Noch höhere Eizahlen erreichen einige marine Fischarten, deren Eier im Wasser schweben. Sie werden durch Meeresströmungen verdriftet, und ihr Überleben ist stärker dem Zufall unterworfen als bei der gezielten Eiablage und -befestigung. Als einziger einheimischer Süßwasserfisch bringt die Quappe aus der Familie der Dorschartigen durch den Einschluss von Öltropfen schwebende Eier hervor. Die Eier werden von der Strömung davongetragen. Nur durch die besonders hohe Anzahl von 1 Mio. Eier pro kg Körpergewicht kann die Quappe die wahrscheinlich hohen Verluste ausgleichen und damit die Vermehrung sicherstellen.

*Die Quappe gehört zu den Dorschartigen.*

*Quappe (Lota lota)*

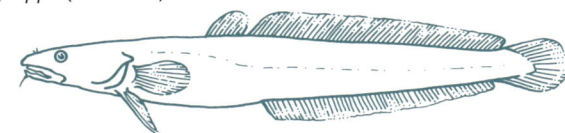

Vielleicht war diese Besonderheit der Fortpflanzungsbiologie für den Rückgang der Quappe mitverantwortlich. Die fast durchgehend verbauten Fließgewässer bieten auf weiten Strecken ungeeignete Lebensbedingungen für Quappen, und die laichreifen Elterntiere haben auf den Verbleib ihrer Nachkommen kaum Einfluss. Die zufällige Verteilung der Eier lässt eine Besiedlung der wenigen, noch möglichen Rückzugsgebiete ohne menschliche Hilfe unwahrscheinlich erscheinen. Besatzmaßnahmen zeigen in einigen Gewässersystemen erste Erfolge und lassen auf eine erfolgreiche Wiederansiedlung der Quappen hoffen.

### ■ Brutpflege

Ausnahmen von der Strategie, massenhaft Eier zu produzieren, kommen auch unter den heimischen Fischen vor. Einige Arten erhöhen die Überlebensrate ihrer Nachkommen durch mehr oder weniger intensive Brutpflege. Wegen der elterlichen Fürsorge können sie es sich leisten, weniger Eier zu produzieren.

*Zander und Wels bewachen ihr Gelege.*

Die Männchen des Zanders und des Europäischen Welses bewachen das Gelege. Nach der Eiablage bleiben sie immer-

*Spezielle Fischkunde*

hin für mehrere Tage bei den Eiern und versorgen sie mit frischem, sauerstoffreichem Wasser.

Für seine besonders intensive Brutpflege und Brautwerbung ist der Dreistachlige Stichling bekannt. Sein kleinerer und etwas unscheinbarerer Verwandter, der Zwerg- oder Neunstachlige Stichling, zeigt ein ganz ähnliches Verhalten. Die Stichlingsmännchen bauen aus Pflanzenteilen ein Nest. Im „Hochzeitskleid", einer leuchtend roten Färbung der Bauchseite, führen die Männchen daraufhin einen vom Ablauf genau festgelegten Balztanz auf. Dadurch verleiten sie das Weibchen zur Eiablage im Nest. Sofort danach besamt das Männchen die Eier und wiederholt den Laichakt mit verschiedenen Weibchen. Bis zu 100 Eier befinden sich schließlich im Nest und werden vom Stichlingsmännchen hingebungsvoll verteidigt.

*Stichlingsmännchen pflegen ihre Brut intensiv, nachdem mehrere Weibchen Eier in das Nest abgegeben haben.*

Noch weniger Eier erzeugen Bitterlinge, die zu ihrer Fortpflanzung auf das Vorkommen von Großmuscheln angewiesen sind. Das Weibchen des Bitterlings führt einzelne Eier mit einer Legeröhre in den Atemraum der Muschel ein. Der vom Männchen ins Wasser abgegebene Samen gelangt mit dem Atemwasser dorthin. In der Muschel erfolgt die Befruchtung. Erst die freischwimmenden Fischlarven verlassen den Schutz der Muschel. Da im Übrigen auch die Muscheln für die Verbreitung ihrer Larven von Fischen, u.a. von Bitterlingen, als Transportwirte abhängen, handelt es sich bei dem Verhältnis von Bitterlingen und Großmuscheln um eine gegenseitige Zweckgemeinschaft, von der beide beteiligten Partner Vorteile haben (Symbiose).

*Bitterlinge legen ihre Eier in Großmuscheln ab.*

## ■ Geschlechtsreife

Das Alter der Geschlechtsreife hängt mit der Lebensdauer einer Fischart zusammen. Vereinfachend kann man sagen, dass kleine Fischarten mit geringer Lebenserwartung früh geschlechtsreif werden, während große Fischarten mit einer hohen Lebenserwartung die Geschlechtsreife zu einem späteren Zeitpunkt erreichen.

Ebenso kann festgestellt werden, dass die Männchen bei Fischen in der Regel früher geschlechtsreif werden als die Weibchen. Das Weibchen des Hechts wird beispielsweise frühestens nach Vollendung des dritten Lebensjahres geschlechtsreif, während die Männchen bereits ein Jahr früher am Laichgeschehen teilnehmen können.

*Hechtweibchen werden nach dem 3. Lebensjahr geschlechtsreif.*

## Spezielle Fischkunde

*Fortpflanzung beim Bitterling (Rhodeus sericeus amarus)*

*Beim Aal sind die Männchen deutlich kleiner als die Weibchen.*

Zur Begründung lässt sich wieder die Körpergröße anführen, die bei den Weibchen vieler Fischarten die der Männchen übertrifft. Beim Fang von besonders großen Fischen handelt es sich daher oft um Weibchen. Besonders deutlich ist dieser Unterschied beim Aal. Der Wels, bei dem die Männchen schwerer werden, bildet in dieser Hinsicht eine Ausnahme. Auch bei den Krebsen handelt es sich bei besonders großen Tieren meistens um Männchen.

Mit dem Körpergewicht steigt bei Fischen auch die Fruchtbarkeit. Aus diesem Grund ist es sinnvoll, bei größeren Fischarten die Eiproduktion in Eizahl pro kg Körpergewicht auszudrücken (s. S. 50).

### ■ Geschlechtsprodukte

*Bachforellen produzieren über 4 mm große Eier.*

*„Rogner" sind weibliche Fische.*

*„Milchner" sind männliche Fische.*

Die Eier entwickeln sich in den Geschlechtsdrüsen des weiblichen Fisches, den Eierstöcken. Erst in der letzten Phase der Eireifung wird der Dotter als Nahrungsreserve für den Embryo hinzugefügt. Die Menge des Dotters ist je nach Fischart unterschiedlich und bestimmt die Größe der Eier. Mit über 4 mm Durchmesser erzeugen Bachforellen mit die größten Eier unter den einheimischen Fischen. Die Geschlechtsprodukte des weiblichen Fisches werden auch als „Rogen" bezeichnet, die geschlechtsreifen Fische weiblichen Geschlechts demzufolge als „Rogner".

Der Samen entwickelt sich in den Geschlechtsdrüsen des männlichen Fisches, den Hoden. Auf das Aussehen der milchig-weißen Flüssigkeit ist die Bezeichnung „Milch" für den Samen und „Milchner" für den reifen männlichen Fisch zurückzuführen.

*Spezielle Fischkunde*

Bei einigen Arten können Rogen und Milch von reifen Fischen durch äußeren Druck auf die Bauchhöhle abgestreift werden. Dieses Verfahren gelingt besonders gut bei lachsartigen Fischen, bei denen die reifen Eier aus den Eierstöcken direkt in die Bauchhöhle fallen und durch einen Genitaltrichter aus dem Körper austreten. Die künstliche Befruchtung hat für die Fischzucht große Bedeutung erlangt, denn unter kontrollierten Bedingungen kann die Überlebensrate der Fischeier und -larven gesteigert werden. Durch die Verabreichung von Hormonen ist es außerdem möglich, die Laichbereitschaft künstlich anzuregen und auf diese Weise den Laichtermin zu beeinflussen.

## ■ Äußerliche Geschlechtsunterschiede

Nur bei wenigen Fischarten können die Geschlechter äußerlich eindeutig unterschieden werden. Wenn dies der Fall ist, zeigen sich meistens bei Männchen auffällige Merkmale, die im Zusammenhang mit der Fortpflanzung stehen und die eine Abgrenzung von den Weibchen ermöglichen (Geschlechtsdimorphismus).

So ist bei männlichen Äschen die Rückenflosse deutlich vergrößert und wird daher als „Fahne" bezeichnet. Wahrscheinlich übt sie eine gewisse Anziehungskraft auf laichbereite Weibchen aus. Männliche Schleien sind durch vergrößerte Bauchflossen gekennzeichnet, deren zweiter Flossenstrahl zusätzlich verdickt ist. Vermutlich dienen ihnen diese Flossen als Hilfsmittel beim Laichakt.

*Männliche Äschen sind an der fahnenförmig vergrößerten Rückenflosse zu erkennen.*

*Fortpflanzungsfähige männliche Schleien haben vergrößerte Bauchflossen.*

## ■ Befruchtung

Die Geschlechtsprodukte werden bei Fischen ins Wasser abgegeben. Dort vollzieht sich die Befruchtung. Es gibt zwar auch Ausnahmen von der äußeren Befruchtung, nicht jedoch unter den einheimischen Fischarten.

Die Abgabe der Geschlechtsprodukte muss zeitlich und räumlich bei allen Einzeltieren einer Population abgestimmt sein, um die Fortpflanzung zu gewährleisten. Für die Gleichschaltung des Geschehens sind verschiedene Auslöser zuständig. Während die Reifung der Eier und der zeitliche Ablauf von Laichwanderungen durch äußere Einflussgrößen wie Wassertemperatur, Tageslänge und Abflussverhältnisse gesteuert werden, wird die Stimmung innerhalb einer Gemeinschaft laichwilliger Fische und der eigentliche Zeitpunkt des Ablaichens durch chemische Signale bestimmt.

*Geschlechtsdimorphismus bei der Schleie (Tinca tinca)*

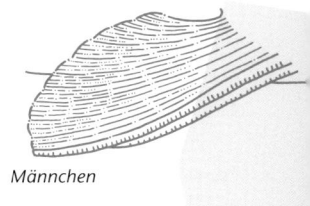

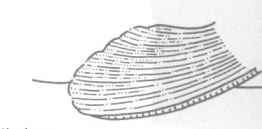

*Männchen*

*Weibchen*

## Spezielle Fischkunde

### ■ Laichzeit

*Karpfenartige Fische laichen im späten Frühjahr und Sommer.*

Viele einheimische Fische laichen im Frühjahr und Sommer. Der Zeitpunkt ist günstig, weil die Ei- und Larvalentwicklung in die warme Jahreszeit fällt, in der auch die Bestände der Beuteorganismen ihre höchste Dichte erreichen. Die Jungfische können das Nahrungsangebot während der Vegetationsperiode in vollem Umfang für das Wachstum nutzen und Fettreserven für den Winter anlegen.

*Frühe Hechtlarve*

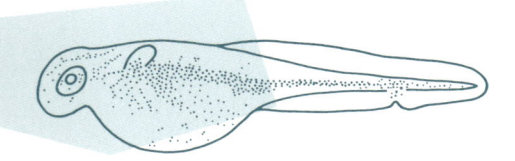

*Laichzeiten einzelner Fischarten sind:*
*Schleie u. Karpfen von Mai–Juli*
*Zander von Mai–Juni*
*Hecht von Februar–Mai*

Schleie und Karpfen sind typische Sommerlaicher, deren Fortpflanzungszeit sich von Mai bis Juli erstreckt, sofern die Wassertemperaturen mindestens 18°C erreicht haben. Die Laichzeit des Zanders kann schon im April beginnen und bis in den Juni anhalten, während der Flussbarsch bereits im März bei Wassertemperaturen von 7–8°C mit der Fortpflanzung beginnt. Mit diesem Wachstumsvorsprung können die jungen Barsche schon im ersten Lebensjahr u.a. die Larven später laichender Fischarten erbeuten.

*Der Hecht laicht an flachen verkrauteten Uferstellen.*

Früh im Jahr laicht auch der Hecht. Zur Zeit der Frühjahrshochwässer von Februar bis Mai suchen Hechte überflutete Wiesen oder flache verkrautete Uferstellen auf. Dort werden die Eier an Wasserpflanzen geheftet. Die Entwicklungsgeschwindigkeit der Hechteier und -larven muss an diese Verhältnisse angepasst sein, denn schon mit abfließendem Hochwasser müssen die Hechtlarven frei schwimmend in der Lage sein, die Überflutungsräume zu verlassen und sich gegen die Strömung im Fluss zu behaupten.

*Die Entwicklungszeit der Fischeier ist von der Temperatur abhängig.*

Die Entwicklungszeit der Fischeier ist wie alle Stoffwechselvorgänge von der Temperatur abhängig. Zur Vereinheitlichung wird deshalb die Entwicklungsdauer von Fischeiern auch in sog. Tagesgraden angegeben (s. S. 206).

*Forellen laichen im Winter.*

Weil sie im Winter laichen, benötigen die Eier von Forellen und anderen Lachsartigen längere Zeit bis zum Schlupf der Larven. Um während dieser Entwicklung die Versorgung des Embryos sicherzustellen, sind die Eier der Lachsartigen mit einer entsprechenden Menge Dotter versehen. Der Eidurchmesser erreicht daher beim Lachs bis zu 6 mm.

*Spezielle Fischkunde*

### ■ Laichgründe

Zum Schutz vor Räubern während der langen Entwicklungszeit geben z.B. Forellen ihre Eier in Kiesmulden am Gewässerboden ab. In Tiefen von z.T. mehreren Dezimetern unter der Bodenoberfläche entwickeln sich die Eier lachsartiger Fische bis zum Schlupf. Auch die Larven bleiben vorerst noch im Kieslückensystem, bis der Dottervorrat aufgezehrt ist.

### ■ Kieslaicher

Fischarten, die steinig-kiesigen Grund für die Eiablage bevorzugen, werden als lithophil bezeichnet. Neben lachsartigen Fischen wie Bachforelle und Bachsaibling zählen auch einige karpfenartige Fische der Fließgewässer dazu, z.B. Barbe und Nase.

*Forellen und Saiblinge geben ihre Eier in den Kies des Gewässergrunds.*

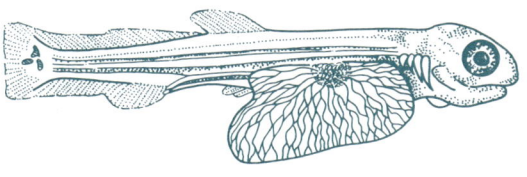

*Dottersacklarve (Bachforelle, Salmo trutta f. fario)*

Durch den Ausbau von Fließgewässern wird die Gewässerdynamik und mithin die Bildung und Umlagerung von Kiesbetten verhindert. Zusätzlich bewirkt der Eintrag organischer Schwebstoffe eine Verdichtung des Kieslückensystems, so dass eine ausreichende Sauerstoffversorgung oftmals nicht mehr gewährleistet ist. Diese Gründe sind für den Bestandsrückgang kieslaichender Arten von ausschlaggebender Bedeutung gewesen.

### ■ Laichwanderungen

Die Laichgebiete vieler Flussfischarten liegen in den Oberläufen der Fließgewässer. Zur Laichzeit ziehen deshalb große Fischschwärme flussaufwärts und suchen ihre bevorzugten Laichgründe auf. Im Verlauf ihres Lebens haben sich die verschiedenen Altersstadien entweder aktiv auf der Suche nach Nahrung flussabwärts bewegt oder sie sind passiv durch die Strömung verdriftet worden. In diesen Fällen können Laichwanderungen auch als Ausgleichsbewegungen (Kompensationswanderungen) gedeutet werden (s. S. 72).

## Spezielle Fischkunde

Barben und Nasen sowie Bachforellen unternehmen flussaufwärts gerichtete Wanderungen, die über 100 km reichen können. Forellen dringen dabei bis in die Quellregionen und die kleinsten Nebengewässer vor, während die Karpfenartigen nur etwa bis zur Äschenregion aufsteigen und in der Mehrzahl im Hauptgewässer ablaichen.

Größere Entfernungen legen Lachse und Meerforellen zurück, die bei ihren Laichwanderungen vom Meer in das Süßwasser ziehen (anadrom). Zwei Jahre wachsen die jungen Lachse im Fluss heran, bis sich die Fische silbrig färben und als sog. Smolts ins Meer abwandern. In diesem Stadium lassen sich die abwandernden Junglachse von etwa gleich großen Bachforellen an den größeren Brustflossen und der silbrigen Färbung recht gut unterscheiden.

*Der Lachs wandert zwischen Binnengewässern und dem Meer.*

*Abwandernde Junglachse unterscheiden sich durch größere Brustflossen und silbrige Färbung von Bachforellen.*

*Lebenszyklus Lachs (Salmo salar)*

- Wachstumsphase 1–3 Jahre
- Meer
- geschlechtsreifer Lachs
- Süßwasser
- Eiablage November–Januar
- Umwandlung zu Smolts und Abwanderung ins Meer nach 1–2 Jahren

Im Meer suchen die Lachse die reichen Nahrungsgründe des Nordatlantiks auf und nehmen rasch an Gewicht zu. Nach ein- bis zweijährigem Aufenthalt im Meer kehren sie zur Fortpflanzung in ihren Geburtsfluss zurück.

Einen ähnlichen Lebenszyklus hat auch die Meerforelle. Sie bildet jedoch keine eigenständige Art, sondern ist als eine Wanderform der ortstreuen Bachforelle anzusehen. Aus deren Beständen entwickeln sich immer wieder einige Tiere zu Meerforellen und wandern ab. Zu diesem Formenkreis

## Spezielle Fischkunde

zählt auch die Seeforelle, die aus den tiefen Seen im Alpenvorland zum Laichen in die Zuflüsse aufsteigt. Sie kann Gewichte von über 10 kg erreichen.

*Seeforellen werden über 10 kg schwer.*

### ■ Krautlaicher

Die meisten einheimischen Fischarten der Stillgewässer und Flussunterläufe können als Krautlaicher (phytophil) eingestuft werden. Es sind vorwiegend karpfenartige Fische, die ihre Eier, die nach der Befruchtung im Wasser für kurze Zeit eine starke Klebefähigkeit entwickeln, an Wasserpflanzen ablegen. In solchen Gewässern würde das Absinken der Eier auf den schlammigen Grund verhängnisvolle Folgen haben, da die Sauerstoffversorgung nicht mehr gesichert wäre.

*Karpfen legen ihre Eier an Unterwasserpflanzen ab.*

Statt einzelner klebender Eier gibt der Flussbarsch lange Laichbänder ab. Um Wasserpflanzen gewunden besitzen diese Bänder ausreichend Halt, um gegen eine mäßige Strömung zu bestehen.

*Die Eier des Flussbarsches werden in Laichbändern abgelegt.*

### ■ Larvalphase

Nach dem Schlupf aus dem Ei heften sich die Larven vieler krautlaichender Fischarten zunächst mit ihren Kopfdrüsen, die einen klebrigen Stoff absondern, an den Wasserpflanzen fest. In dieser Stellung verharren sie, bis die Nahrungsreserven im Dottersack aufgebraucht sind (Dottersacklarve). Nachdem die innere Ernährung abgeschlossen ist, bildet sich der Dottersack zurück.

*Der Dottersack dient zur Ernährung der Fischlarve.*

Die Umstellung auf äußere Ernährung ist ein kritischer Lebensabschnitt für die Fischlarve. Ihr Überleben hängt nun vor allem von der Dichte der Nahrungsteilchen ab. Da die Fischlarve auf der Suche nach ihnen die schützenden Unterstände verlassen muss, unterliegt sie einem erhöhten Raubdruck. Die Stärke eines gesamten Jahrgangs und damit die Größe des Fischbestandes kann entscheidend von diesen äußeren Bedingungen während der Larvalphase bestimmt werden.

### ■ Fortpflanzung des Aals

Eine Sonderstellung unter den einheimischen Arten insbesondere hinsichtlich der Fortpflanzung nimmt der Aal ein. Als einzige Art wandert er zum Laichen ins Meer (katadrom). Seine Laichgründe liegen in der Sargasso-See, einem Meeresgebiet im Westatlantik. Die näheren Umstände der

*Der Aal laicht in der Sargasso-See.*

*Spezielle Fischkunde*

*Larvalentwicklung
(Rotauge, Rutilus
rutilus)*

*nach dem Schlupf
mit 7 mm*

*mit 12 mm*

*mit 17 mm*

*Jungfisch mit 30 mm*

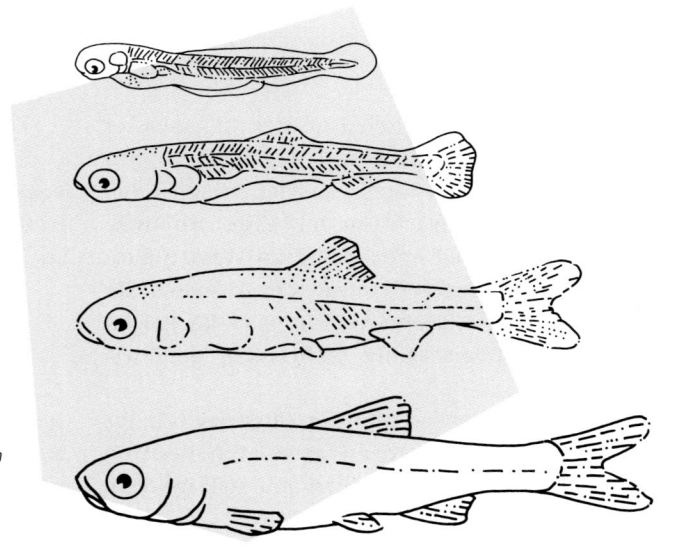

Paarung, die wohl in großen Wassertiefen stattfindet, sind trotz vieler Nachforschungen bislang unbekannt geblieben. Nur durch die Fundorte unterschiedlich alter Aallarven konnte überhaupt auf das fragliche Laichgebiet geschlossen werden.

Die Aallarven, die mit dem Golfstrom zum europäischen Festland wandern, weisen noch keine Ähnlichkeit mit den erwachsenen Aalen auf. Bevor die Lebensgeschichte des Aals aufgeklärt war, wurden die weidenblattähnlichen Larven sogar als eigene Art betrachtet (*Leptocephalus*-Larve).

An diesem Beispiel lässt sich der Begriff „Fischlarve" einleuchtend erklären. In der Entwicklungsbiologie werden Jungstadien ganz verschiedener Tierarten als Larven

*Laichgebiet und Wanderwege des Aals
(Anguilla anguilla)*

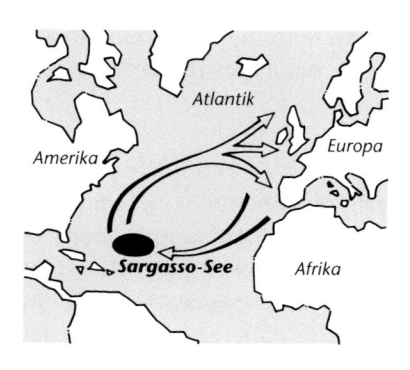

## Spezielle Fischkunde

*Jugendstadien des Aals*

*a) Leptocephalus-Larve*

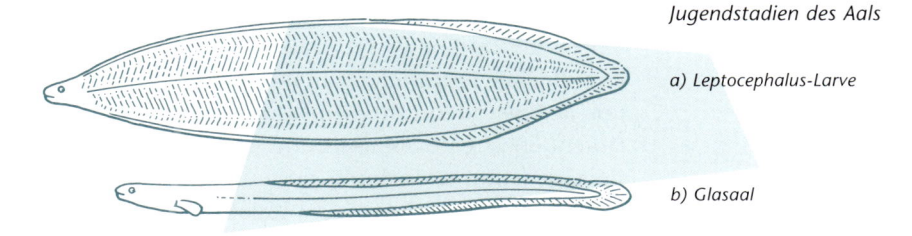

*b) Glasaal*

bezeichnet, wenn sie sich äußerlich von den heranwachsenden und geschlechtsreifen Tieren (adult) nicht nur in ihrer Größe unterscheiden. So werden aus den Larven der Schmetterlinge, den Raupen, nach einem Verpuppungsstadium schließlich Falter, die keinerlei Ähnlichkeit mehr mit einer Raupe haben.

Bei vielen Fischarten vollzieht sich diese äußerliche Wandlung (Metamorphose) jedoch nur in der Färbung oder anderen geringfügigen Änderungen des Erscheinungsbildes. Dass die Bezeichnung Larve dennoch auch für Fische zutrifft, wird z.B. bei den Plattfischen deutlich. Schollen und ihre Verwandten leben bis zur ihrer Umwandlung zum Plattfisch als Rundfische im Plankton des Meeres. Dann wandert ein Auge auf die andere Körperseite. Der Fisch schwimmt mit seinem nun abgeplatteten Körper auf der Seite und geht zu einer bodenbewohnenden Lebensweise über.

Auch die Aallarven verändern ihre Gestalt, nachdem sie in 2 bis 3 Jahren vom Golfstrom bis zum europäischen Festland verdriftet worden sind. Im Küstengebiet wandeln sie sich zu durchsichtigen Glasaalen. Mit einsetzendem Hochwasser dringen sie im Frühjahr als sog. Steigaale in die Flussmündungen ein, wobei allmählich Farbstoffe in die Haut eingelagert werden (Pigmentierung).

*"Glasaale" sind fast durchsichtige Jungaale nach Umwandlung der Larve.*

Aale können ein gesamtes Flusssystem von der Mündung bis zum Oberlauf besiedeln. Einige Aale wandern jedoch gar nicht in die Flüsse, sondern bleiben im Küstenbereich. Im Allgemeinen sind dies die kleineren, nur bis etwa 45 cm großen Männchen. Auch in der Brackwasserzone und den Flussunterläufen sind Aale männlichen Geschlechts auffallend häufig. Je größer der Abstand zur Mündung eines Flusses, desto höher ist der Anteil größer werdender, weiblicher Aale. Da sich das Geschlecht der Aale erst mit einer Länge von etwa 20 cm entwickelt, ist es wahrscheinlich, dass Umweltreize für die Geschlechtsausprägung eine erhebliche Bedeutung haben.

## Spezielle Fischkunde

Bis zu 12 Jahre fressen die nun als „Gelbaale" bezeichneten Fische im Süßwasser. Dann setzt der Wandertrieb ein, und die Aale beginnen oft in warmen, dunklen Herbstnächten abzuwandern. In Anpassung an die bevorstehende Durchquerung des Atlantiks in großer Wassertiefe nehmen sie eine silbrige Färbung an und werden deswegen als „Blankaale" bezeichnet. Abwandernde Aale sind auch an den deutlich vergrößerten Augen zu erkennen. Ihren Energiebedarf für die lange Wanderung und die Gonadenreifung bestreiten Blankaale ausschließlich von ihren umfangreichen Fettreserven, da sie angeblich keine Nahrung mehr zu sich nehmen. Nach dem einmaligen Laichakt in der Sargasso-See sterben die Elterntiere ab.

*„Blankaale" wandern zum Laichen ins Meer.*

*Aale sterben nach dem Laichen.*

### ■ Bestimmung von Fischen

Von den ca. 70 in Deutschland vorkommenden Süßwasserfischarten sind 44 (einschließlich der zwei Flusskrebsarten) Gegenstand des praktischen Teils der Fischerprüfung in Nordrhein-Westfalen (s. S. 192).

Bei echten Exemplaren ist es wie bei den zur Prüfung verwendeten Fischzeichnungen nicht immer einfach, die Fischart richtig anzusprechen, insbesondere, wenn es sich um Jungfische oder Einzelfänge handelt.

In Zweifelsfällen müssen äußere oder innere zählbare Bestimmungsmerkmale hinzugezogen werden, wie die Anzahl der Strahlen bestimmter Flossen, die Anzahl der Schuppen in der Seitenlinie oder bei den Karpfenartigen die Bezahnung der Schlundknochen (s. S. 15 f.).

Mit etwas Erfahrung können die meisten Fischarten jedoch schon auf einen Blick richtig benannt oder wenigstens der entsprechenden Fischfamilie zugeordnet werden. So ist es z.B. fast unmöglich, den Hecht zu verwechseln, denn er ist der einzige Vertreter seiner Familie in der heimischen Fischfauna. Eindeutige äußere Merkmale der bei uns im Süßwasser vorkommenden Fischfamilien sind in einem Bestimmungsschlüssel aufgeführt (s. S. 194).

### ■ Lachsartige

Alle lachsartigen Fische (Salmonidae) sind an der Fettflosse (s. S. 12) zu erkennen. Weiterhin sind Lachsen, Forellen, Saiblingen, Coregonen und Äschen fehlende Stachelstrahlen in den Flossen und weit zurückliegende Bauchflossen gemeinsam. Die Körperform lachsartiger Fische ist im

## Spezielle Fischkunde

Allgemeinen torpedoförmig, weil sie vorwiegend schnell fließende Bäche und Flüsse besiedeln (s. S. 72).

Bachforellen sind an den roten, weiß umrandeten Tupfen zu erkennen, die auf den Körperseiten angeordnet sind. Regenbogenforellen zeigen entlang der Seitenlinie eine schillernde violette Färbung. Bei ihnen erstrecken sich die für viele Vertreter der Lachsfamilie typischen schwarzen Flecken bis auf die Schwanzflosse. Die nahe verwandten Saiblinge können durch die weiße (Seesaibling) oder schwarz-weiße (Bachsaibling) Umrandung der Flossen an der Körperunterseite unterschieden werden.

*Bachforellen zeigen rote Punkte an den Körperseiten.*

Lachse sind von Meerforellen, der Wanderform der ortstreuen Bachforelle (s. S. 56) nicht immer deutlich zu unterscheiden. Adulte Lachse tragen aber weniger schwarze Flecken unterhalb der Seitenlinie. Ihre Fettflosse ist ungefleckt. Im Vergleich zu Meerforellen haben Lachse eine schmalere Schwanzwurzel, an der sie mit sicherem Griff gehalten werden können.

Abwandernde Junglachse, sog. Blanklachse oder Smolts unterscheiden sich von gleich großen Bachforellen durch die vergrößerten, annähernd dreieckigen Brustflossen und die silbrige Färbung. Wenn die Bachforellen mit 25 cm Länge das Mindestmaß erreicht haben, sind Lachse derselben Größe ohnehin schon abgewandert, so dass eine Verwechselung fangfähiger Fische nahezu ausgeschlossen ist.

### ■ Karpfenartige

In den Binnengewässern Mitteleuropas erreichen die Fische aus der Verwandtschaft des Karpfens (Cyprinidae) die höchste Artenzahl. Insgesamt 19 Fische aus dieser Gruppe sind in der Verordnung über die Fischerprüfung vertreten (s. S. 192). Dazu zählen z.B. der namensgebende Karpfen, als weiterer wichtiger Speisefisch die Schleie, die Flussfischarten Barbe und Nase und einige Kleinfische wie Gründling und Elritze.

*Gründling, Elritze und Barbe sind karpfenartige Fische.*

In einigen Fällen können bei den Karpfenartigen Anzahl und Position der Bartfäden zur Artbestimmung herangezogen werden. Schleie und Gründling besitzen beispielsweise zwei Barteln, davon eine in jedem Maulwinkel. Der Karpfen trägt vier Barteln, zwei lange und zwei kurze. Der ansonsten sehr ähnlichen Karausche fehlen diese Barteln. Wie der Karpfen besitzt zwar auch die Barbe vier Barteln, die aber anders angeordnet und annähernd gleich groß sind.

*Bartfäden werden zur Artbestimmung bei karpfenartigen Fischen herangezogen.*

## Spezielle Fischkunde

*Zahl und Anordnung der Barteln*

Schleie (Tinca tinca) – 2

Wels (Silurus glanis) – 6

Gründling (Gobio gobio) – 2

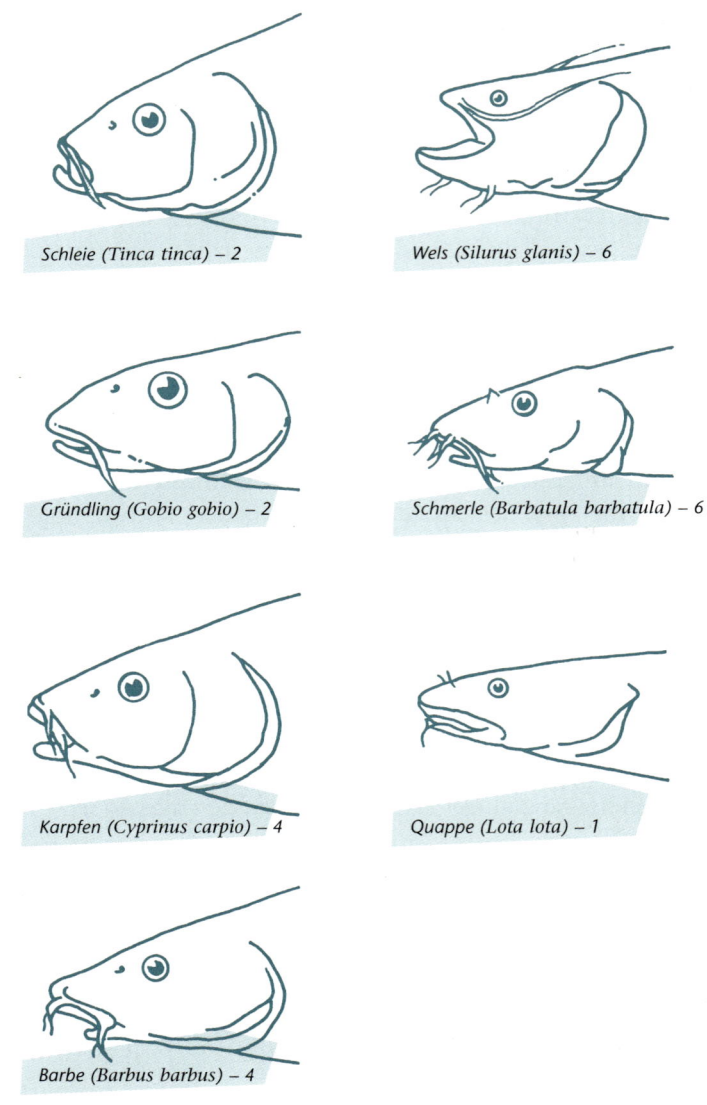

Schmerle (Barbatula barbatula) – 6

Karpfen (Cyprinus carpio) – 4

Quappe (Lota lota) – 1

Barbe (Barbus barbus) – 4

### ■ Wels und Katzenwels

*Zahl der Barteln bei einigen Fischarten:*
*Schleie – 2*
*Barbe – 4*
*Karpfen – 4*
*Karausche – 0*
*Wels – 6*

Nicht nur die Karpfenartigen, sondern auch die Welse (Siluridae) und Katzenwelse (Ictaluridae) sowie die Schmerlen tragen Barteln. Der Wels ist mit bis zu 3 m Größe einmalig. Nur bei jungen Exemplaren besteht Verwechslungsgefahr mit dem Katzenwels, einer aus Nordamerika eingeschleppten Fischart. Im Gegensatz zum Katzenwels mit acht Barteln besitzt der europäische Wels nur sechs Barteln, von denen die beiden am Oberkiefer allerdings sehr lang sind.

*Spezielle Fischkunde*

### ■ Schmerlen

Ähnlich in Aussehen und Größe sind die drei Kleinfischarten Steinbeißer, Bachschmerle und Schlammpeitzger. Sie gehören zur Familie der Schmerlen (Cobitidae). Obwohl die Zahl der Barteln, der Augendorn des Steinbeißers und die Körperzeichnungen eine zweifelsfreie Unterscheidung ermöglichen, ist die Bestimmung aufgrund der geringen Körpergröße nicht immer einfach. In solchen Fällen kann auch der Fundort Hinweise auf die Fischart geben. Der Schlammpeitzger kommt in pflanzenreichen Kleingewässern vor, die durch zeitweilige Wasser- und Sauerstoffarmut gekennzeichnet sind. Unter solchen Bedingungen können Bachschmerlen und Steinbeißer nicht leben.

*Schlammpeitzger und Steinbeißer sind schmerlenartige Fische.*

### ■ Dorschartige

Fischarten wie Aal oder Quappe sind unverwechselbar. Letztere Art ist der einzige Vertreter der Dorschartigen (Gadidae) im Süßwasser. In den Meeren der nördlichen Erdhalbkugel sind Fischarten dieser Familie wie Kabeljau und Seelachs weit verbreitet. Sie sind von herausragender fischereiwirtschaftlicher Bedeutung. Für Dorschartige ist ein einziger Bartfaden kennzeichnend. Die ursprünglich dreigeteilte Rückenflosse ist im Verlauf der stammesgeschichtlichen Entwicklung durch Verschmelzungen und Rückbildungen vielfach abgewandelt worden.

*Als Dorschartige sind Quappe, Kabeljau und Seelachs mit einem Bartfaden ausgestattet.*

### ■ Barsche

Die Familie der Barsche (Percidae) ist mit drei Arten in der einheimischen Fischfauna vertreten. Flussbarsch, Kaulbarsch und Zander haben raue Kammschuppen (s. S. 16) sowie zwei Rückenflossen. (Beim Kaulbarsch sind die beiden Rückenflossen miteinander verbunden.) Die Unterscheidung junger Exemplare von Barsch und Zander ist mitunter schwierig. Einsömmerige Flussbarsche lassen sich aber an dem schwarzen Fleck am Ende der ersten Rückenflosse recht gut erkennen. Bei allen barschartigen Fischen weist die vordere Rückenflosse kräftige Stachelstrahlen auf, die als Drohung oder zur Abwehr aufgestellt werden können.

*Barsche unterscheiden sich von Zandern durch einen schwarzen Fleck am Ende der ersten Rückenflosse.*

*Die erste Rückenflosse barschartiger Fische besteht aus Stachelstrahlen.*

*Spezielle Fischkunde* *Trainingsbogen 1*

1. **Lassen sich abwandernde Junglachse (Smolts) von etwa gleich großen Bachforellen unterscheiden?**
   ☐ Nein, beide sehen völlig gleich aus.
   ☐ Es gibt nur undeutliche Unterschiede.
   ☒ Ja, man kann die Junglachse an ihren Brustflossen und an ihrer Färbung erkennen.

2. **Welche Fischarten bewachen ihre Eier?**
   ☐ Rotauge und Rotfeder.
   ☒ Zander und Wels.
   ☐ Barsch und Hecht.

3. **Welches äußere Merkmal ist bei der männlichen Äsche besonders auffällig?**
   ☐ Ein großes Maul.
   ☐ Eine fahnenförmige Rückenflosse.
   ☒ Kehlständige Bauchflossen.

4. **Für welche Salmoniden sind rote Punkte im Farbkleid typisch?**
   ☐ Für die Äsche.
   ☐ Für die Bachforelle.
   ☒ Für die Kleine Maräne.

5. **Welcher Fisch hat glatte, runde Schuppen?**
   ☐ Der Wels.
   ☐ Der Zander.
   ☒ Der Döbel.

6. **Wie viele Eier hat der Zanderrogner pro kg Körpergewicht?**
   ☐ 1.000 – 2.000 Stück.
   ☐ 10.000 – 20.000 Stück.
   ☒ 100.000 – 200.000 Stück.

7. **Welche Arten gehören zu den Rundmäulern?**
   ☐ Weißfische, Barsche und Forellen.
   ☒ Bach- und Flussneunaugen.
   ☐ Störe.

8. **Welcher Fisch hat eine zweikammerige Schwimmblase?**
   ☒ Das Rotauge (Plötze).
   ☐ Der Hecht.
   ☐ Die Regenbogenforelle.

9. **Wie viel Bartfäden hat die Schleie?**
   ☐ Vier.
   ☒ Zwei.
   ☐ Keine.

10. **Wohin legen die Bitterlinge ihre Eier?**
    ☐ Sie legen die Eier in ein Nest aus Wasserpflanzen.
    ☐ Sie legen keine Eier, weil sie lebendgebärend sind.
    ☒ Sie legen die Eier in Großmuscheln ab.

*Trainingsbogen 2*  *Spezielle Fischkunde*

1. **Wie ist die Schwimmblase der Barsche gebaut?**
   ☐ Sie ist einkammerig mit Luftgang.
   ☐ Sie ist zweikammerig mit Luftgang.
   ☒ Sie ist einkammerig ohne Luftgang.

2. **Bei welcher Art liegt die Eigröße über 4 mm?**
   ☒ Bei der Bachforelle.
   ☐ Bei der Äsche.
   ☐ Bei der Kleinen Maräne.

3. **Welcher einheimische Fisch frisst neben Wasserpflanzen auch Schwebalgen?**
   ☐ Der Karpfen.
   ☐ Der Döbel.
   ☒ Die Rotfeder.

4. **Bei welchen Fischarten zieht man die Bartfäden zur Artbestimmung heran?**
   ☒ Bei den Cypriniden.
   ☐ Bei den Salmoniden.
   ☐ Bei den barschartigen Fischen.

5. **Was versteht man unter Blankaalen?**
   ☐ Geräucherte Aale.
   ☒ Zum Laichen abwandernde Aale.
   ☐ Aale aus Seen.

6. **Welche Art gehört zu den Wanderfischen (Wechsel zwischen Meer und Süßwasser)?**
   ☐ Der Huchen.
   ☐ Der Bachsaibling.
   ☒ Der Lachs.

7. **Wann laicht der Hecht?**
   ☐ Von Oktober bis Dezember.
   ☒ Von Februar bis Mai.
   ☐ Von Juli bis September.

8. **Was bedeutet die Bezeichnung Spitzkopfaal?**
   ☐ Sie kennzeichnet eine besondere Aalart.
   ☒ Sie verweist auf eine ernährungsbedingte Kopfform.
   ☐ Sie wird für Aale verwendet, die nur in Bächen leben.

9. **Welche Fische gehören zu den Schmerlenartigen?**
   ☐ Der Gründling und die Elritze.
   ☐ Die Barbe und die Mühlkoppe.
   ☒ Der Schlammpeitzger und der Steinbeißer.

10. **Wo hält sich die Schleie vorzugsweise auf, nachdem sie fortpflanzungsfähig geworden ist?**
    ☐ An der Oberfläche.
    ☐ Im Freiwasserraum.
    ☒ Zwischen Pflanzen am Bodengrund.

# Spezielle Fischkunde

Trainingsbogen 3

1. **Welche Fische haben Schlundzähne?**
   - ☐ Der Bachsaibling.
   - ☒ Der Karpfen.
   - ☐ Der Barsch.

2. **Wo laicht der Hecht?**
   - ☐ Über kiesigem Grund.
   - ☒ An flachen verkrauteten Uferstellen.
   - ☐ In tieferen Bereichen.

3. **Welche Fische haben Kammschuppen?**
   - ☐ Aal und Güster.
   - ☒ Zander und Barsch.
   - ☐ Döbel und Karausche.

4. **Welcher mitteleuropäische Fisch ist der größte Raubfisch?**
   - ☒ Der Wels.
   - ☐ Der Hecht.
   - ☐ Der Lachs.

5. **Welche Fischart wurde aus Nordamerika eingeführt?**
   - ☐ Der Seesaibling.
   - ☒ Die Regenbogenforelle.
   - ☐ Die Seeforelle.

6. **Wann tritt beim Hechtweibchen in der Regel die Laichreife ein?**
   - ☐ Nach Vollendung des ersten Lebensjahres.
   - ☐ Nach Vollendung des zweiten Lebensjahres.
   - ☒ Nach Vollendung des dritten Lebensjahres.

7. **Was ist ein Glasaal?**
   - ☐ Die Aallarve unmittelbar nach dem Schlüpfen.
   - ☒ Der Jungaal nach Umwandlung der Larve.
   - ☐ Der Jungaal nach der Pigmentierung.

8. **Wodurch kann man einsömmerige Flussbarsche von einsömmerigen Zandern unterscheiden?**
   - ☐ Der Barsch hat breitere Querstreifen.
   - ☒ Der Barsch hat einen schwarzen Fleck am Ende der ersten Rückenflosse.
   - ☐ Der Zander hat dunkle Längsstreifen.

9. **Welcher Fisch betreibt eine besonders intensive Brutpflege?**
   - ☐ Die Elritze.
   - ☒ Der Stichling.
   - ☐ Der Aland.

10. **Wann laichen Schleien?**
    - ☐ Von Oktober bis Dezember.
    - ☒ Von Mai bis Juli.
    - ☐ Von Januar bis Februar.

*Trainingsbogen 4*        *Spezielle Fischkunde*

**1. Welche Fischarten gelten in NRW als nicht einheimisch?**
- ☐ Schleie, Aland, Rapfen.
- ☐ Bachneunauge, Schneider, Quappe.
- ☒ Bachsaibling, Regenbogenforelle, Wels.

**2. Welche Fische sind Sommerlaicher?**
- ☒ Die Karpfenartigen.
- ☐ Die Salmoniden.
- ☐ Die Hechtartigen.

**3. Welche Fischart erreicht Stückgewichte von mehr als 10 kg?**
- ☐ Der Seesaibling.
- ☒ Die Seeforelle.
- ☐ Die Äsche.

**4. Welcher Fisch steigt zur Laichzeit vom Meer in das Süßwasser auf?**
- ☐ Der Aal.
- ☒ Der Lachs.
- ☐ Der Zander.

**5. Welche Fischarten sind Kieslaicher?**
- ☐ Die Brasse und der Hecht.
- ☒ Der Bachsaibling und die Bachforelle.
- ☐ Der Wels und der Aal.

**6. An welchen äußeren Merkmalen kann man bei der Schleie das Geschlecht eindeutig erkennen, nachdem sie fortpflanzungsfähig geworden ist?**
- ☐ An der Färbung.
- ☐ An der Rückenflosse.
- ☒ An den Bauchflossen.

**7. Wann laichen Karpfen?**
- ☐ Von Oktober bis Dezember.
- ☐ Von Januar bis März.
- ☒ Von Mai bis Juli.

**8. Wie hoch ist beim Karpfen die durchschnittliche Eizahl pro kg Körpergewicht?**
- ☐ 1.000 – 3.000 Stück.
- ☐ 10.000 – 30.000 Stück.
- ☒ 100.000 – 300.000 Stück.

**9. Wohin legt der Karpfen seine Eier ab?**
- ☐ Bei kiesigem Boden in Laichgruben.
- ☐ In Nester aus Pflanzenteilen.
- ☒ An Pflanzen.

**10. Zu welcher Verwandtschaft gehört die Quappe (Rutte)?**
- ☐ Zu den Welsartigen.
- ☒ Zu den Dorschartigen.
- ☐ Zu den Schmerlen.

# Spezielle Fischkunde

Trainingsbogen 5

**1. Wie verhalten sich Stichlinge während der Laichphase?**
  ☐ Sie legen ihre Eier in Muscheln ab.
  ☒ Die Männchen bauen ein Nest, in das mehrere Weibchen ihre Eier ablegen.
  ☐ Sie legen ihre Eier an der Unterseite großblättriger Wasserpflanzen ab.

**2. Welcher Fisch besitzt nur einen Bartfaden?**
  ☐ Die Barbe.
  ☒ Die Quappe (Rutte).
  ☐ Die Schleie.

**3. Welcher Fisch hat eine Schwimmblase ohne Luftgang?**
  ☐ Der Karpfen.
  ☐ Die Mühlkoppe.
  ☒ Der Barsch.

**4. Welcher Fisch hat vier Bartfäden?**
  ☒ Die Barbe.
  ☐ Die Karausche.
  ☐ Die Schleie.

**5. Bei welchem Fisch spielt die zusätzliche Darmatmung eine bedeutende Rolle?**
  ☐ Beim Hecht.
  ☐ Beim Hering.
  ☒ Beim Schlammpeitzger.

**6. Welcher Fisch hat keine Bauchflosse?**
  ☒ Der Aal.
  ☐ Die Quappe (Rutte).
  ☐ Die Koppe.

**7. Welches Merkmal ist typisch für barschartige Fische?**
  ☒ Die erste Rückenflosse hat kräftige Stachelstrahlen.
  ☐ Die zweite Rückenflosse hat kräftige Stachelstrahlen.
  ☐ Die Bauchflossen sind kehlständig und mit vier starken Dornen versehen.

**8. Wie legt der Flussbarsch seine Eier ab?**
  ☐ Er legt die Eier in flachen Gruben ab.
  ☐ Er klebt die Eier einzeln an Pflanzen.
  ☒ Er legt die Eier in langen Bändern ab.

**9. Wann laicht der Zander?**
  ☐ Von Januar bis März.
  ☒ Von Mai bis Juni*.
  ☐ Von Oktober bis Dezember.

**10. Ist die Größe beim Aal vom Geschlecht abhängig?**
  ☐ Nein, beide Geschlechter sind gleich groß.
  ☐ Ja, das Männchen ist größer.
  ☒ Ja, das Weibchen ist größer.

---

\* Obwohl die Laichzeit des Zanders in manchen Gewässern durchaus bis zum Juni anhalten kann, dauert die Schonzeit laut Landesfischereiordnung in NRW nur vom 1. April bis 31. Mai.

*Trainingsbogen 6*                    *Spezielle Fischkunde*

1. **Bei welchen Fischen sind die Schlundzähne besonders stark entwickelt?**
   - ☐ Beim Zander und beim Hecht.
   - ☐ Bei den Stichlingen.
   - ☒ Bei den Karpfenartigen.

2. **Wie viel Bartfäden hat der europäische Wels?**
   - ☐ Acht.
   - ☒ Sechs.
   - ☐ Vier.

3. **Wo legen Forellen ihre Eier ab?**
   - ☒ In Kiesmulden am Gewässerboden.
   - ☐ An untergetauchten Grashalmen.
   - ☐ In selbstgebauten Nestern aus Pflanzenteilen.

4. **Welche der folgenden Fischgruppen gehört zu den Karpfenartigen?**
   - ☒ Gründling, Elritze, Barbe.
   - ☐ Zander, Aland, Schleie.
   - ☐ Nase, Karpfen, Rutte.

5. **Welche der drei Merkmalsgruppen trifft auf unsere karpfenartigen Fische zu?**
   - ☐ Kopf mit Schuppen, bezahnte Kiefer, Schlundzähne, zweikammerige Schwimmblase.
   - ☒ Kopf schuppenlos, Kiefer unbezahnt, Schlundzähne vorhanden, zweikammerige Schwimmblase.
   - ☐ Fettflosse vorhanden, Kiemenreusendornen sehr zahlreich, Pflugscharbein bezahnt, Kopf schuppenlos.

6. **Welcher der genannten Fische hat einen Kiemendeckeldorn?**
   - ☒ Barsch.
   - ☐ Wels.
   - ☐ Kleine Maräne.

7. **Wo laicht der Europäische Aal?**
   - ☐ Im Mündungsbereich der Flüsse.
   - ☐ Im Golf von Biskaya.
   - ☒ In der Sargasso-See.

8. **Wie viel Eier hat das Hechtweibchen pro kg Körpergewicht?**
   - ☐ 4.000 – 5.000 Stück.
   - ☒ 20.000 – 50.000 Stück.
   - ☐ 400.000 – 500.000 Stück.

9. **Bei welcher Fischart besteht die Hauptnahrung aus tierischem Plankton (Wasserflöhe u. ä.)?**
   - ☒ Bei der Kleinen Maräne.
   - ☐ Bei der Äsche.
   - ☐ Bei der Bachforelle.

10. **Welche Fische haben keinen Magen?**
    - ☐ Zander, Hecht.
    - ☒ Schleie, Karausche.
    - ☐ Zwergwels, Forellenbarsch.

*Spezielle Fischkunde*                                    Trainingsbogen 7

1. **Wie kann man aufgrund der äußeren Merkmale Karpfen und Karauschen eindeutig unterscheiden?**
   ☐ An der Beschuppung.
   ☐ An der Länge der Rückenflosse.
   ☒ Der Karpfen hat Bartfäden, die Karausche keine.

2. **Wie oft laicht der Aal in seinem Leben?**
   ☒ Nur einmal.
   ☐ Jedes Jahr.
   ☐ Nur dreimal.

3. **Welche Fischarten haben keine Schwimmblase?**
   ☒ Die Mühlkoppe und die Makrele.
   ☐ Der Hecht und der Barsch.
   ☐ Der Karpfen und der Zander.

4. **Welche Fische gehören zu den Dorschartigen?**
   ☒ Der Kabeljau, die Quappe und der Seelachs.
   ☐ Die Makrele, der Knurrhahn und der Hering.
   ☐ Das Petermännchen, die Seezunge und der Stint.

5. **Woran sind die Dorschartigen im allgemeinen zu erkennen?**
   ☐ Sie haben keine Schuppen.
   ☒ Sie haben in der Regel einen Bartfaden.
   ☐ Sie haben keine Schwimmblase.

6. **Welcher der genannten Fische kann sein Maul rüsselartig vorstrecken?**
   ☒ Die Brasse.
   ☐ Der Hecht.
   ☐ Der Stichling.

7. **Zu welcher Maulform sind folgende Fischarten richtig eingeordnet?**
   ☐ Endständiges Maul: Barsch, Zander und Ukelei.
   ☒ Unterständiges Maul: Nase, Barbe und Gründling.
   ☐ Oberständiges Maul: Karpfen, Schleie und Zander.

8. **Sind Makrelen**
   ☐ Uferfische?
   ☐ Bodenfische?
   ☒ Freiwasserfische?

9. **Welche der genannten Fischarten hat den höchsten Sauerstoffbedarf?**
   ☒ Die Bachforelle.
   ☐ Der Aal.
   ☐ Die Schleie.

10. **Woran erkennt man den Dornhai?**
    ☐ Er hat vor der Afterflosse einen Dorn.
    ☐ Er hat einen gefleckten Körper.
    ☒ Er hat vor den Rückenflossen je einen Dorn.

# Gewässerkunde und Fischhege

Als die Gletscher nach der letzten Eiszeit abschmolzen, boten die kalten sauerstoffreichen Gewässer günstige Bedingungen für Kaltwasserfische. Forellen, die mit den höchsten Sauerstoffbedarf aller einheimischen Fischarten haben, besiedelten die Fließgewässer und auch die großen Seen im Alpenvorland. Heute beschränkt sich das Vorkommen der Bachforelle auf die oberen Fließgewässerabschnitte, in denen niedrige Wassertemperaturen und hohe Sauerstoffkonzentrationen herrschen.

*Bachforellen haben einen hohen Sauerstoffbedarf.*

## ■ Fließgewässer

Aus den Quellen tritt aber zunächst sauerstoffarmes Grundwasser zutage. Doch bereits nach kurzer Fließstrecke hat sich das Wasser durch die Berührung mit der Luft mit Sauerstoff angereichert. Besonders wirksam ist der Gasaustausch, wenn durch turbulente Strömung Luftbläschen mitgerissen werden. Solche Verwirbelungen entstehen bei hohem Gefälle und grobem Grund. Unter diesen Bedingungen ist die Sauerstoffsättigung schnell erreicht.

*Quellwasser ist meist sauerstoffarm.*

## ■ Oberlauf

Die Oberläufe der Fließgewässer sind zudem noch häufig mit einer geschlossenen Bewaldung versehen, so dass die Sonne das Wasser kaum erwärmen kann. Da bei niedrigen Wassertemperaturen aus physikalischen Gründen mehr Sauerstoff im Wasser gelöst ist, werden in diesem Fließgewässerabschnitt die höchsten Sauerstoffkonzentrationen aller Gewässertypen gemessen. Die Tierwelt der Bäche einschließlich der Fische ist an diese Bedingungen angepasst und reagiert empfindlich auf Sauerstoffmangel. Alle Wasserorganismen benötigen Sauerstoff für die Atmung.

*In kaltem Wasser löst sich mehr Sauerstoff als in warmem Wasser.*

*In Fließgewässern ist der Sauerstoffgehalt gewöhnlich höher als in Stillgewässern.*

*Tiere im Bach sind an hohe Sauerstoffkonzentrationen angepasst.*

## ■ Strömungsanpassungen

Weitere Anpassungen zeigt die Bachfauna bezüglich der Strömung. Viele Tiere leben im Boden oder versuchen durch spezialisierte Organe der Strömung zu widerstehen. Auch das Verhalten von Bachbewohnern, sich zur Fortpflanzung stromaufwärts zu bewegen, lässt sich als Anpassung an den

## Gewässerkunde und Fischhege

*Kleintiere in Bächen leben vorwiegend auf, zwischen und unter den Steinen.*

*Strömungsanpassung (Flußnapfschnecke)*

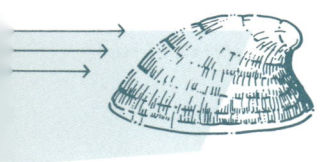

Lebensraum deuten. Verschiedene flugfähige Insekten oder auch Fische wie die Bachforelle gleichen auf diese Weise den durch die Strömung erlittenen Raumverlust wieder aus.

Die abgeflachten Körper einiger Insektenlarven, Strudelwürmer und sogar der Groppe bieten der Strömung weniger Angriffsfläche. Diese Tiere halten sich bevorzugt am Gewässergrund auf, wo die Strömungsgeschwindigkeit durch die Reibung bis auf Null abnimmt. Auf, zwischen und unter den Steinen ist die Besiedlungsdichte von Wirbellosen daher am größten. Die Fische der Bäche suchen dort nach Nahrung.

Leitart der Fischartengemeinschaft im oberen Fließgewässerabschnitt ist die Bachforelle. Nach ihr wurde der durch niedrige Wassertemperaturen, hohe Sauerstoffkonzentrationen, schnelle und turbulente Strömung sowie grobes Substrat gekennzeichnete Bereich Forellenregion genannt.

*Groppe (Cottus gobio)*

### ■ Fischregionen

*Die Abfolge der fischereibiologischen Fließgewässerregionen von der Quelle bis zur Mündung lautet: Forellenregion-Äschenregion-Barbenregion-Brassenregion-Kaulbarsch/Flunderregion*

Die Benennung der Fischregionen von der Quelle bis zur Mündung geht auf Arbeiten zurück, die an Mittelgebirgsbächen durchgeführt worden sind. Dort werden Forellenregion, Äschenregion, Barbenregion, Brassenregion und Kaulbarsch/Flunderregion unterschieden. Bis heute hat sich die griffige Einteilung nicht nur für das Bergland gehalten, sondern sie ist auch auf Fließgewässer im Flachland übertragen worden. Im Flachland fehlen den Fließgewässern jedoch einige typische Merkmale von Mittelgebirgsbächen. Beispielsweise ist die Strömung und damit auch die Schleppkraft, d.h. die Transportfähigkeit für Geröll, Kies oder Sand deutlich geringer.

So sind die Oberläufe einiger Niederungsbäche eher durch Sandablagerungen geprägt als durch Geröll oder Kies, u.a. bedingt durch die anstehenden Bodenschichten, die das Fließgewässer durchschneidet und abträgt. Deshalb hat es z.B. eine Äschenregion mit ihren typischen Begleitarten im Flachland nicht überall gegeben.

## ■ Mittellauf

Obwohl Nebengewässer in der Äschen- und der Barbenregion den Gesamtabfluss erhöhen, nimmt die Strömungsgeschwindigkeit in diesem Abschnitt mit dem Gefälle stetig ab. Dennoch ist im Mittellauf des Flusses die Schleppkraft der Strömung noch groß genug, um mittlere bis feine Schwebstoffe mitzuführen. Kies und Sand sowie zu einem geringen Anteil gröberes organisches Material werden abgelagert.

Hier können sich nun erstmals im Verlauf des Flusses Wasserpflanzen ansiedeln, die bei der Photosynthese (s. S. 75) Sauerstoff abgeben. Dennoch erreicht der Sauerstoffgehalt nur bei starker Sonneneinstrahlung die Sättigungsgrenze, denn über die Wasseroberfläche wird bei der ruhigen, gleichmäßigen Strömung weniger Sauerstoff eingetragen. Insgesamt überwiegt in diesem Abschnitt der Abbau organischen Materials und der Verbrauch von Sauerstoff.

*Entstehung von Altgewässern*

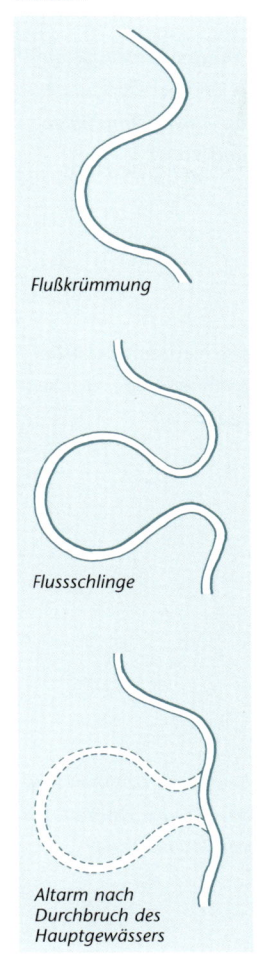

## ■ Unterlauf

Erst in der Brassenregion, dem Unterlauf des Flusses, können sich Pflanzenbestände entwickeln, die mehr organisches Material aufbauen als durch Mikroorganismen abgebaut wird. Eine Grundlage für das Pflanzenwachstum sind Nährstoffe, die durch Zersetzung abgelagerter Schwebstoffe frei werden. Häufig sind es Schwebalgen, die von dem Nährstoffreichtum profitieren. Bei hoher Wassertrübung reicht das eindringende Licht für höhere Wasserpflanzen nicht mehr aus. Durch die Photosynthese kommt es im Tagesverlauf zu hohen Schwankungen des Sauerstoffgehaltes. Tagsüber kann die Sonne das Wasser im langsam fließenden Unterlauf eines Flusses stark aufheizen.

*Flußkrümmung*

*Flussschlinge*

## ■ Fließgewässerdynamik

Der Fluss beginnt sich beim Eintritt in die Ebene zu winden und Schlingen (Mäander) zu bilden. Die Ufer unterscheiden sich entsprechend ihrer Lage zur Hauptströmung. In der Außenkurve prallt die Strömung gegen das Ufer und bewirkt Uferabbrüche. Das am Prallhang abgetragene Material wird an den Innenseiten der folgenden Kurven abgela-

*Altarm nach Durchbruch des Hauptgewässers*

## Gewässerkunde und Fischhege

gert. Am Gleithang herrscht eine geringere Strömungsgeschwindigkeit und die Uferneigung ist flach.

### ■ Altgewässer

Das Flussbett ist im Unterlauf gegenüber dem umgebenden Gelände weniger eingetieft. Hochwässer lassen den Fluss über die Ufer treten und können ihm einen neuen Verlauf geben, wenn Flussschlingen durchbrochen werden. Ehemalige Flussarme werden zunächst noch von einem Teil des Wassers durchflossen (Altarm), bis die ständige Verbindung mit dem Fluss durch Auflandungen schließlich unterbrochen wird. Zwischen solchen wassergefüllten alten Fließgewässerabschnitten (Altwasser) und dem Fluss besteht dann nur noch bei Hochwasser und über das Grundwasser ein Austausch.

*Altwässer sind ehemalige Flussschlingen.*

*Altarme bieten geeignete Lebensbedingungen für Fische, Amphibien und Vögel.*

Altgewässer bieten Fischen, Amphibien und Vögeln geeignete Lebensbedingungen. Fischarten, die ihre Eier an Wasserpflanzen heften, suchen Altarme zur Fortpflanzung auf. Die Jungfische finden dort durch die Entwicklung von pflanzlichem und tierischem Plankton optimale Nahrungsbedingungen und in den Pflanzenbeständen Schutz vor Fressfeinden. Den Winter verbringen viele Fische in Altwässern, damit nicht zu viel Energie durch das Schwimmen im Hauptfluss verbraucht wird.

*Die meisten Fischarten kommen in der Brassenregion vor.*

Es ist u.a. auf den Austausch mit solchen Stillwasserbereichen zurückzuführen, dass die Brassenregion die meisten Fischarten im gesamten Fließgewässerverlauf aufweist.

### ■ Strukturgüte

Für eine artenreiche Fischfauna ist neben der Wasserqualität die Strukturvielfalt eine wichtige Voraussetzung. Wertvolle Uferstrukturen sind z.B. Unterspülungen, Uferabbrüche, das Wurzelwerk uferbegleitender Gehölze und Totholz. Ihre Wirkung besteht nicht nur im Schutz für einzelne Fische, sondern auch in der Besiedlungsfläche für Fischnährtiere. Durch Hindernisse wie Blocksteine oder Totholz entstehen außerdem kleinräumige Strömungsmuster, die wiederum zur Bildung von Auflandungen oder Kolken und Gumpen, bevorzugten Standplätzen von Fischen führen können.

*Kolke und Gumpen sind bevorzugte Standplätze von Fischen.*

Eine ebenso große fischereibiologische Bedeutung kommt dem Gewässergrund zu. Abwechslungsreiche Tiefenprofile und eine unregelmäßige Bodenbeschaffenheit

## Gewässerkunde und Fischhege

ermöglichen vielfältige Entwicklungsmöglichkeiten für bodenbesiedelnde Organismen. Unterschiedliche Fischarten können nebeneinander leben, ohne miteinander in Konkurrenz um Nahrung oder Standplätze zu treten.

Die angeführten Strukturen entstehen durch die Strömung insbesondere bei Hochwasser. Werden Auswirkungen von Hochwasserereignissen durch wasserbauliche Maßnahmen wie Eindeichung, Ufer- oder Sohlbefestigung oder durch Querbauwerke unterbunden, fehlt dem Fluss die gestalterische Kraft.

In NRW stehen etwa 55.000 km Fließgewässern kaum natürliche Stillgewässer gegenüber. Dafür sind jedoch durch menschliche Eingriffe künstliche Stillgewässer, wie Talsperren, Abgrabungen und Kanäle entstanden, die für die Angelfischerei in diesem Bundesland große Bedeutung haben.

*Unregelmäßiger Gewässergrund bietet Entwicklungsmöglichkeiten für viele Tierarten.*

### ■ Stillgewässer

Seen unterscheiden sich von Fließgewässern grundlegend durch die Bedeutung bestimmter chemischer Prozesse. Sie beeinflussen entscheidend das Leben im See im tages- und jahreszeitlichen Gang.

Sauerstoff ist auch in Seen eine wesentliche Einflussgröße für fischereiliche Fragestellungen. Der Eintrag von Sauerstoff ist jedoch in Stillgewässern weniger auf den Austausch an der Grenzschicht Wasser – Luft zurückzuführen, sondern beruht auf einem biologischen Vorgang, bei dem Sauerstoff von Wasserpflanzen abgegeben wird.

*Ähriges Tausendblatt (Myriophyllum spicatum)*

### ■ Pflanzenproduktion

Mit Hilfe ihres grünen Farbstoffes (Chlorophyll) können Pflanzen aus Wasser und Kohlendioxid organische Stoffe, d.h. Kohlenstoffverbindungen aufbauen (Photosynthese). Dabei entsteht Sauerstoff. Der Motor für die Photosynthese ist das Sonnenlicht, das die Energie für die komplizierte chemische Reaktion bereitstellt.

*Grüne Pflanzen produzieren unter Einwirkung des Sonnenlichts Sauerstoff. Dieser Vorgang heißt Photosynthese.*

Untergetauchte Wasserpflanzen wie z.B. Laichkräuter und die verschiedenen Arten des Tausendblatts oder der Wasserpest wirken sich besonders günstig auf die Sauerstoffversorgung stehender Gewässer aus. Diese Pflanzen werden auch als „weiche Flora" bezeichnet, weil ihnen das von Landpflanzen bekannte Stützgewebe fehlt. Bei hoher Sonneneinstrahlung können sie sogar mehr Sauerstoff erzeugen, als sich im Wasser löst. Der überschüssige Teil ist dann als

*Untergetaucht lebende Wasserpflanzen tragen durch die Photosynthese zur Sauerstoffversorgung stehender Gewässer bei.*

## Gewässerkunde und Fischhege

Gasbläschen an den Blättern der Wasserpflanzen zu beobachten.

*Nachts überwiegt die Atmung (=Sauerstoffverbrauch) durch Pflanzen, insbesondere in warmen, windstillen Nächten.*

Unter Ausschluss von Sonnenlicht findet keine Photosynthese statt und die Pflanzen veratmen beim Abbau ihrer Reservestoffe Sauerstoff. Dadurch betreiben sie ihren Stoffwechsel. In warmen, windstillen Nächten kann die Pflanzenatmung in vegetationsreichen Kleingewässern zu Sauerstoffmangel führen. Die geringsten Sauerstoffkonzentrationen werden daher immer am frühen Morgen gemessen. Gewässer mit kritischem Sauerstoffgehalt sollten daher immer um diese Tageszeit kontrolliert werden.

*Das Wachstum der Pflanzen wird durch den Lichteinfall begrenzt.*

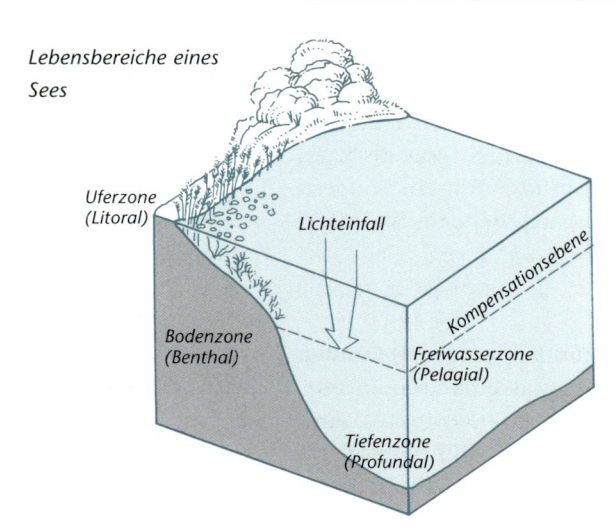

Das Pflanzenwachstum endet in einer Tiefe, in die nicht mehr genügend Licht eindringt, um die Photosynthese zu betreiben. In Binnengewässern kann sich dieser Bereich von einigen Zentimetern bis auf eine Wassertiefe von einigen Metern erstrecken. Nur in dieser sogenannten phototrophen Zone bauen Pflanzen organische Substanz auf.

In der sich anschließenden Kompensationsebene gleichen sich auf- und abbauende Prozesse aus.

*Lebensbereiche eines Sees*

*Uferzone (Litoral)*
*Lichteinfall*
*Kompensationsebene*
*Bodenzone (Benthal)*
*Freiwasserzone (Pelagial)*
*Tiefenzone (Profundal)*

### ■ Mineralisierung

Darunter, in der lichtlosen Tiefenzone von Seen findet die Zersetzung organischer Stoffe, die aus den oberen Wasserschichten herabsinken, in ihre Bestandteile statt. Das erledigen Mikroorganismen, vor allem verschiedene Bakteriengruppen. Die Mineralisierung kann sowohl in Gegenwart als auch in Abwesenheit von Sauerstoff erfolgen. Während

*Bakterien können auch ohne Licht existieren.*

### Gewässerkunde und Fischhege

unter Sauerstoffmangel lebende Bakterien Schwefelverbindungen als Energiequelle nutzen, benötigen andere Bakterien beim Abbau organischer Stoffe Sauerstoff.

Die Aktivität dieser Bakterien führt zu einer allmählichen Sauerstoffabnahme in der Tiefe, insbesondere dann, wenn kein Zustrom sauerstoffreichen Wassers aus oberflächennahen Schichten stattfindet. Ausgeprägte Temperaturunterschiede im Wasserkörper behindern den senkrechten Wasseraustausch.

*In der Tiefenzone von Seen kann zu bestimmten Zeiten Sauerstoffmangel herrschen.*

### ■ Schichtung von Seen

Die Temperatur beeinflusst die Dichte und mithin auch das Gewicht von Wasser. Bei einer Temperatur von 4°C ist Wasser am schwersten (Dichteanomalie) und sinkt zum Grund. Im Winter kühlen die darüberliegenden Wasserschichten weiter ab, bis sich an der Oberfläche Eis bildet. Eis ist der Feststoff von Wasser und bemerkenswerterweise leichter als Wasser im flüssigen Aggregatzustand.

Durch die Erwärmung im Frühjahr steigen die Wassertemperaturen wieder auf 4°C an, und der gesamte Wasserkörper zeigt zu diesem Zeitpunkt eine ausgeglichene Dichteverteilung. Unter dem Einfluss von Wind beginnt eine Durchmischung, die den gesamten Wasserkörper erfasst (Frühjahrszirkulation). Sauerstoff wird ebenso wie die Nährstoffe gleichmäßig im Gewässer verteilt.

Zunehmende Erwärmung im Frühjahr führt zu einem Temperaturanstieg an der Oberfläche. Bis zum Gewässergrund, wo immer noch annähernd 4°C herrschen, nimmt die Wassertemperatur stetig ab.

Im Hochsommer hat sich die Oberflächenschicht so weit erwärmt, dass in einer bestimmten Tiefe eine abrupte Temperaturabnahme zu verzeichnen ist. Bei weiterer Erwärmung sinkt die Temperatursprungschicht ab. Sie trennt das erwärmte, leichtere Oberflächenwasser von dem kalten, schwereren Tiefenwasser. Zwischen diesen Wasserschichten unterbleibt jeglicher Austausch, bis sich die Schichtung durch Abkühlung im Herbst und unter dem Einfluss von Wind auflöst.

*Verteilung der Wassermassen im Jahresgang (dimiktischer Seentyp)*

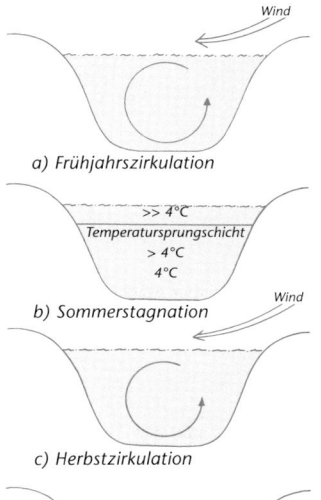

a) Frühjahrszirkulation

b) Sommerstagnation

c) Herbstzirkulation

d) Winterstagnation

*In tieferen Seen bildet sich durch die Erwärmung des Oberflächenwassers eine Schichtung der Wassermassen.*

### ■ Nährstoffgehalt

In großen und tiefen Seen ist wegen des großen Wasservolumens die Belastung durch abgestorbenes Pflanzenmaterial vergleichsweise gering. Nährstoffarme (oligotrophe)

*Maränen-See*

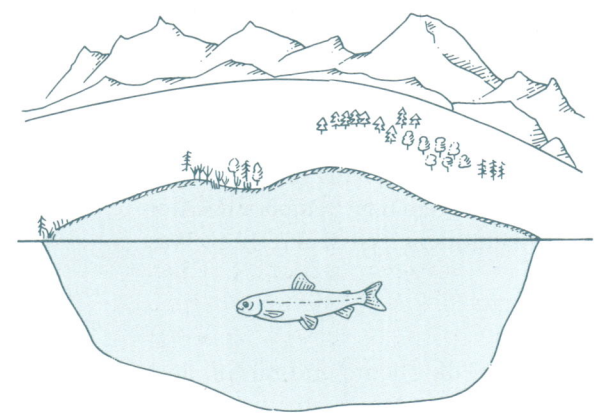

Seen wie die Voralpenseen sind daher durch geringe Sauerstoffzehrung gekennzeichnet. In NRW kommen diesem Gewässertyp am ehesten die Talsperren nahe, die ebenfalls durch eine ausgedehnte Freiwasserzone (Pelagial) und relativ geringe biologische Produktion gekennzeichnet sind. Wie in Süddeutschland werden auch die nordrhein-westfälischen Talsperren mit Maränen (Kleine Maräne, *Coregonus albula*) bewirtschaftet, die Zooplankton als Nahrungsquelle nutzen.

■ **Abgrabungsgewässer**

*Junge Baggerseen zeichnen sich durch einen geringen Nährstoffgehalt aus. Sie sollten daher erst nach einer gewissen Entwicklungszeit fischereilich genutzt werden.*

In den ersten Jahren nach ihrer Entstehung zeigen auch Abgrabungsgewässer ähnliche Bedingungen wie Maränenseen. Ihre Nährstoffarmut geht jedoch weniger auf das Wasservolumen als vielmehr auf das geringe Alter und den mageren mineralischen Boden zurück. Die Grundbelastung mit Pflanzennährstoffen ist in den Abbaugebieten von Sand und Kies durchweg gering.

Auf eine fischereiliche Nutzung frisch abgegrabener Gewässer sollte zunächst verzichtet werden, weil die Nahrungsgrundlage für Fische noch nicht ausreichend ist. Die Nährstoffarmut junger Abgrabungsgewässer ist jedoch nur ein vorübergehender Zustand. Bereits einige Jahre nach Abschluss der Abgrabungstätigkeit hat sich pflanzliches und tierisches Leben entwickelt, das eine fischereiliche Nutzung zulässt (s. S. 150).

Unaufhaltsam werden Pflanzennährstoffe über verschiedene Wege in die Gewässer eingetragen. Sie gelangen an Staubkörnchen gebunden durch die Luft, über den oberflächlichen Abfluss oder das Grundwasser dorthin. Insbesondere Phosphor und Stickstoff, meistens als Nitrat- und Phosphat-Salz vorliegend, bewirken das Pflanzenwachstum.

Da Pflanzennährstoffe über den Umweg der Pflanzen und wirbellosen Tiere auch zur Fischernährung beitragen, besitzen sie durchaus eine fischereibiologische Bedeutung. Die allmähliche Anreicherung von Nährstoffen bewirkt, dass ein Gewässer vom nährstoffarmen Zustand (oligotroph) über ein Zwischenstadium in einen nährstoffreichen Zustand (eutroph) mit hoher Pflanzenbiomasse übergeht. Man kann diesen Prozess auch als Alterung eines Gewässers bezeichnen.

*Phosphor und Stickstoff sind wichtige Pflanzennährstoffe. Sie fördern die Entwicklung der Wasserpflanzen und der davon abhängigen Tiere.*

*Eutrophe Gewässer sind reich an Nährstoffen.*

### ■ Eutrophierung

Jedes Stillgewässer altert natürlicherweise. Durch menschlichen Einfluss wird der Vorgang jedoch fast immer beschleunigt. Der Nährstoffgehalt der Gewässer in unserer Kulturlandschaft ist durchweg erhöht. Besonders schädlich wird die Überdüngung, wenn beabsichtigt oder unbeabsichtigt landwirtschaftliche Abwässer in die Oberflächengewässer gelangen. Unter natürlichen Verhältnissen erfolgt die Nährstoffanreicherung (Eutrophierung) in Fließgewässern durch Auswaschung aus den von Regen durchnässten Böden des Einzugsgebiets.

*Pflanzennährstoffe gelangen natürlicherweise aus den Böden in die Gewässer.*

Die Nahrungskette in Gewässern nimmt mit ein- und mehrzelligen Algen und höheren Unterwasserpflanzen ihren Anfang. Sie ziehen einen direkten Nutzen aus dem Nährstoffreichtum. Pflanzliches Plankton trübt das Wasser und schränkt die Sichttiefe erheblich ein. Dadurch sind fruchtbare, stehende Gewässer gekennzeichnet. Bei starker Düngung können sich einzellige Schwebalgen (Phytoplankton) massenhaft entwickeln, weil sie über kurze Entwicklungszyklen und hohe Vermehrungsraten verfügen. Dieser Zustand ist durch eine starke Wassertrübung und -verfärbung charakterisiert und wird als „Wasserblüte" bezeichnet.

*Die aquatischen Nahrungsketten beginnen mit Algen und höheren Unterwasserpflanzen.*

*Ein fruchtbares stehendes Gewässer wird durch getrübtes Wasser gekennzeichnet.*

Unter diesen Bedingungen sterben die untergetaucht lebenden höheren Wasserpflanzen, die auch auf Lichtenergie angewiesen sind, ab. Den Fischen geht dadurch wichtiges Laichsubstrat sowie Lebensraum insbesondere für Jungfische verloren. Die absterbenden Algenmassen sinken auf den Grund und bilden dort umfangreiche Schlammablagerungen. Beim Abbau des Schlamms durch Mikroorganismen

*Eine übermäßige Algenentwicklung wird als „Wasserblüte" bezeichnet.*

## Gewässerkunde und Fischhege

wird das Gewässer durch die zusätzliche Sauerstoffzehrung belastet.

- **Anfüttern**

    Neben den bereits erwähnten Nährstoffquellen muss auch das direkte Einbringen von Futtermitteln für Wasservögel und Fische angesprochen werden. Angesichts der hohen Grundbelastung, der die Gewässer in unserer Kulturlandschaft ausgesetzt sind, sollte jeder zusätzliche Eintrag von Nährstoffen unterbleiben. Insbesondere in stehenden Gewässern hat die Verwendung von Anfuttermitteln langfristige Folgen. Da es sich um ein fast geschlossenes System handelt, bleiben die Nährstoffe über lange Zeit im Stoffkreislauf des Gewässers. Anfüttern trägt auf diese Weise zur Eutrophierung mit unerwünschten Nebenerscheinungen wie Schlammbildung und Sauerstoffzehrung bei.

*Anfüttern fördert die Eutrophierung.*

- **Entwicklung der Fischbestände in nährstoffreichen Gewässern**

    In nährstoffreichen Gewässern können sich die als „Weißfische" zusammengefassten Fischarten sowie der Flussbarsch rasch vermehren. Sie stellen weder an das Laichsubstrat noch an die Wasserqualität besondere Ansprüche und verdrängen die empfindlicheren spezialisierten Arten. Konkurrenzschwache Fischarten können sich in unserer Landschaft nur in den selten gewordenen, nährstoffarmen Gewässern halten. Solche Gewässer sollten deshalb möglichst lange in dem Zustand erhalten werden.

    Durch hohe Vermehrungsraten kann die Bestandsdichte anspruchsloser Fischarten rasch zunehmen. Wenn die Nahrungsreserven eines Gewässers ausgebeutet sind, bleiben die Fische im Wachstum zurück und werden stattdessen besonders früh geschlechtsreif. Dieser Prozess, der viele klein bleibende Fische hervorbringt, wird als Verbuttung bezeichnet.

*Übermäßigem Weißfischbestand kann durch intensive Befischung und Raubfischbesatz begegnet werden.*

    Nur durch intensive Befischung ist es möglich, der Verbuttung entgegenzuwirken und den fischereilichen Ertrag zu steigern. Besatz mit geeigneten Raubfischen kann dabei hilfreich sein, vermag aber den übermäßigen Bestand von Weißfischen alleine nur selten zu regulieren.

    In vielen Fällen wird durch diese Maßnahmen eine Verbesserung der Wasserqualität erreicht, die sich durch eine größere Sichttiefe ausdrückt. Die Abnahme kleiner Fische führt zu einer Erholung der Bestände tierischen Planktons.

## Gewässerkunde und Fischhege

*Phytonplankton*

*kleines Zooplankton*

*großes Zooplankton*

*Friedfische*

*Raubfische*

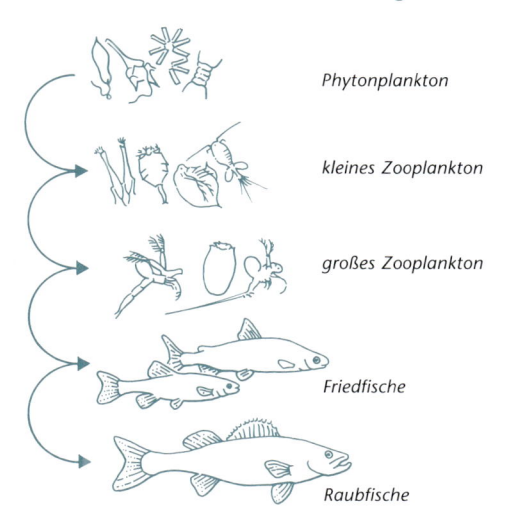

*Nahrungskette im Freiwasser (Pelagial)*

Die Kleinkrebse fressen nun wieder in größerem Umfang pflanzliches Plankton, das die Wassertrübung im Wesentlichen verursacht. Entnahme von Weißfischen und Erhöhung des Raubfischanteils durch Besatz werden gezielt vorgenommen, um die Wasserqualität beispielsweise von Trinkwassertalsperren zu verbessern (Biomanipulation).

Für die norddeutsche Tiefebene sind flache nährstoffreiche Seen charakteristisch. Das Wasser ist im Sommer durch die Entwicklung pflanzlichen Planktons häufig getrübt. Unter diesen Bedingungen und über hartem Grund ist häufig der Zander vertreten. Da dieser Raubfisch am Ende der Nahrungskette steht, werden solche Gewässer als „Zanderseen" bezeichnet.

*Typische Zanderseen sind flach, hartgründig und sommertrüb.*

■ **Flachgewässer**

In Flachgewässern kann das Sonnenlicht bis zum Grund vordringen und ermöglicht flächendeckendes Wachstum höherer Wasserpflanzen. Auf diese Weise wird nicht nur die Uferzone (Litoral), sondern die gesamte Bodenzone (Benthal) in die Pflanzenproduktion einbezogen. Höhere Wasserpflanzen bilden dort dichte Bestände und können mit dem Plankton erfolgreich um die Nährstoffe konkurrieren. Aus diesem Grund sind nährstoffreiche Flachseen mitunter auch ganz klar.

Obwohl flächendeckender Bewuchs mit Wasserpflanzen die Ausübung der Angelfischerei zeitweise erschweren kann, ist dieser Seentyp aus fischereilicher Sicht sehr interessant.

## Gewässerkunde und Fischhege

*Hecht-Schlei-See*

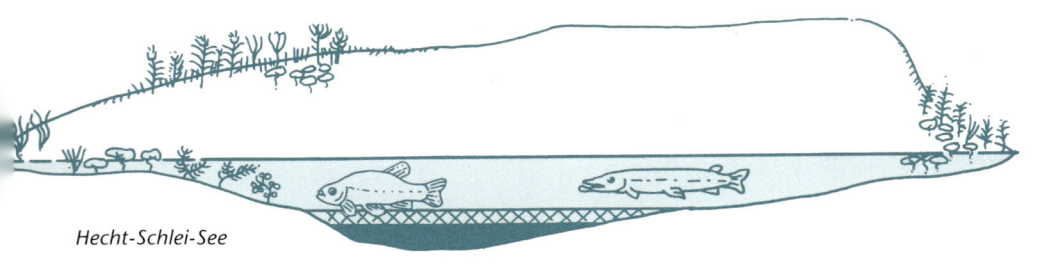

*Schleien halten sich zwischen Wasserpflanzen am Gewässergrund auf.*

Wegen der Leitfischarten Hecht und Schleie wird er als „Hecht-Schlei-See" bezeichnet. Schleien halten sich am Bodengrund zwischen Wasserpflanzen auf, an denen sie nach wirbellosen Tieren suchen. Ihre versteckte Lebensweise bietet einen gewissen Schutz vor dem Hecht, der gut getarnt zwischen den Wasserpflanzen lauert. Kommt ein Beutefisch in seine Nähe, stößt er blitzschnell vor. Diese Jagdmethode setzt pflanzenreiche Gewässer und gute Sichtbedingungen voraus.

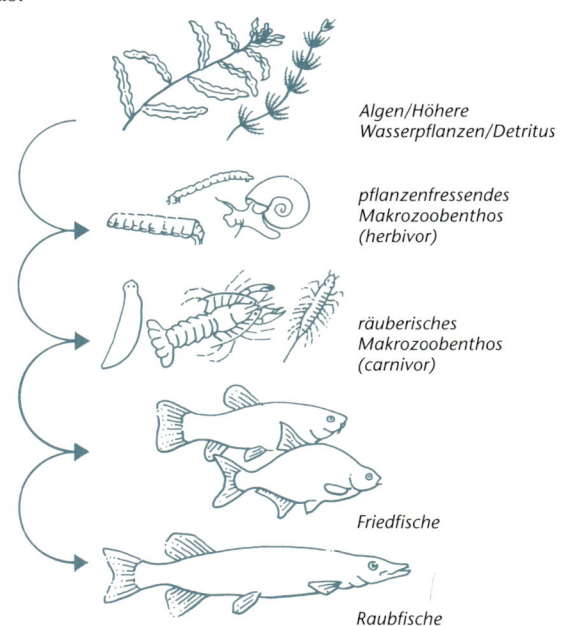

*Nahrungskette am Boden (Benthal)*

Algen/Höhere Wasserpflanzen/Detritus

pflanzenfressendes Makrozoobenthos (herbivor)

räuberisches Makrozoobenthos (carnivor)

Friedfische

Raubfische

Für die Bestandsgröße des Hechts ist neben dem Nahrungsreichtum die Zahl der Standplätze in einem Gewässer von entscheidender Bedeutung. Sind alle Einstände besetzt, wird der eigene Nachwuchs gefressen. Der Hechtbestand kann daher durch Besatz nicht beliebig gesteigert werden, sondern richtet sich nach dem Strukturreichtum eines Gewässers.

## Gewässerkunde und Fischhege

Flachgewässer besitzen eine hohe Produktivität. Mit bis zu 100 Kilogramm Fischertrag pro Hektar (ha) und Jahr (a) reicht sie an die Ertragsfähigkeit größerer Flüsse heran. Abgrabungsgewässer sind dagegen mit etwa 20 kg/ha/a verhältnismäßig unproduktiv.

### ■ Kleingewässer

Weiher und Tümpel sowie die vom Menschen geschaffenen Teiche können ähnlich hohe Erträge aufweisen. Weiher unterscheiden sich von Seen durch eine geringere Fläche und Tiefe. Sie sind definitionsgemäß nicht tiefer als zwei Meter, führen jedoch ganzjährig Wasser. Darin unterscheiden sie sich von Tümpeln, die im Sommer austrocknen können.

Wasser- und Sauerstoffmangel tritt in kleinen Gewässern besonders häufig auf. Wie hohe Temperaturen im Sommer kann auch die Eisbedeckung im Winter dort zum Erstickungstod der Fische führen, weil die Sauerstoffaufnahme aus der Luft unmöglich ist. Wiederholte Katastrophenereignisse dieser Art sind für das vollständige Fehlen von Fischen in manchen Kleingewässern verantwortlich.

*Unter dem Eis können Fische ersticken, weil sie nicht zur Notatmung an die Oberfläche kommen können.*

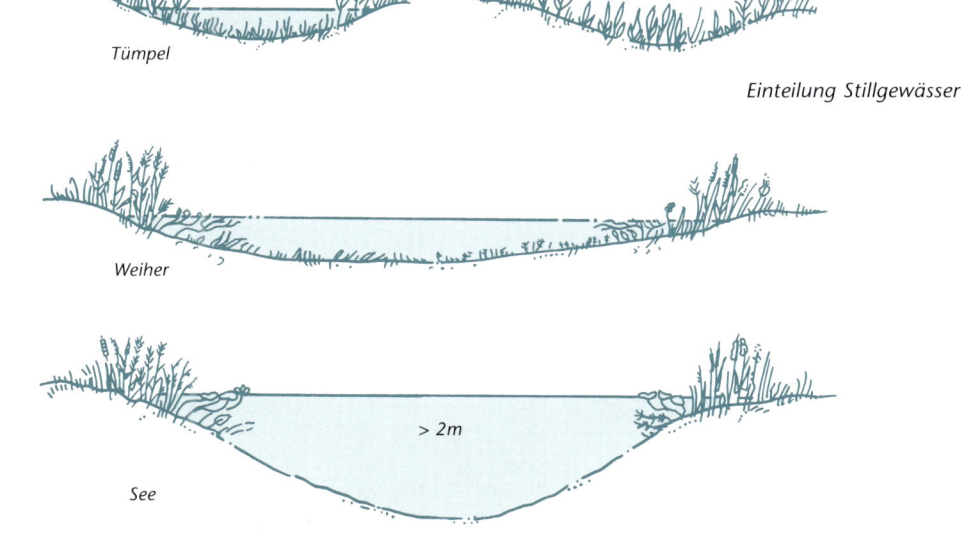

*Frühjahr* *Sommer*

*Tümpel*

*Einteilung Stillgewässer*

*Weiher*

> 2m

*See*

An Kleingewässern lässt sich besonders gut die Verlandung beobachten. Verschiedene Wasserpflanzen siedeln sich in einer bestimmten Abfolge im Uferbereich an. Die produzierte Pflanzensubstanz lagert sich am Ende der Vegetationsperiode als Schlamm am Gewässergrund ab. Mit der Zeit erhöht der Schlamm den Gewässergrund und der See wächst von den Ufern zur Gewässermitte zu.

### ■ Ufer- und Wasserpflanzen

Die Wasserpflanzen lassen sich in Gesellschaften einteilen, die bestimmte Ansprüche an die Lebensbedingungen, z.B. an die Wassertiefe stellen. Sie nehmen daher einen festen Platz beim Verlandungsprozess von Flachgewässern ein.

### ■ Pflanzengesellschaften

Vom Ufer aus schließt sich an Ufergehölze oder Hochstauden das Röhricht an. Röhrichtpflanzen sind durch ihre langen und festen, häufig mehrjährigen Halme gekennzeichnet. Ein bekannter Vertreter dieser Pflanzengesellschaft ist das Schilf. Es wurde früher sogar wirtschaftlich genutzt. Andere Röhrichtpflanzen sind z.B. Rohrglanzgras, Rohrkolben, Schwertlilie und verschiedene Seggenarten. Sie wurzeln alle in feuchten bis nassen Böden und überstehen eine kurzfristige Überstauung der Halme. Hohe und langfristige Wasserstandsschwankungen, wie sie beispielsweise für den Betrieb von Talsperren typisch sind, ertragen sie jedoch nicht.

Die Röhrichtzone kann durch uferwärts vorgelagerte Binsen, die in charakteristischen Bulten wachsen, ergänzt oder ersetzt werden.

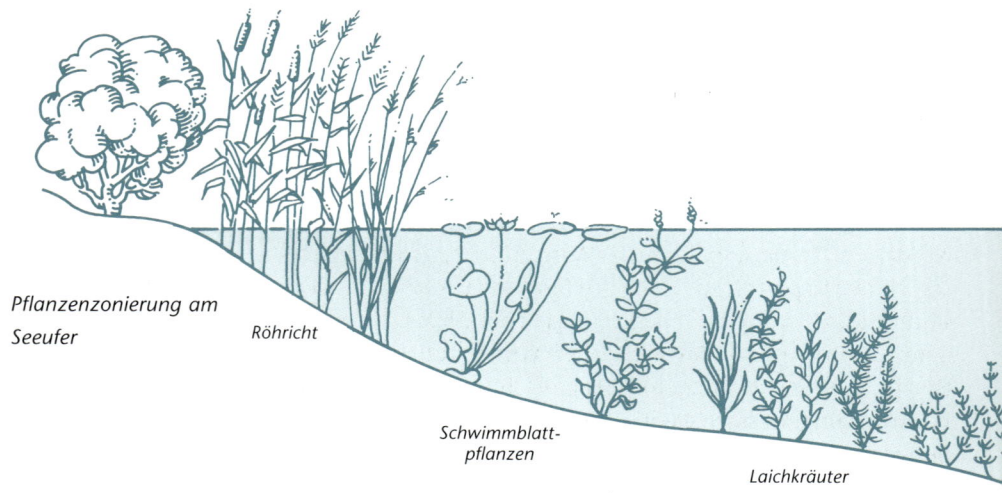

*Pflanzenzonierung am Seeufer*

*Röhricht*

*Schwimmblattpflanzen*

*Laichkräuter*

*unterseeis Wiesen*

An das Röhricht schließt sich die Zone der Schwimmblattpflanzen an. Sie wurzeln bis in eine Tiefe von ungefähr zwei Metern. An der Wasseroberfläche werden bei manchen Arten besondere Schwimmblätter ausgebildet, die sich hinsichtlich ihrer Form und Funktion von den untergetauchten Blättern derselben Pflanze unterscheiden. Viele Schwimmblattpflanzen überwintern am Gewässergrund, weil sonst die wasserhaltigen Pflanzenzellen vom Frost zerstört würden. Andere Wasserpflanzen bilden widerstandsfähige Dauerstadien, die nicht nur niedrige Temperaturen, sondern auch Trockenperioden unbeschadet überstehen können.

Schwimmblätter von See- und Teichrosen, Wassernuss und Froschbiss, um nur einige zu nennen, beschatten das Gewässer. Auf diese Weise können sie der Massenentwicklung planktonischer Algen, die das Gewässer aus fischereilicher Sicht nachteilig beeinflussen, entgegenwirken.

Untergetaucht lebende Wasserpflanzen (submers) wurzeln bis in eine Tiefe von sechs Metern. Diese Pflanzengesellschaft wird insbesondere von der artenreichen Gattung der Laichkräuter geprägt. Aber auch verschiedene Arten des Tausendblatts sowie weitere Arten, die nicht im Grund wurzeln, und ihre Nährstoffe direkt aus dem Wasser aufnehmen, zählen dazu.

Geschlechtliche Vermehrung ist bei den untergetauchten Pflanzen selten. Weit verbreitet ist dagegen die ungeschlechtliche Form der Fortpflanzung. Ohne Zutun eines Geschlechtspartners sprosst dabei aus der Mutterpflanze eine genetisch gleiche Tochterpflanze. Durch diese Art der Vermehrung können Wasserpflanzen neu entstehende Lebensräume schnell erobern.

Unter bestimmten Voraussetzungen können Wasserpflanzen große Bestände bilden und die Nutzung der Gewässer auch für Angelfischer einschränken. Der Name einer aus Nordamerika eingeschleppten Wasserpflanze, der Kanadischen Wasserpest, bringt dies treffend zum Ausdruck. Massenbestände können mechanisch ausgedünnt werden. Bemühungen dieser Art sind aber von vorübergehendem Erfolg, weil sich aus den verbliebenen Bruchstücken wieder neue Pflanzen entwickeln. Langfristige Erfolge in der Bekämpfung von Wasserpflanzen können nur über die Regulierung der Wachstumsfaktoren Nährstoffe und Licht erreicht werden.

*„Wasserpest" ist eine Pflanze.*

*Kanadische Wasserpest (Elodea canadensis)*

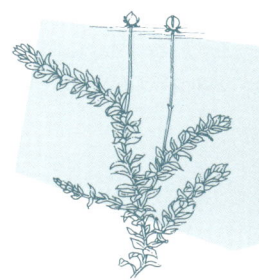

## Gewässerkunde und Fischhege

Den Abschluss der Pflanzenbesiedlung bilden in tieferen Gewässern die sog. unterseeischen Wiesen, eine Gemeinschaft kleinwüchsiger höherer Wasserpflanzen und festsitzender Algenarten. Für den Stoffumsatz im Gewässer sind sie nur von untergeordneter Bedeutung und in nährstoffreichen Flachgewässern überdies selten anzutreffen.

*Vom Ufer aus wachsen die Pflanzengemeinschaften in folgender Reihenfolge: Röhricht- Schwimmblattpflanzen- Laichkräuter-unterseeische Wiesen*

Auf alle Gewässer ist die Abfolge von Röhricht, Schwimmblattpflanzen, Laichkräutern und unterseeischen Wiesen ohnehin nicht übertragbar. Vielmehr entscheidet u.a. die Ausformung der Ufer über die Besiedlung mit Wasserpflanzen. So sind die steilen Ufer von Abgrabungsgewässern meistens durch eine gestauchte Zonierung oder das Fehlen kompletter Pflanzengesellschaften gekennzeichnet.

■ **Gewässerstrukturen**

Die Rekultivierungspläne von Abgrabungen sehen heute meistens die Schaffung von ausgedehnten, flachen Uferzonen, einer buchtenreichen Uferlinie sowie die Belassung von Inseln und die Anlage von Kleingewässern in un-

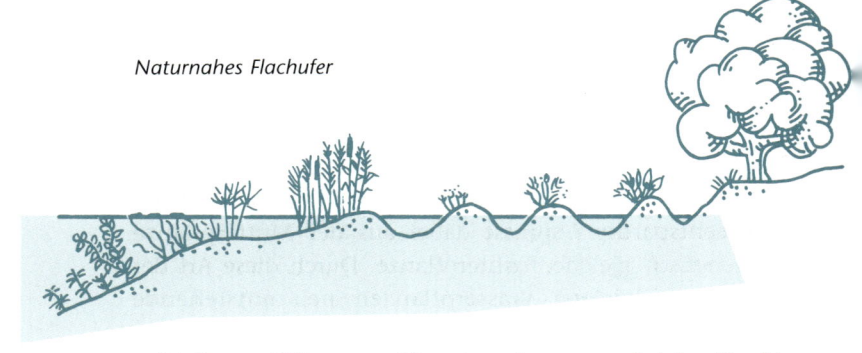

*Naturnahes Flachufer*

mittelbarer Nähe zum Hauptgewässer vor. Solche Strukturen sind für Amphibien, Vögel und in besonderem Maße auch für Fische wertvoll. Viele Fischarten finden in den flachen Uferbereichen aufgrund der hohen Fischnährtierproduktion ideale Nahrungsgründe und geeignete Wasserpflanzen für die Eiablage. Heranwachsende Jungfische sind in pflanzenreichen Uferzonen vor Fressfeinden geschützt.

*Flachufer sind nahrungsreich und wichtige Laich- und Aufwuchsgebiete für Fische.*

Besteht aufgrund der Strukturarmut eines Gewässers Mangel an natürlichen Laichplätzen, können einige Fischarten durch das Einbringen von Laichhilfen in ihrer Fortpflanzung unterstützt werden. Zandernester bestehen z.B.

## Gewässerkunde und Fischhege

aus Reisigbündeln oder Nadelbäumen, die in flachen Gewässerbereichen versenkt werden.

Wie man von Riffen oder Wracks auf einem ansonsten gleichförmigen und eher besiedlungsfeindlichen Meeresboden weiß, üben jegliche Strukturen im Gewässer eine große Anziehungskraft auf Fische aus. Untergetauchte Baumwurzeln oder künstliche schwimmende Inseln bieten Fischen in Stillgewässern beispielsweise Nahrung und Schutz vor Räubern. Beim Einfall fischfressender Vögel ist die Anlage von Unterständen sogar eine der wenigen wirkungsvollen und durchführbaren Schutzmaßnahmen.

### ■ Fischereilicher Ertrag

Die Größe der Fischbestände und der fischereiliche Ertrag hängen im Wesentlichen von den Gewässerverhältnissen ab. Insbesondere die Nahrungsgrundlage und der Fortpflanzungserfolg sind als Einflussfaktoren zu nennen. Bei vielen Fischarten, die keine besonderen Ansprüche an ihren Lebensraum stellen, reguliert hauptsächlich das Nahrungsangebot die Bestandsgröße der Fische. Unter diesen Bedingungen wäre es sinnlos, zusätzlich Fische zu besetzen und damit die Nahrungskonkurrenz noch zu verschärfen. Der fischereiliche Ertrag würde dadurch eher gemindert.

### ■ Besatzmaßnahmen

Wenn jedoch die natürliche Fortpflanzung von Fischen durch menschliche Eingriffe in das Gewässer beeinträchtigt ist, können die Fischbestände durch Besatz gestützt werden (s. S. 122 f.). In vielen Gewässern, in denen natürliche Laich- und Aufwuchsgebiete durch den Ausbau zerstört wurden, sind Besatzmaßnahmen daher sinnvoll.

Beim Aufstau der Flüsse zur Nutzung der Wasserkraft gehen neben anderen nachteiligen Folgen für den Gewässerlebensraum auch Laichgebiete für Flussfische verloren. Durch Eindeichung und geradlinigen Ausbau von Flüssen wird die Ausuferung verhindert. Die Flussauen mit den wertvollen Nebengewässern fallen trocken. In schiffbaren Flüssen und Kanälen zerschlägt der Wellenschlag den im Uferbereich abgelegten Fischlaich, und auch die eben schwimmfähige Fischbrut wird vernichtet. In einförmigen Abgrabungsgewässern mangelt es den krautlaichenden Fischarten an geeigneten Pflanzenbeständen.

*Einbringen von Laichhilfen und Fischbesatz sind sinnvolle Hegemaßnahmen, wenn natürliche Laichmöglichkeiten fehlen.*

## Gewässerkunde und Fischhege

Unter diesen Voraussetzungen ist Fischbesatz gerechtfertigt, auch wenn vornehmlich Anstrengungen zur Wiederherstellung der Lebensräume unternommen werden sollten. In der Vergangenheit waren es oft die Besatzmaßnahmen durch Fischereivereine, die das Überleben bestimmter Fischarten in Gewässern oder Gewässersystemen ermöglicht haben.

Weitere Begründungen für Fischbesatz sind: Fischbestände, die durch Umweltkatastrophen erloschen sind, wieder aufzubauen, neu entstandene Gewässer mit geeigneten Fischarten zu besetzen oder ursprünglich heimische, zwischenzeitlich jedoch ausgestorbene Fischarten wieder anzusiedeln. Für Besatzmaßnahmen aus diesen Gründen gilt, dass sich die Fischbestände nach einer Übergangszeit selbständig erhalten sollen, so dass auf Eingriffe durch den Menschen langfristig verzichtet werden kann.

*Durch einseitigen Fischbesatz kann das biologische Gleichgewicht gestört werden.*

Durch einseitigen Besatz mit Fischen, die aus dem Blickwinkel des Anglers reizvoll sind, kann das biologische Gleichgewicht im Gewässer gestört werden. Häufig sind es gebietsfremde Fischarten (s. S. 43 f.), die sich in diesem Sinne negativ auswirken. So setzen sich in einigen Gewässern z.B. Regenbogenforellen aus Nordamerika gegenüber heimischen Bachforellen durch, weil sie bezüglich Wasserqualität und Strukturvielfalt anspruchsloser sind. Inzwischen vermehren sich Regenbogenforellen in einigen Gewässern auf natürliche Weise und leisten dadurch möglicherweise einen weiteren Beitrag zur Verdrängung der Bachforelle.

*Europäischer Flußkrebs (Astacus astacus)*

Auch ein Zusammenhang zwischen der hohen Bestandsdichte von Karpfen und dem vielerorts beobachteten Rückgang von Schleien ist nicht unwahrscheinlich.

Bei der unbedachten Verbreitung von Fischen durch Besatzmaßnahmen können auch Krankheitserreger und Parasiten übertragen werden. In neuen Gewässern treffen diese im ungünstigsten Fall auf eine Fischfauna, die nicht darauf eingestellt ist. Unter diesen Umständen sind hohe Verluste am Fischbestand die Folge.

■ **„Krebspest"**

Drastische Folgen hatte z.B. die Einfuhr amerikanischer Flusskrebse nach Europa um die Jahrhundertwende. Die fremden Krebse waren Träger eines Krankheitserregers, der die Bestände des einheimischen Edelkrebses in weiten Teilen Mitteleuropas ausrottete. Nur wenige Tiere überlebten die von einem Schlauchpilz *(Aphanomyces astaci)* hervorgerufene „Krebspest" in abgetrennten Gewässerabschnitten.

In Bächen, die keine direkte Verbindung zu größeren Fließgewässern haben, und in isolierten strukturreichen Stillgewässern werden heute die einheimischen Krebse wieder angesiedelt. Eine Erholung der ehemals ausgedehnten Bestände ist aber unwahrscheinlich.

### ■ Satzfischkauf und -handel

Beim Kauf von Besatzfischen sollte sorgfältig darauf geachtet werden, dass sie frei von Parasiten und erkennbaren Krankheitserscheinungen sind. Dabei hat es sich als günstig erwiesen, auf das Angebot regionaler, anerkannter Teichwirtschaften zurückzugreifen. Der Handel über weite Strecken und mehrere Zwischenhändler bedeutet eine zusätzliche Belastung und hat eine schlechte körperliche Verfassung der Besatzfische zur Folge.

*Satzfische müssen frei von Parasiten und Krankheitserscheinungen sein.*

Auch ist beim europaweiten Handel mit Besatzfischen die Herkunft nicht mehr sicher nachzuvollziehen. Insbesondere bei Kleinfischen und anderen seltenen Fischarten kann es durch Besatzmaßnahmen zu einer Verfälschung des Erbguts regionaler Populationen oder Rassen kommen.

Vor einer Besatzmaßnahme zur Wiederansiedlung einer Fischart ist sorgfältig zu prüfen, ob noch Reste des ehemaligen Bestands an anderer Stelle im Gewässersystem überlebt haben. Dann wären vorrangig die Voraussetzungen für eine selbständige Ausbreitung zu schaffen. Anderenfalls sollte auf Besatzmaterial aus benachbarten Gewässern derselben Region zurückgegriffen werden.

### ■ Durchführen von Besatzmaßnahmen

Beim Aussetzen von Fischen sind Gewässerbereiche zu wählen, die den Fischen während der Eingewöhnungszeit ausreichend Schutz bieten. Junge Bachforellen und Lachse haben beispielsweise in flach überströmten Uferbereichen die höchsten Überlebenschancen.

Hechte sollten gleichmäßig über die gesamte Uferlänge verteilt werden, um die Ausfälle durch Kannibalismus zu vermindern.

Die Umstellung auf ein neues Gewässer gelingt Besatzfischen besser, wenn sie vor dem Aussetzen vorsichtig temperiert werden. Dabei wird über einen Zeitraum von mehreren Minuten das Transportwasser vorsichtig mit dem Wasser des Besatzgewässers vermischt.

*Satzfische müssen an geeigneten Stellen ausgesetzt werden, nachdem sie vorher temperiert wurden.*

## Gewässerkunde und Fischhege

Mit dem Alter nimmt die Anpassungsfähigkeit der Fische ab. Aus diesem Grund und weil den Fischen Gelegenheit gegeben werden soll, sich in einem neuen Gewässer zurechtzufinden, bevor sie der Fischerei unterliegen, sollten nur untermaßige Fische besetzt werden. Bei Bachforellen werden gute Besatzerfolge sogar mit Eiern erzielt, die in Brutboxen (sog. WV-Boxen) in kiesigem Grund vergraben werden.

Zur Entscheidung über Fischbesatzmaßnahmen sind Informationen über die Gewässerbeschaffenheit und den Fischbestand heranzuziehen. Der Gewässerwart eines Fischereivereins verfügt in der Regel über die entsprechenden Kenntnisse und richtet den Fischbesatz nach den ökologischen und fischereibiologischen Verhältnissen aus.

*Besatzmaßnahmen richten sich nach den ökologischen Verhältnissen im Gewässer.*

### ■ Fangstatistik

Die Fangergebnisse der vorangegangenen Jahre gehen in die Besatzplanung ein, indem sie Informationen über den Fischbestand liefern. Keinesfalls sollten jedoch die herausgefangenen Fische einfach durch Besatzfische ersetzt werden. In der Regel enthalten Fangstatistiken keine Angaben über untermaßige oder nicht verwertbare Fische.

Die Aussagekraft der Fangstatistiken hängt ganz entscheidend von der Sorgfalt ab, mit der die Angler ihre Fänge protokollieren. Neben Fangdatum und -ort sollten in der Fangstatistik Angaben zur Art sowie zu Länge oder Gewicht des Fisches aufgeführt werden. Für die Umrechnung von Längen- in Gewichtsangaben stehen Tabellen zur Verfügung.

*Fangdatum, Art, Länge und Gewicht des Fisches sind in der Fangstatistik anzugeben.*

Große Sorgfalt sollte auf die genaue Bestimmung der gefangenen Fische verwendet werden. Seltene oder leicht verwechselbare Fische werden sonst übersehen. Die Einordnung des Fangs in Sammelgruppen wie „Weißfische" hilft dem Gewässerwart nur wenig.

Für die fischereiliche Bewirtschaftung von Gewässern sind Fangstatistiken dennoch hilfreich, vor allem, weil andere Verfahren zur Ermittlung des Fischbestandes ausgesprochen schwierig und aufwendig sind. Fangstatistiken haben sich aber auch als Berechnungsgrundlage bei Schadensersatzforderungen bewährt. Im Schadensfall kann der fischereiliche Wert eines Gewässers oder Gewässerabschnitts beziffert und ein entsprechender Fangausfall und Neubesatz geltend gemacht werden.

## Gewässerkunde und Fischhege

Wenn das Fangergebnis laut Fangstatistik über einen längeren Zeitraum gleich bleibt, kann von einem nachhaltigen fischereilichen Ertrag ausgegangen werden – unter der Voraussetzung, dass die Befischungsintensität unverändert geblieben ist. Dabei wird einem Gewässer nur so viel Fisch entnommen, wie in derselben Zeit nachwächst. Eine Überfischung, die mit der Handangel ohnehin nur bei wenigen Fischarten und Gewässern denkbar ist, wird sich durch eine Abnahme des Fangergebnisses in der Fangstatistik bemerkbar machen.

### ■ Fischereibiologische Untersuchung

Plötzliche Veränderungen in der Fangstatistik sind meistens der Anlass, um eine fischereibiologische Untersuchung einzuleiten. Durch Befischungen mit dem Elektrofischereigerät oder verschiedenen Netztypen werden Fischbestände erfasst. Artenzusammensetzung, Dichte und Altersaufbau der Bestände sowie der Ernährungszustand und das Wachstum einzelner Fische geben Hinweise auf den Zustand der Fischlebensgemeinschaft und deren Wechselbeziehungen.

### ■ Hegepläne

Fischereibiologische Untersuchungen werden besonders gründlich an einigen nordrhein-westfälischen Fließgewässern durchgeführt, die aufgrund weitgehend naturnaher Verhältnisse von besonderem ökologischen Wert sind. Dort wird die fischereiliche Bewirtschaftung durch Hegepläne geregelt. Im Hegeplan werden Daten zum Fischbestand, zum Gewässertyp und zur Gewässerbeschaffenheit zusammengefasst. Er führt zu einer Festlegung fischereilicher Maßnahmen unter ökologischen Gesichtspunkten.

*Im Hegeplan werden fischereiliche Maßnahmen festgelegt, die sich nach der Gewäserökologie richten.*

Darüber hinaus bieten Hegepläne die Möglichkeit, Missstände an einem Gewässer zu erfassen und den Behörden und der Öffentlichkeit zu benennen. Sind Beeinträchtigungen, die vor allem auf die Nutzung des Flusses durch die Wasser- und Landwirtschaft sowie auf Verunreinigungen durch häusliche oder industrielle Abwässer zurückgehen, den zuständigen Stellen erst einmal bekannt, kann die Fischerei ihre Interessen mit mehr Nachdruck vertreten.

### ■ Gewässerverunreinigung

Bereits geringe Abwassereinleitungen können erhebliche biologische Schäden im Gewässer verursachen. Entweder werden Pflanzen und Tiere direkt vergiftet oder sie reagieren

*Bereits geringe Abwassereinleitungen können der Tier- und Pflanzenwelt schaden.*

## Gewässerkunde und Fischhege

empfindlich auf Umsetzungsprodukte der eingeleiteten Stoffe.

So sind organische, fäulnisfähige Abwässer zwar nicht unmittelbar giftig für Fische, aber sie führen durch bakteriellen Abbau indirekt zu Sauerstoffmangel im Gewässer. Gelangen z.B. landwirtschaftliche Abwässer, wie die bei der Viehhaltung anfallende Gülle ins Wasser, können Fische ersticken, weil bei der Umwandlung (Oxidation) von Nitrit zu Nitrat Sauerstoff verbraucht wird.

*Beim Abbau organischer, fäulnisfähiger Abwässer z.B. aus der Landwirtschaft wird Sauerstoff verbraucht.*

Von allen Gewässerbewohnern sind Fische von plötzlichen Umweltveränderungen noch am wenigsten betroffen, weil sie fliehen können. Nebengewässer und Altarme dienen ihnen häufig als Rückzugsgebiete. Von dort erfolgt dann relativ rasch eine Wiederbesiedlung der verödeten Strecken.

### ■ Biologische Gewässeruntersuchung

*Saprobien*

Einige wirbellose Tiere, die der Abwasserwelle nicht ausweichen können, haben als Zeigerarten (Saprobien) für die Güte von Fließgewässern Bedeutung erlangt. Aus ihrem Vorkommen und ihrer Häufigkeit kann auf die Belastung mit organischen Stoffen geschlossen werden. Die durch eine DIN-Norm festgeschriebene biologische Gewässergütebestimmung berücksichtigt weiterhin, wie stark die Zeigerarten an ihren Lebensraum gebunden sind. Der sich aus der Berechnung ergebende Saprobienwert wird einer Gewässergüteklasse zugeordnet und auf den bekannten Gewässergütekarten farblich dargestellt.

*Steinfliegenlarve (Dinocras sp.)*
*Gewässergüteklasse I*

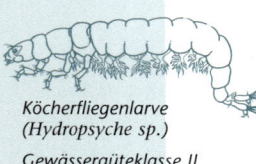

*Köcherfliegenlarve (Hydropsyche sp.)*
*Gewässergüteklasse II*

Mit zunehmender Entfernung von der Einleitungsstelle verbessert sich die Gewässergüte durch Verdünnung und den mikrobiellen Abbau der fäulnisfähigen Stoffe. Dieser Vorgang wird als Selbstreinigung eines Gewässers bezeichnet.

Die Biologische Gewässeruntersuchung ist geeignet, um die organische Belastung eines Gewässers festzustellen. Nach einer gewissen Einarbeitungszeit ist sie einfach und ohne technischen Aufwand durchzuführen. Auch zurückliegende Schadensereignisse können auf diese Weise noch erkannt werden.

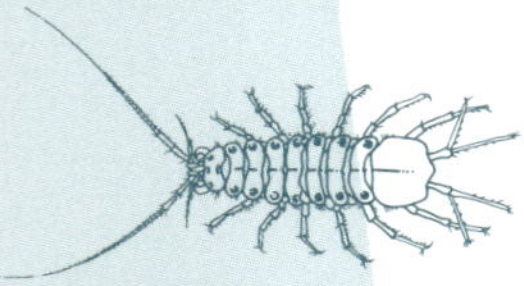

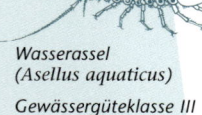

*Wasserassel (Asellus aquaticus)*
*Gewässergüteklasse III*

### ■ Chemische Wasseranalyse

*Schlammröhrenwurm (Tubifex sp.)*
*Gewässergüteklasse IV*

Durch die Biologische Gewässeruntersuchung lässt sich die Entwicklung eines Gewässers über einen längeren Zeitraum beschreiben. Darin ergänzt sich diese Methode mit der chemischen Wasseranalyse. Letztere gibt zwar nur eine Momentaufnahme der Verhältnisse wieder, sie ermöglicht dafür aber die Identifizierung des verunreinigenden Stoffes und damit eventuell des Verursachers.

Für chemische Analyseverfahren werden z.T. teure Chemikalien und Laborgeräte benötigt. Im Umgang damit ist größte Sorgfalt angebracht. Umfangreiches Grundlagenwissen wird vorausgesetzt.

Der Nachweis eines Stoffes wird in der Regel geführt, indem durch die Zugabe anderer Substanzen eine chemische Reaktion in Gang gesetzt wird. Sie endet in einem Farbumschlag der wässrigen Lösung. Die Farbintensität der Lösung steht im Zusammenhang mit der Konzentration des untersuchten Stoffes und kann mit einem Photometer gemessen oder durch Farbvergleich geschätzt werden.

Die im Fachhandel erhältlichen Schnelltests arbeiten mit dem Farbvergleich. Sie sind daher nicht immer ganz genau und reichen zur Beweisaufnahme bei Schadensfällen nicht aus. Wenn das Verfallsdatum der Lösungen überschritten ist, können die Messergebnisse stark abweichen.

Schnelltests, die in sinnvollen Zusammenstellungen zu sog. Untersuchungskoffern von verschiedenen Herstellern erhältlich sind, eignen sich aber durchaus für die Überwachung von Fischgewässern. Für diesen Einsatzbereich reicht es aus, die Konzentrationen einiger interessanter Verbindungen grob zu messen.

Die Stickstoffverbindungen Nitrit und Nitrat sowie Ammonium und Ammoniak gehören ebenso zu den fischereilich bedeutsamen Verbindungen, wie der Kalkgehalt des Wassers, ausgedrückt durch das Säurebindungsvermögen (SBV). Auch einige Metalle wie beispielsweise Eisen und deren Verbindungen können in besonderen Fällen für Fischereivereine wichtig sein.

## ■ pH-Wert

Für die Messung von Sauerstoffgehalt und pH-Wert sind ebenfalls Schnelltests erhältlich. Erheblich genauer, aber auch teurer sind jedoch elektronische Messgeräte. Sie erfordern eine genaue Arbeitsweise und regelmäßige Wartung. Ihre Anschaffung lohnt sich daher nur bei häufigem Einsatz. Fischereivereine sollten jedoch unbedingt über eine Ausrüstung verfügen, neben der Wassertemperatur diese beiden Werte auf irgendeine Weise kontrollieren zu können.

*Ein Fischereiverein sollte pH-Wert, Sauerstoffgehalt und Temperatur messen können.*

*Gewässerkunde und Fischhege*

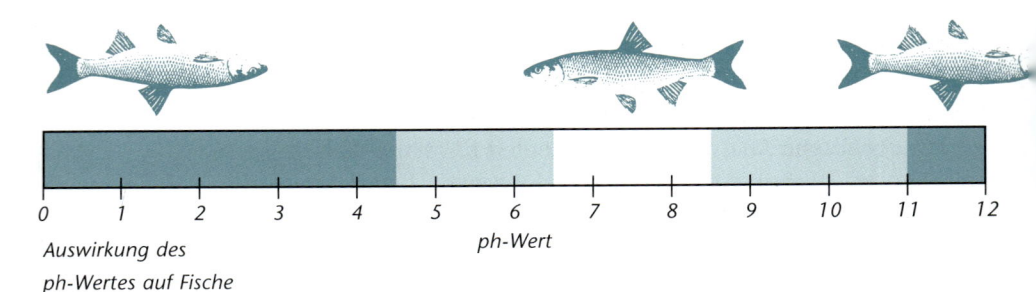

Auswirkung des ph-Wertes auf Fische

*Alkalische (Kalk-) Abwässer von Baustellen verkleben die Kiemen, so dass Fische ersticken.*

*Ätzende und alkalische Abwässer führen bei Fischen zum Verlust der Schleimhaut.*

*ph-Werte zwischen 6,5 und 8,5 sind für Fische unbedenklich.*

*Gewässer aus Mooren oder Nadelwäldern sind von Natur aus sauer.*

Verschiebungen des pH-Werts sind eine der häufigsten Ursachen für Fischsterben. Kalkreiche Abwässer (alkalisch), die auch als Laugen bezeichnet werden, wirken ätzend und gelangen häufig durch Bauarbeiten mit Zement oder Beton in die Gewässer. Sie können den pH-Wert weit über den neutralen Wert von pH 7 heben und zu schweren Schädigungen wie dem Verlust der Schleimhaut führen. Für Schleien liegt der tödliche Grenzwert bei pH 11, während für Forellen bereits Werte um pH 9 kritisch sind.

Baustellenabwässer sind ebenso wie Trübungen durch Ton und Lehm so feinkörnig, dass sie die Kiemenblättchen der Fische verkleben und dadurch den Gasaustausch behindern. Die Fische ersticken schließlich, obwohl sie versuchen, die Atemfrequenz zu erhöhen. Ersticken als Todesursache lässt sich an den abgespreizten Kiemendeckeln verendeter Fische erkennen.

Auch Verätzungen durch niedrige pH-Werte führen zum Verlust der Schleimhaut. Wässrige Lösungen mit pH-Werten unterhalb pH 7 werden als Säuren bezeichnet. Die Verträglichkeit gegenüber Säuren ist je nach Fischart unterschiedlich. Während Forellen schon ab pH 5,5 nicht mehr leben können, sterben Schleien erst bei einem pH-Wert von 4,5. Unbedenklich für die einheimische Fischfauna sind pH-Werte zwischen 6,5 und 8,5.

Saures Wasser kann auch natürliche Ursachen haben. Gewässer, die durch Zuflüsse aus kalkarmen Gebieten, aus Nadelwäldern oder Mooren gespeist werden, sind durch natürliche Säuren gekennzeichnet. Einige Binnengewässer vor allem in Nordeuropa sind von zunehmender Versauerung durch den sog. „Sauren Regen" betroffen. Infolgedessen sind die Fischbestände in diesen Gewässern zusammengebrochen. Durch großflächige Kalkungen hat man es in Skandinavien jedoch geschafft, die lebensfeindlichen Verhältnisse in den versauerten Gewässer zu verbessern.

## Verhalten bei Fischsterben

Im Falle eines Fischsterbens sollte geprüft werden, ob die Fische an einer Krankheit oder einer Gewässerverunreinigung eingegangen sind. Von Krankheiten sind oft nur eine einzige oder wenige, nahe verwandte Fischarten betroffen. Die Fische verenden über einen längeren Zeitraum und nur in begrenzter Anzahl. Ist der Bestand so weit ausgedünnt, dass keine weitere Ansteckung mehr erfolgen kann, kommt die Seuche zum Erliegen.

Krankheitsverdächtige, tote Fische sollten dem Gewässerwart oder dem Fischereiaufseher übergeben werden. Bis zur Weitergabe an eine Untersuchungsstelle sind die toten Fische gekühlt aufzubewahren. Für die Untersuchung ist z.B. der Fischgesundheitsdienst in Nordrhein-Westfalen zuständig. Außer in Teichwirtschaften sind Gegenmaßnahmen wie medikamentöse Behandlungen nicht möglich. Der Fischbestand erholt sich jedoch meistens schnell von den Folgen einer Krankheit, und größere Ertragseinbußen sind für Fischereivereine kaum zu erwarten.

*Krankheitsverdächtige tote Fische sind kühl zu lagern und sofort dem Gewässerwart oder Fischereiaufseher bzw. einer Untersuchungsstelle zu übergeben.*

Gewässerverschmutzungen können dagegen alle im Gewässer vorkommenden Fische innerhalb kurzer Zeit vernichten. In manchen Fällen sind solche Katastrophen mit sichtbaren Veränderungen des Gewässers verbunden, z.B. Verfärbungen, Schaum- oder Geruchsbildung. Solche Gewässerverschmutzungen sollten auch ohne den Tatbestand toter Fische sofort gemeldet werden. Verendete Fische sind allerdings in vielen Fällen der erste oder auch einzige sichtbare Beweis für derartige Vorfälle.

*Giftige Abwässer vernichten meist den gesamten Fischbestand eines Gewässers.*

Wenn ein derartiges Fischsterben bemerkt wird, sind als Erstes Polizei und Ordnungsamt zu benachrichtigen sowie Wasserproben zu entnehmen. Je ein Liter Wasser sollte in einer sauberen Plastik- oder Glasflasche ohne Spülmittelrückstände direkt aus der verdächtigen Einleitung sowie von ober- und unterhalb der Einleitungsstelle entnommen werden. Mehrere Proben in verschiedenen Abständen unterhalb der Einleitungsstelle sowie zwischen den toten Fischen erhöhen die Aussicht, eine stoßweise eingeleitete Abwasserwelle zu erfassen.

*Bei Fischsterben müssen sofort Wasserproben entnommen sowie Polizei und Ordnungsamt benachrichtigt werden.*

Wasserproben dienen der Ermittlung von Ursache und Verursacher eines Fischsterbens. Dazu wird ihre chemische Zusammensetzung untersucht. Bis dahin müssen die Proben im Kühlschrank aufbewahrt werden, um die Abbau- und

*Ursachen und Verursacher von Fischsterben können durch Wasserproben ermittelt werden.*

## Gewässerkunde und Fischhege

Umsetzungsvorgänge zu verlangsamen. Jede Wasserprobe ist mit Angaben zum Gewässer und zur Entnahmestelle sowie mit Datum und Uhrzeit der Probennahme zu versehen. Auch Name, Adresse und Telefonnummer des Probennehmers sind mitzuteilen.

Nachdem die notwendigen Schritte zur Beweissicherung eingeleitet worden sind, sollten die Fischkadaver aus dem Gewässer entfernt werden, um eine weitere Belastung des Gewässers und Belästigung der Bevölkerung zu vermeiden. Fische, die durch Gewässerverschmutzungen oder durch Krankheiten verendet sind, sind für Menschen und Tiere ungenießbar. Da die betroffenen Fließgewässerabschnitte aus ungeschädigten Bereichen neu besiedelt werden, ist kurzfristig eine fischereibiologische Untersuchung zur Feststellung des Schadens einzuleiten.

*Kranke oder auffällig riechende Fische sind nicht für den Verzehr durch Menschen oder Tiere geeignet.*

■ **Gewässerausbau**

Weniger offensichtliche Schäden an den Fischbeständen werden durch strukturelle Veränderungen von Gewässern verursacht. Vor allem der Ausbau von Fließgewässern ist schwerwiegend, weil die Lebensgrundlage vieler Fischarten dadurch auf ungewisse Zeit zerstört wird.

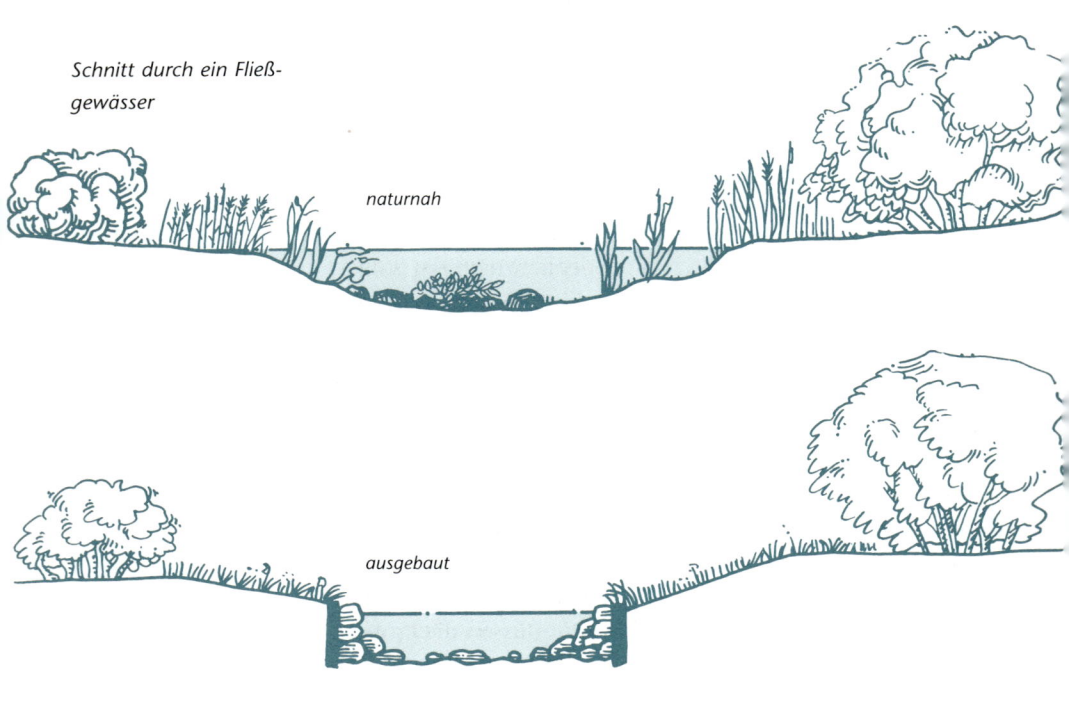

*Schnitt durch ein Fließgewässer*

*naturnah*

*ausgebaut*

Um die angrenzenden Ländereien vor Hochwasser zu schützen, sind früher viele Flüsse eingedeicht und in ein geradliniges Bett gezwängt worden. Dadurch wurde ein schnellerer Abfluss des Hochwassers erreicht. Im Unterlauf der Flüsse führte der Ausbau jedoch zu um so höheren Wasserständen und damit zu katastrophalen Überschwemmungen.

Um die Abtragung von Boden zu verhindern, wurden Flussufer durch Steinschüttungen befestigt. Für die meisten Fische ist diese Art des Gewässerausbaus problematisch, weil dadurch die seitliche Verlagerung und Gestaltung des Gewässers verhindert wird. Wo der Längsverbau von Fließgewässern unumgänglich ist, weil z.B. Bauwerke geschützt werden müssen, sollte auf natürliche Baustoffe wie Holz, z.B. in Form von Faschinen, zurückgegriffen werden. Wenn möglich, ist eine „lebende Uferbefestigung" durch Gehölzanpflanzungen, insbesondere von Erlen, vorzuziehen.

*Seitliche Steinschüttungen schränken die Eigendynamik des Gewässers ein und wirken sich daher nachteilig auf Fische aus.*

### ■ Querverbauung

Fast alle Bäche und Flüsse sind durch Querverbauungen wie Wehre und andere Staueinrichtungen in z.T. nur geringen Abständen zerschnitten.

Sohlschwellen sollen der Eintiefung des Gewässers entgegenwirken, indem sie das mitgeführte Sediment zurückhalten. (Die Eintiefung geht wiederum auf den Längsausbau und die dadurch verursachte erhöhte Strömungsgeschwindigkeit zurück.)

### ■ Wasserkraftnutzung

An Wehren wird das Wasser gestaut. Ein häufiger Grund dafür ist die Stromerzeugung. Diese Form der Wasserkraftnutzung kann direkt im Hauptgewässer oder im Nebenschluss stattfinden. Bei abseits vom Hauptgewässer gelegenen Standorten wird ein Teil des Wassers durch ein künstliches Gerinne („Mühlengraben") dem Fließgewässer entzogen und durch die stromerzeugenden Turbinen geleitet. Auch diese Kraftwerke haben negative Folgen für den Gewässerlebensraum, da durch die Umleitung des Wassers nur noch ein Bruchteil der ursprünglichen Wassermenge im Flussbett verbleibt. Bei niedrigem Abfluss im Sommer reicht diese Restwassermenge häufig nicht mehr aus, um die Ausleitungsstrecke als Lebensraum für Fische zu erhalten (s. S. 120).

*Wasserkraftanlagen sollten mit Fischwegen ausgestattet sein, über Schutzeinrichtungen vor den Turbinen verfügen und ausreichende Restwassermengen im Mutterbett belassen.*

*Querbauwerke behindern den Fischwechsel. Fischbestände werden dadurch isoliert und die Wiederbesiedlung nach Fischsterben verzögert.*

Auch wenn die Wasserverhältnisse im Herbst und Frühjahr günstiger sind, können Querbauwerke den Fischwechsel verhindern. Durch fehlenden Austausch werden Fischbestände isoliert und in ihrer Überlebensfähigkeit geschwächt. Querbauwerke schneiden Fische von ihren Laichgebieten ab und verhindern auch eine rasche Wiederbesiedlung nach Fischsterben.

### ■ Fischwanderhilfen

An allen Stauanlagen sollten deshalb Fischwanderhilfen eingerichtet werden, die es den Fischen und anderen aquatischen Organismen ermöglichen, frei vom Unter- ins Oberwasser zu wechseln und umgekehrt.

Dazu müssen wanderwillige Fische den Einstieg in die Fischwanderhilfe erst einmal finden. Da sich Flussfische hauptsächlich an der Strömung orientieren, ist eine ausreichende Lockströmung äußerst wichtig. Die Strömungsgeschwindigkeiten sollten aber niedrig gehalten werden, weil nicht alle Fische die notwendigen Schwimmleistungen erbringen können. Für schlechtere Schwimmer sind zur Erholung Stillwasserbereiche einzurichten. Große Blocksteine sind beispielsweise dazu geeignet.

Kleinen, bodenorientierten Fischarten wie der Groppe wird der Aufstieg erleichtert, wenn die Sohle innerhalb der Wanderhilfe aus Kies oder Geröll besteht. In der strömungsarmen Grenzschicht können sich Fische mit geringerer Schwimmleistung sowie wirbellose Tiere stromaufwärts bewegen.

Wanderhilfen in naturnaher Bauweise wie Umgehungsgerinne oder Rauhe Rampen im Hauptgewässer besitzen die geforderten Eigenschaften. Sie sollten technischen Wanderhilfen vorgezogen werden, sofern die Voraussetzungen wie z.B. die für Umgehungsgerinne notwendigen Flächen vorliegen.

Im Oberwasser eines Wehres finden strömungsliebende Tiere ungünstige Verhältnisse vor. Durch den Aufstau des Wassers ist die Strömung zeitweise kaum noch erkennbar. Unter diesen Bedingungen setzen sich feine Schwebstoffe ab und bilden eine sauerstoffzehrende Schlammschicht. Durch die lange Verweilzeit wird das Wasser übermäßig erwärmt. Deshalb wirkt nicht nur das Bauwerk selbst als Wanderhindernis, sondern es verändert die Lebensbedingungen für Fische im weiteren Umfeld in negativer Weise.

Bei der Abwanderung sind Fische der Gefahr ausgesetzt, in den Turbinen zerstückelt zu werden. Ohne Leiteinrichtung können sie den Einstieg in eine Wanderhilfe nicht finden. Abwandernde Fische schwimmen daher oft bis vor den Rechen. Dieser ist mit einem gewissen Stababstand versehen und dazu bestimmt, Treibgut und Fische zurückzuhalten. Bei hoher Anströmgeschwindigkeit wirken Rechen jedoch als Todesfallen, weil sich die Fische nicht mehr davon lösen können.

Scheuch- und Leiteinrichtungen verschiedener Bauweisen haben sich bisher nur unzureichend bewährt. Aus fischereilicher Sicht wäre daher zu empfehlen, die Turbinen zur Hauptwanderzeit der Fische abzustellen und während dieser Zeit auf die Stromerzeugung zu verzichten.

## ■ Gewässerunterhaltung

Beeinträchtigungen anderer Art sind vor allem kleine Fließgewässer durch Unterhaltungsmaßnahmen ausgesetzt. In regelmäßigen Abständen werden Gräben und Bäche maschinell entkrautet, um den Abfluss sicherzustellen. Mit dem Mähgut werden auch Fische entnommen, die diese pflanzenreichen Kleingewässer besiedeln. Dem seltenen Schlammpeitzger wurden wahrscheinlich solche Unterhaltungsmaßnahmen zum Verhängnis.

Durch Grabenräumung mit der Hand oder den Einsatz von Maschinen mit Schutz- oder Scheucheinrichtungen und durch zeitlich versetzte wechselseitige Entkrautung könnte die Gewässerunterhaltung schonender betrieben werden. Dadurch blieben viele der für Kleingewässer typischen Pflanzen und Tiere erhalten.

## ■ Fischerei in künstlichen Gewässern

Auch künstliche Gewässer wie Talsperren und Kanäle bieten Lebensraum für Fische. Diese Gewässer sind wegen der großen Wasserflächen und der guten Fischbestände sogar bedeutende Angelgewässer. Angeln ist dort allerdings nur eine zweitrangige Nutzung. Im Vordergrund stehen Trinkwasservorhaltung und Schifffahrt. Daher herrschen in Talsperren und Kanälen mitunter Bedingungen, die für die Fischerei ungünstig sind, die aber hingenommen werden müssen. In den Talsperren wirkt sich beispielsweise die häufige Änderung des Wasserstands negativ auf die Entwicklung eines andauernden Pflanzenbestands und auf die Fortpflanzung der Fische aus.

*In Talsperren wirkt sich die häufige Änderung des Wasserspiegels negativ auf Tiere und Pflanzen aus.*

## Gewässerkunde und Fischhege

Kanäle werden als Lebensraum für Fische vor allem durch den Wellenschlag beeinträchtigt, der durch die Berufs- und Freizeitschifffahrt entsteht. Die Ufer sind mit großen Wasserbausteinen befestigt. Daran abgelegter Fischlaich wird durch die Wellen zerschlagen oder von den großen Strömungskräften losgerissen. Ebenso werden die empfindlichen Fischlarven geschädigt. Wasserpflanzen, die auch als Laichsubstrat für Fische Bedeutung haben, können sich nur in wenigen verkehrsberuhigten oder stillgelegten Abschnitten wie Häfen und sog. „Alten Fahrten" ansiedeln. Diese Bereiche sind für die Fischfauna der Kanäle daher besonders wichtig.

# Trainingsbogen 1 — Gewässerkunde und Fischhege

1. **Haben flache Ufer in einem Gewässer eine besondere fischereiliche Bedeutung?**
   - ☐ Nein, weil die Fische dort besonders gut von fischfressenden Vögeln erbeutet werden können.
   - ☐ Ja, weil sich die Fische hier gerne aufhalten, um zu überwintern.
   - ☒ Ja, weil sie eine sehr starke Fischnährtierproduktion aufweisen und für viele Fische und andere Tierarten ideale Fortpflanzungs- und Aufwuchszonen bilden.

2. **Was ist beim Aussetzen von Fischen besonders zu beachten?**
   - ☒ Man muss geeignete Stellen auswählen; vor dem Aussetzen müssen die Fische temperiert werden.
   - ☐ Man muss die Einwilligung der Ober- und Unterlieger einholen.
   - ☐ Man muss Schaulustige fernhalten.

3. **Was ist bei der Einsendung von Wasserproben im Zusammenhang mit Gewässerverschmutzungen zu beachten?**
   - ☐ Die Einsendung der Proben kann nur im Einverständnis mit dem Verursacher der Gewässerverschmutzung erfolgen.
   - ☐ Vor Versendung muss die Zustimmung des Staatlichen Umweltamtes sowie der unteren Fischereibehörde und der unteren Wasserbehörde eingeholt werden.
   - ☒ Jede Wasserprobe muss mindestens mit folgenden Angaben versehen werden: Gewässername, Entnahmestelle, Datum und Uhrzeit der Probenentnahme, Name und Telefonnummer des Probennehmers sowie des Absenders.

4. **Ist es unbedenklich, wenn Fischeingeweide ins Wasser geworfen werden?**
   - ☐ Ja, weil Fische Eingeweide fressen.
   - ☐ Ja, denn hierdurch wird der Nährstoffgehalt des Wassers angereichert.
   - ☒ Nein.

5. **Warum sind Baustellenabwässer (Zement-, Beton- und Baukalkwässer) fischereischädlich?**
   - ☒ Weil sie stark alkalisch sind und die Kiemen verkleben.
   - ☐ Weil sie das Wasser stark trüben.
   - ☐ Weil sie Säuren enthalten.

6. **Was sind die fischereilichen Besonderheiten junger Baggergewässer?**
   - ☒ Geringer Nährstoffgehalt.
   - ☐ Hohe Wassertemperaturen im Sommer.
   - ☐ Geringer Sauerstoffgehalt in der Oberflächenzone.

7. **Durch welche Witterungsverhältnisse werden Fischsterben infolge Sauerstoffmangels in stark verkrauteten Teichen begünstigt?**
   - ☐ Durch starke Regen- und Schneefälle.
   - ☐ Durch plötzliches Aufklaren in Vollmondnächten.
   - ☒ Durch windstille, warme Nächte.

8. **Warum kann es besonders in stehenden Gewässern unter dem Eis zum Ersticken der Fische kommen?**
   - ☐ Weil die Wassertemperaturen zu niedrig sind.
   - ☐ Weil der Stickstoffgehalt zu hoch wird.
   - ☒ Weil die Sauerstoffaufnahme aus der Luft unmöglich ist.

9. **Haben die Pflanzennährstoffe in Gewässern fischereibiologische Bedeutung?**
   - ☒ Ja, sie sind Vorbedingung der Pflanzenentwicklung, diese wiederum ist Grundlage der Tierernährung.
   - ☐ Nein, sie haben keine Bedeutung, da sie für die Fische wertlos sind.
   - ☐ Ja, Pflanzennährstoffe wirken auch in geringer Konzentration auf Fische nachteilig.

10. **Ist der Sauerstoffgehalt in fließenden Gewässern gewöhnlich höher oder niedriger als in stehenden Gewässern?**
    - ☐ Es besteht kein Unterschied, da die Aufnahmefähigkeit des Wassers für Sauerstoff immer gleich ist.
    - ☐ Er ist niedriger wegen der höheren Wassertemperatur.
    - ☒ Er ist höher, da durch die Verwirbelung des Wassers mit der Luft ständig Sauerstoff aufgenommen und bis zum Grund verteilt wird.

# Gewässerkunde und Fischhege — Trainingsbogen 2

1. **Welche fischereilichen Maßnahmen sollten an Wasserkraftanlagen getroffen werden?**
   - ☐ Keine, weil Wasserkraft eine umweltfreundliche Technologie ist.
   - ☐ Der Betreiber der Anlage sollte ausreichend Fischbesatz tätigen.
   - ☒ Für Fischwanderwege, ausreichende Restwassermengen sowie eine Schutzvorrichtung vor den Turbinen sollte gesorgt sein.

2. **Welche Hegemaßnahme ist zu treffen, wenn in einem Gewässer der Bestand an Weißfischen und Barschen überhand nimmt?**
   - ☐ Verstärkter Besatz mit den gleichen Arten.
   - ☒ Intensives Befischen und Besatz mit geeigneten Raubfischen.
   - ☐ Nichts, denn der Bestand geht ohnehin wegen „Degeneration" zugrunde.

3. **Wodurch kann das biologische Gleichgewicht in Gewässern u. a. gestört werden?**
   - ☐ Durch das Vorkommen von Raubfischen.
   - ☒ Durch einseitigen Fischbesatz.
   - ☐ Durch Verbot des Angelns mit Köderfischen.

4. **In welcher Fischregion der Fließgewässer sind regelmäßig die meisten Fischarten vorhanden?**
   - ☐ Äschenregion.
   - ☒ Brachsen (Brassen-) region.
   - ☐ Barbenregion.

5. **Was sollte mit krankheitsverdächtigen toten Fischen geschehen?**
   - ☒ Sie sollten gekühlt und möglichst umgehend zu einer Untersuchungsstelle gebracht werden.
   - ☐ Sie sollten wegen der Ansteckungsgefahr nicht berührt werden.
   - ☐ Sie sind nicht weiter zu beachten.

6. **Wo müssen bei einem Fischsterben in einem Fließgewässer Wasserproben entnommen werden?**
   - ☐ Dicht über dem Grunde des Gewässers.
   - ☐ Nur in der Gewässermitte.
   - ☒ Zwischen den toten Fischen, aus verdächtigen Einleitungen sowie unterhalb und oberhalb derselben.

7. **Durch welche Abwässer kann im Gewässer Sauerstoffmangel entstehen?**
   - ☒ Durch organische, fäulnisfähige Abwässer.
   - ☐ Durch Betonschwemmwässer.
   - ☐ Durch saure Abwässer.

8. **In welcher Reihenfolge wachsen Pflanzen vom Ufer aus gesehen?**
   - ☐ Schwimmblattpflanzen – Laichkräuter – Röhricht – unterseeische Wiesen.
   - ☒ Röhricht – Schwimmblattpflanzen – Laichkräuter – unterseeische Wiesen.
   - ☐ Laichkräuter – unterseeische Wiesen – Röhricht – Schwimmblattpflanzen.

9. **Welche Organismen können Sauerstoff abgeben?**
   - ☐ Das tierische Plankton.
   - ☒ Die grünen Pflanzen.
   - ☐ Die Insektenlarven.

10. **Können bereits geringe Abwassereinleitungen biologische Schäden in Gewässern verursachen?**
    - ☒ Ja, weil die Tier- und Pflanzenwelt gegen Umweltveränderungen besonders empfindlich reagiert.
    - ☐ Nein, weil die Selbstreinigungskraft der Gewässer unbegrenzt ist.
    - ☐ Nein, weil das Abwasser stark verdünnt wird.

Trainingsbogen 3  Gewässerkun

1. Können Querbauwerke wie Wehre und Sohlabstürze in Fließg
   bestände beeinträchtigen?
   ☐ Ja, denn an diesen Stellen wird Sauerstoff ins Wasser eingel
   ☒ Ja, denn sie behindern den Fischwechsel.
   ☐ Nein, Querbauwerke sind sogar von Vorteil, denn sie verhi
      den Gewässerabschnitt verlassen.

2. Wie soll sich der Fischer verhalten, wenn er einen krankheitsverdächtigen
   fängt?
   ☒ Er soll den Fisch dem zuständigen Gewässerwart oder Fischereiaufseher zwecks
      weiterer Veranlassung übergeben.
   ☐ Er soll den Fisch töten und vergraben.
   ☐ Er soll den Fisch möglichst schnell wieder in das Gewässer zurücksetzen, damit
      dieser keinen weiteren Schaden erleidet.

3. Was verbirgt sich hinter dem Wort Wasserpest?
   ☐ Eine Wasservergiftung.
   ☐ Eine Fischkrankheit.
   ☒ Eine Wasserpflanzenart.

4. Was ist ein Altwasser?
   ☒ Ein früherer (alter), als solcher erkennbarer Abschnitt eines Fließgewässers, der
      wassergefüllt ist.
   ☐ Ein Gewässer, dessen Wasser gealtert ist.
   ☐ Ein Gewässer mit überaltertem Fischbestand.

5. Was besagt der pH-Wert einer Wasserprobe?
   ☐ Er zeigt den Grad der Verschmutzung durch organische Stoffe an.
   ☒ Er zeigt an, ob das Wasser sauer, neutral oder alkalisch reagiert.
   ☐ Er zeigt den Phenolgehalt an.

6. Welchen Zweck hat die Entnahme von Wasserproben bei Fischsterben?
   ☐ Sie hat keinen Zweck.
   ☒ Sie dient zur Ermittlung von Ursachen und Verursachern.
   ☐ Sie dient der Beruhigung der Öffentlichkeit.

7. Warum wirken fäulnisfähige, organische Abwässer auf Gewässer und ihre Lebewelt
   schädlich?
   ☐ Weil die Eisbildung verzögert wird.
   ☒ Weil bei ihrer Fäulnis Sauerstoff verbraucht wird.
   ☐ Weil die Gewässerfarbe verändert wird.

8. Was ist ein eutrophes Gewässer?
   ☒ Es ist reich an Nährstoffen.
   ☐ Es ist arm an Nährstoffen.
   ☐ Es ist ein saures Gewässer.

9. Welche Stoffe haben besondere Bedeutung als Pflanzennährstoffe in Gewässern?
   ☐ Wasserstoff und Sauerstoff.
   ☐ Sand und Kies.
   ☒ Phosphor und Stickstoff.

10. Welche biologische Funktion hat der im Wasser gelöste Sauerstoff?
    ☒ Er wird für die Atmung der Wasserorganismen benötigt.
    ☐ Er neutralisiert alkalische Abwässer.
    ☐ Er neutralisiert saure Abwässer.

## ...unde und Fischhege — Trainingsbogen 4

**1. ...dient der Hegeplan?**
- ☐ Zur Festlegung fischereilicher Maßnahmen an einem Gewässer unter ökologischen Gesichtspunkten.
- ☐ Zur finanziellen Gleichbehandlung der Genossenschaftsmitglieder.
- ☐ Zur Erhöhung der Fangausbeute.

**2. Welche fischereiliche Bedeutung haben Kolke und Gumpen in fließenden Gewässern?**
- ☐ Sie können sich nachteilig auswirken, weil in ihnen das Wasser sauerstoffarm wird.
- ☐ Sie werden von Fischen gemieden.
- ☒ Sie sind bevorzugte Standplätze der Fische.

**3. Was ist beim Kauf der Satzfische vor allem zu beachten?**
- ☒ Die Fische müssen frei von Parasiten und erkennbaren Krankheitserscheinungen sein.
- ☐ Die Fische sollen gleiche Größe und gleiches Gewicht haben.
- ☐ Die Fische müssen preiswert sein.

**4. Hat die Kleintierlebewelt im Gewässer einen Nutzen, gegebenenfalls welchen?**
- ☐ Nein.
- ☒ Ja, sie ist die Ernährungsgrundlage u. a. für Fische.
- ☐ Ja, sie versorgt das Wasser mit Sauerstoff.

**5. Welche Flaschen sind für die Entnahme von Wasserproben am besten geeignet?**
- ☒ Saubere Plastikflaschen von 1 Liter Inhalt, die keine Reste des früheren Inhalts oder eines Spülmittels enthalten.
- ☐ Alle Arten von Flaschen sind gleich gut geeignet.
- ☐ Nur Flaschen aus Weißglas sind brauchbar, weil sich in ihnen die Schadstoffe nicht zersetzen.

**6. Auf welche Art der Abwassereinwirkung deutet der Verlust der Schleimhaut bei Fischen hin?**
- ☐ Auf Abwässer mit Schwebstoffen.
- ☒ Auf ätzende Abwässer.
- ☐ Auf organische Abwässer.

**7. Bis zu welcher Tiefe in Seen können grüne Pflanzen dauernd leben?**
- ☐ Der Pflanzenwuchs ist unabhängig von der Tiefe.
- ☒ Soweit genügend Licht eindringt.
- ☐ Soweit der Wasserdruck nicht zu stark ist.

**8. Was ist Voraussetzung für die Sauerstoffentwicklung durch grüne Pflanzen?**
- ☒ Das Sonnenlicht.
- ☐ Eine Wassertemperatur über 10°C.
- ☐ Ein hoher Nährstoffgehalt.

**9. Womit beginnt die Nahrungskette in Gewässern?**
- ☒ Mit einzelligen Algen, mehrzelligen Algen und Unterwasserpflanzen.
- ☐ Mit kleinen Fischarten.
- ☐ Mit den Insektenlarven der Forellenregion.

**10. Wie ist die richtige Reihenfolge der fischereibiologischen Regionen der Fließgewässer?**
- ☐ Forellenregion – Barbenregion – Kaulbarsch/Flunderregion – Äschenregion – Brassenregion.
- ☒ Forellenregion – Äschenregion – Barbenregion – Brassenregion – Kaulbarsch/Flunderregion.
- ☐ Äschenregion – Barbenregion – Brassenregion – Forellenregion – Kaulbarsch/Flunderregion.

*Trainingsbogen 5* — *Gewässerkunde und Fischhege*

1. **Können Querbauwerke wie Wehre und Sohlabstürze in Fließgewässern Fischbestände beeinträchtigen?**
   - ☐ Ja, denn sie fördern Laichwanderungen und andere Ortsbewegungen.
   - ☒ Ja, denn sie isolieren Fischbestände und verhindern Wiederbesiedlungen nach Fischsterben.
   - ☐ Nein, sie haben keinen Einfluss auf die Fischbestände.

2. **Welches Merkmal kennzeichnet ein fruchtbares, stehendes Gewässer?**
   - ☐ Klares Wasser (große Sichttiefe).
   - ☐ Starker Überwasserpflanzenwuchs.
   - ☒ Durch Plankton getrübtes Wasser (geringe Sichttiefe).

3. **Welche Angaben sind für die Fangstatistik wichtig?**
   - ☒ Fangdatum, Art, Länge und Gewicht des Fisches.
   - ☐ Witterung, Wassertemperatur und Köder.
   - ☐ Form und Färbung des Fisches sowie Dauer des Drills.

4. **Sind stark durch Lehm- und Tontrübe verschmutzte Abwässer von Baustellen fischereischädlich?**
   - ☐ Nein, sie sind unschädlich.
   - ☒ Ja, die Funktion der Kiemen kann durch Trübungsstoffe beeinträchtigt werden und den Erstickungstod herbeiführen.
   - ☐ Ja, weil solche Abwässer stark faulen.

5. **Wo sollten Wasserproben, die nicht an Ort und Stelle untersucht werden können, bis zur Untersuchung aufbewahrt werden?**
   - ☐ Außerhalb der Wohnung.
   - ☒ Im Kühlschrank.
   - ☐ Möglichst in geheizten Räumen.

6. **Warum sind landwirtschaftliche Abwässer für Fische schädlich?**
   - ☒ Weil ihr Abbau im Gewässer sehr viel Sauerstoff bindet.
   - ☐ Weil sie giftige Schwermetalle enthalten.
   - ☐ Weil sie erwärmt sind.

7. **Beeinflusst die Wassertemperatur die Löslichkeit für Sauerstoff?**
   - ☐ Nein.
   - ☒ Ja, kaltes Wasser nimmt mehr Sauerstoff auf als warmes.
   - ☐ Ja, warmes Wasser enthält mehr Sauerstoff.

8. **Durch welche natürlichen Vorgänge kann der Sauerstoffgehalt in stehenden Gewässern unter das für Fische erträgliche Maß absinken?**
   - ☒ Durch Sauerstoffverbrauch bei Nacht infolge starker Pflanzenatmung (Dissimilation).
   - ☐ Durch massenhaftes Ausschlüpfen von Wasserinsekten.
   - ☐ Durch erhöhten Sauerstoffverbrauch beim Ablaichen der Fische.

9. **In welchen Zonen stehender Gewässer kommt es am ehesten zu Sauerstoffmangel?**
   - ☐ Im Uferbereich.
   - ☒ In der Tiefe.
   - ☐ An der Oberfläche.

10. **Reagiert die Tierwelt der Bäche besonders empfindlich auf Sauerstoffmangel?**
    - ☒ Ja, weil sie an die in Bächen gewöhnlich hohe Sauerstoffkonzentration angepasst ist.
    - ☐ Nein, weil sie sich auch bei Sauerstoffmangel ungehindert vermehren kann.
    - ☐ Ja, weil bei Sauerstoffmangel die pH-Werte zu sehr steigen.

Gewässerkunde und Fischhege — Trainingsbogen 6

1. Können Steinschüttungen zur Uferbefestigung ein Problem für Fische sein?
   - [x] Ja, denn sie verhindern die natürliche seitliche Verlagerung und Gestaltung des Gewässers.
   - [ ] Nein, denn sie schaffen Unterstände für gefährdete Arten und verhindern, dass unterspülte Bäume ins Wasser fallen.
   - [ ] Ja, denn sie werden von den Jugendstadien zahlreicher Fischparasiten bewohnt.

2. Was ist typisch für das stehende Zandergewässer?
   - [ ] Es ist tief, klar und nahrungsarm.
   - [x] Es ist flach, hartgründig und sommertrüb.
   - [ ] Es ist klein, stark verkrautet und recht warm.

3. Können frisch ausgekieste Baggerseen schon fischereilich genutzt werden?
   - [ ] Ja, ohne Einschränkung.
   - [x] Nein, erst nach Entwicklung des tierischen und pflanzlichen Lebens.
   - [ ] Ja, sofort nach Durchführung eines starken Fischbesatzes.

4. Können Fische aus einem durch Abwasser verursachten Fischsterben oder solche, die einen fremdartigen Geruch ausströmen, Pilzbefall oder Hautrötungen zeigen, gegessen oder verfüttert werden?
   - [ ] Gegen den Genuss bestehen für Mensch und Tier keine Bedenken.
   - [ ] Der Genuss ist nur für den Menschen schädlich.
   - [x] Die Fische sind ungenießbar für Mensch und Tier.

5. Welche Gewässer sind durch natürliche Säuren gefährdet?
   - [x] Solche, die durch Zuflüsse aus kalkarmen Gebieten, aus Fichtenbeständen oder aus Mooren gespeist werden.
   - [ ] Steinbruchgewässer und Kiesgruben.
   - [ ] Zu stark mit Fischen besetzte Gewässer.

6. Welches Wasser ist meist sauerstoffarm?
   - [x] Das Quellwasser.
   - [ ] Das Teichwasser.
   - [ ] Das Flusswasser.

7. Was wirkt sich negativ auf die normale Tier- und Pflanzenwelt in Talsperrengewässern aus?
   - [ ] Die intensive Sonneneinstrahlung.
   - [x] Die häufige Änderung des Wasserstandes.
   - [ ] Die starke Abkühlung im Winter.

8. Welche Organismen können auch in den lichtlosen Tiefenzonen von Seen dauernd leben?
   - [x] Bakterien.
   - [ ] Höhere Wasserpflanzen.
   - [ ] Pflanzliches Plankton.

9. Wie gelangt Sauerstoff in das Wasser?
   - [ ] Durch Verwitterung der Bodenteilchen.
   - [x] Durch Sauerstoffabgabe der grünen Pflanzen und durch Sauerstoffaufnahme aus der Luft.
   - [ ] Durch Fäulnis abgestorbener Organismen.

10. Wo leben die Fischnährtiere der Gebirgsbäche?
    - [ ] Im Wasser schwimmend.
    - [x] Auf, zwischen und unter den Steinen.
    - [ ] An der Oberfläche des Wassers.

Trainingsbogen 7 — Gewässerkunde und Fischhege

1. **Welche chemischen Wasseruntersuchungen sollte ein Fischereiverein mindestens durchführen können?**
   - [ ] Gesamt-Phosphor-Gehalt, Eisengehalt.
   - [x] PH-Wert, Sauerstoffgehalt, Temperatur.
   - [ ] Stickstoff-, Chrom- und Ammoniakgehalt.

2. **Können eingebrachte Laichhilfen als sinnvoll angesehen werden?**
   - [ ] Nein, sie werden von den Fischen grundsätzlich nicht angenommen.
   - [x] Ja, wenn aufgrund der Strukturarmut des Gewässers ein Mangel an natürlichen Laichplätzen besteht.
   - [ ] Nein, sie verrotten und belasten das Gewässer mit fäulnisfähigen Stoffen.

3. **Sind Altarme eines Gewässers ökologisch besonders wertvoll?**
   - [ ] Nein, weil sie zur Verlandung neigen und nur noch wenigen Tieren und Pflanzen geeigneten Lebensraum bieten.
   - [x] Ja, weil sie für Fische, Amphibien und Vögel geeignete Lebensbedingungen bieten.
   - [ ] Ja, weil ihr Wasser leicht zur Versauerung neigt.

4. **Wozu dient die Fangstatistik?**
   - [ ] Um Fänge besonders großer Fische nachzuweisen.
   - [x] Als Unterlage für die fischereiliche Bewirtschaftung und für Schadensersatzforderungen.
   - [ ] Sie dient keinem Zweck.

5. **Welche pH-Werte sind für unsere einheimischen Fische unbedenklich?**
   - [ ] 3,5 – 5.
   - [x] 6,5 – 8,5.
   - [ ] 9 – 11,5.

6. **Was ist als Erstes zu tun, wenn ein Fischsterben bemerkt wird?**
   - [ ] Der Gewässereigentümer ist mit Einschreibebrief zu benachrichtigen.
   - [x] Es sind sofort Wasserproben zu entnehmen und die Polizei sowie das Ordnungsamt zu benachrichtigen.
   - [ ] Gar nichts, denn nur die Behörden sind berechtigt zu handeln.

7. **Wonach sollten sich Besatzmaßnahmen richten?**
   - [ ] Nach den finanziellen Möglichkeiten.
   - [x] Nach ökologischen und fischereibiologischen Faktoren.
   - [ ] Nach den Wünschen der Mehrheit der Vereinsmitglieder.

8. **Warum bildet sich in stehenden Gewässern eine Temperaturschichtung der Wassermassen?**
   - [ ] Weil das auf 18°C erwärmte Wasser schwerer ist als kälteres.
   - [ ] Weil das Tiefenwasser durch die Erdwärme aufgeheizt wird.
   - [x] Weil das erwärmte Oberflächenwasser leichter ist.

9. **Welche höheren Wasserpflanzen sind besonders günstig für die Sauerstoffversorgung stehender Gewässer?**
   - [x] Die untergetauchte „weiche" Flora (Laichkräuter, Tausendblatt, Wasserpest).
   - [ ] Die Schwimmblattpflanzen (z. B. Seerosen).
   - [ ] Die „harte" Flora (Schilf, Rohr).

10. **Hat die Gestalt des Bodenuntergrundes fischereibiologische Bedeutung?**
    - [ ] Nein.
    - [ ] Ja, da unregelmäßiger Untergrund, Untiefen und Kolke vor allem Parasiten geeigneten Unterschlupf bieten.
    - [x] Ja, da unregelmäßiger Untergrund, Untiefen, Kolke und Lücken zwischen den Steinen für bodenbesiedelnde Lebewesen vielfältige Entwicklungsmöglichkeiten bieten.

# Gewässerkunde und Fischhege

Trainingsbogen 8

1. **Wie gelangen unter natürlichen Verhältnissen die meisten Pflanzennährstoffe in die Fließgewässer?**
   - ☐ Mit dem Quellwasser aus dem Erdinneren.
   - ☒ Durch Auswaschung aus den von Regen durchnässten Böden des Einzugsgebietes.
   - ☐ Sie entstehen im Gewässer von selbst.

2. **Was ist mit dem Begriff „Wasserblüte" gemeint?**
   - ☐ Eine Verfärbung des Wassers durch Abwässer.
   - ☐ Eine Verfärbung des Wassers durch chemische Einflüsse.
   - ☒ Eine Verfärbung des Wassers durch übermäßige Algenentwicklung.

3. **Welche Wassermenge je Probe ist für eine Untersuchung mindestens notwendig?**
   - ☒ 1 Liter (l).
   - ☐ 25 Milliliter (ml).
   - ☐ 250 Milliliter (ml).

4. **Warum ist in einigen Fällen bei nachhaltiger Nutzung des Fischbestands künstlicher Fischbesatz erforderlich?**
   - ☐ Weil zu viele Jungfische durch Raubfische gefressen werden.
   - ☒ Weil durch die von Menschenhand vorgenommenen Veränderungen an und in den Gewässern viele natürliche Laich- und Aufwuchsplätze zerstört worden sind.
   - ☐ Weil die Mehrzahl der Laichfische gefangen wird und somit keine ausreichende Vermehrung mehr möglich ist.

5. **Ist es sinnvoll, in einem Gewässer große Hechte zu schonen?**
   - ☐ Ja, denn große Fische ergeben größere Erträge pro ha Gewässerfläche.
   - ☐ Die Größe der Fische spielt keine Rolle.
   - ☒ Nein, denn größere Fische sind schlechte Futterverwerter.

6. **Ist das Einbringen großer Mengen Anfuttermittel schädlich?**
   - ☐ Nein, die Fische wachsen dadurch besser ab.
   - ☐ Nein, es wird ohne Folgen für das Gewässer zersetzt.
   - ☒ Ja, es fördert die Eutrophierung des Gewässers.

7. **Was ist beim Aussetzen von Fischen besonders zu beachten?**
   - ☒ Man muss geeignete Stellen auswählen; vor dem Aussetzen müssen die Fische temperiert werden.
   - ☐ Man muss die Einwilligung der Ober- und Unterlieger einholen.
   - ☐ Man muss Schaulustige fernhalten.

8. **Haben die Pflanzennährstoffe in Gewässern fischereibiologische Bedeutung?**
   - ☒ Ja, sie sind Vorbedingung der Pflanzenentwicklung, diese wiederum ist Grundlage der Tierernährung.
   - ☐ Nein, sie haben keine Bedeutung, da sie für die Fische wertlos sind.
   - ☐ Ja, Pflanzennährstoffe wirken auch in geringer Konzentration auf Fische nachteilig.

9. **Durch welche Abwässer kann im Gewässer Sauerstoffmangel entstehen?**
   - ☒ Durch organische, fäulnisfähige Abwässer.
   - ☐ Durch Betonschwemmwässer.
   - ☐ Durch saure Abwässer.

10. **Welche biologische Funktion hat der im Wasser gelöste Sauerstoff?**
    - ☒ Er wird für die Atmung der Wasserorganismen benötigt.
    - ☐ Er neutralisiert alkalische Abwässer.
    - ☐ Er neutralisiert saure Abwässer.

# Natur- und Tierschutz

Der Schutz der Gewässer und der sie umgebenden Natur ist Ziel und Aufgabe eines jeden waidgerechten Anglers, denn die Angelfischerei ist eine in die Landschaft eingebundene und mit Naturgenuss verbundene Betätigung.

Angler sind daher zumindest aus zwei Gründen Naturschützer. Sie wollen naturnahe Gewässerlebensräume schaffen und erhalten, um der Fischwaid nachgehen zu können. Außerdem weckt und fördert das Beobachten von Tieren und Pflanzen bei der Angelei das Interesse an biologischen Zusammenhängen und das Verantwortungsgefühl für Natur und Landschaft.

Verschiedene Gesetze und gesetzliche Bestimmungen verpflichten den Angler zu umweltgerechtem Verhalten in der Natur und tierschutzgerechtem Umgang mit der Kreatur, also in erster Linie mit den gefangenen Fischen. Hier sind das Landschaftsgesetz und das Tierschutzgesetz zu nennen.

## ■ Waidgerechtigkeit

Darüber hinaus gibt es den Begriff der Waidgerechtigkeit. Waidgerechtes oder auch als fischwaidgerechtes (fischgerechtes) bezeichnetes Verhalten bedeutet, dass der Angler sich an die geschriebenen und ungeschriebenen Regeln hält, die sich zumeist aus der Jagdethik ergeben und die zwar keinen Gesetzescharakter haben, aber dennoch einzuhalten sind.

*Waidgerechtes Angeln bedeutet tierschutzgerechtes Fangen, Töten und Versorgen des Fisches.*

Fischereivereine und Einzelpersonen aus dem Kreis der Angler haben sich in den zurückliegenden Jahrzehnten in vielfältiger Hinsicht um die Gewässerlebensräume gekümmert. So wurden z.B. Fischsterben gemeldet, die Verursacher ermittelt und zur Rechenschaft gezogen sowie Maßnahmen zur Hebung der Gewässergüte durchgeführt. Außerdem haben Angler gegen unsinnige Vorhaben beim Ausbau und der Unterhaltung der Gewässer gekämpft. Gleichzeitig hat die Angelfischerei Programme zur Wiederansiedlung gefährdeter Kleinfische, des Edelkrebses oder der großen Wandersalmoniden (z.B. Lachs und Meerforelle) angeregt, durchgeführt oder sich daran beteiligt.

Wer sich der Angelfischerei zuwendet, sollte sich dieser traditionellen Verpflichtung bewusst sein. Angler sind

## Natur- und Tierschutz

Umweltschützer, die ihre Kenntnisse und die Präsenz am Fischwasser auch dazu nutzen müssen, Gefährdungen der Natur zu erkennen und Schäden durch geeignete Maßnahmen abzuwenden.

### ■ Tierschutzgesetz

#### § 1 Tierschutzgesetz (TierSchG)

Zweck dieses Gesetzes ist es, aus der Verantwortung des Menschen für das Tier als Mitgeschöpf dessen Leben und Wohlbefinden zu schützen. Niemand darf einem Tier ohne vernünftigen Grund Schmerzen, Leiden oder Schäden zufügen.

*Das Tierschutzgesetz gilt auch für Fische.*

#### § 4 TierSchG (1)

Ein Wirbeltier darf nur unter Betäubung oder sonst, soweit nach den gegebenen Umständen zumutbar, nur unter Vermeidung von Schmerzen getötet werden. Ist die Tötung eines Wirbeltieres ohne Betäubung im Rahmen waidgerechter Ausübung der Jagd oder aufgrund anderer Rechtsvorschriften zulässig oder erfolgt sie im Rahmen zulässiger Schädlingsbekämpfungsmaßnahmen, so darf die Tötung nur vorgenommen werden, wenn hierbei nicht mehr als unvermeidbare Schmerzen entstehen. Ein Wirbeltier töten darf nur, wer die dazu notwendigen Kenntnisse und Fähigkeiten hat.

#### § 17 TierSchG

Mit Freiheitsstrafe bis zu drei Jahren oder mit Geldstrafe wird bestraft, wer

1. ein Wirbeltier ohne vernünftigen Grund tötet oder
2. einem Wirbeltier
   a) aus Roheit erhebliche Schmerzen oder Leiden oder
   b) länger anhaltende oder sich wiederholende erhebliche Schmerzen oder Leiden zufügt.

Der oben angegebene Auszug aus dem TierSchG enthält einige Vorschriften, die der Angler einzuhalten hat.

Grundsätzlich gilt, dass einem Tier Schmerzen, Leiden oder Schäden nur dann zugefügt werden dürfen, wenn dafür ein vernünftiger Grund vorliegt.

Es ist müßig, darüber zu diskutieren, ob ein Fisch an der Angel oder bei mit der Ausübung der Angelfischerei verbundenen Tätigkeiten geringe oder starke Schmerzen empfindet oder sogar leiden muss. Hier wird die Wissenschaft weitere Erkenntnisse liefern.

Man wird aber wohl davon ausgehen müssen, dass der Fisch u.a. beim Fang, Drill und Keschern in seinem Wohlbefinden beeinträchtigt wird und dass ihm Schäden – z.B. Schuppenverluste – zugefügt werden. Schon von daher ist es ganz entscheidend, dass für den Fischfang ein vernünftiger Grund vorliegt.

Das Angeln, d.h. der Fischfang zum Nahrungserwerb ist ein vernünftiger Grund im Sinne des Tierschutzgesetzes.

Da bei der Lebendhälterung von Fischen z.B. in einem Setzkescher die gleichen gesetzlichen Vorschriften gelten, muss für die Lebendhälterung ebenfalls ein vernünftiger Grund vorliegen.

Ein solcher ist denkbar, wenn Fische in ein anderes Gewässer umgesetzt werden sollen oder wenn eine längere Hälterung aus Gründen der Geschmacksverbesserung erforderlich ist.

Tierschutz- und waidgerechtes Verhalten beim Fang eines Fisches bedeutet, dass der Fisch nur so lange gedrillt wird, wie es von der Gerätebeschaffenheit her notwendig ist, um den Fisch sicher und schonend zu landen. Damit wird z.B. ein Schnurbruch verhindert, der den qualvollen Tod des Fisches zur Folge haben könnte. Sollte aber trotz größter Sorgfalt bei der Gerätezusammenstellung und beim Drill eines Fisches dieser loskommen, so erhöht ein kurzes Vorfach die Überlebenschancen. Daher sind Vorfächer grundsätzlich geringfügig schwächer zu wählen als die Hauptschnur.

*Gehakte Fische sind schonend und nur möglichst kurze Zeit zu drillen.*

### ■ Versorgen gefangener Fische

Der erkennbar maßige Fisch wird nach dem Anlanden (i.d.R. mit einem Landungsnetz oder Kescher) sofort betäubt und per Kehlschnitt oder -stich getötet. Erst dann ist der Haken zu entfernen. Auf diese Weise bleibt dem Fisch unnötiges Leiden erspart.

Der möglicherweise untermaßige Fisch wird zunächst gemessen. Ist er untermaßig, wird er vorsichtig mit nassen Händen (zum Schutz der Schleimhaut!) vom Haken gelöst und zurückgesetzt. Hat er das Mindestmaß erreicht, wird er durch einen kräftigen Schlag auf den Gehirnschädel betäubt (Schlagholz oder „Fischtöter") und durch Herzstich (Kehlgegend) getötet (geschlachtet). Danach wird der Haken entfernt!

Aufgrund dieses Ablaufs, der auf die vorgenannten Bestimmungen des Tierschutzgesetzes zurückgeht, ist die

*Untermaßige Fische werden mit nassen Händen vorsichtig vom Haken befreit und zurückgesetzt.*

*Maßige Fische werden sofort betäubt, dann getötet und erst danach vom Haken gelöst.*

## Natur- und Tierschutz

Reihenfolge der Gerätezusammenstellung immer wie folgt zu wählen: Landenetz (Kescher, Watkescher)
Längenmaß
Schlagholz
Messer
Hakenlöser (Lösezange/Löseschere)

Neben dem waidgerechten und tierschutzgerechten Verhalten wird vom Angler erwartet, dass er sich am Fischwasser umsichtig verhält, d.h. Rücksicht auf Pflanzen und Tiere nimmt.

### ■ Verhalten in der Natur

Es wird kaum zu vermeiden sein, dass – wie jeder andere Spaziergänger auch – beim Umherstreifen in der Natur Pflanzen beeinträchtigt werden. Aber Beeinträchtigungen können auf ein Minimum reduziert werden. Kraftfahrzeuge sind auf entsprechenden Parkflächen oder am Wegesrand abzustellen. Das Befahren von Viehweiden oder Ackerflächen sowie das Abstellen von Fahrzeugen auf landwirtschaftlich genutzten Flächen ist nicht nur eine Unsitte, sondern verstößt auch gegen § 49 Landschaftsgesetz (LG). (Nach § 49 LG ist nur das Betreten von Feldrainen, Böschungen, Ödland, Brachflächen und anderen landwirtschaftlich nicht genutzten Flächen gestattet. Das Betreten landwirtschaftlich genutzter Flächen ist verboten. Daraus folgt, dass auch das Lagern auf derartigen Flächen sowie das Befahren und Parken nicht gestattet sind.)

Der Fußweg zum Angelplatz ist über Feldraine oder Pfade so zu wählen, dass Kulturflächen nicht geschädigt werden. Gleichzeitig ist darauf zu achten, dass seltene Pflanzenarten verschont bleiben. Auch sollten Uferbereiche mit Schilf und Röhricht gemieden werden. In diesen Flachwasserzonen suchen viele Wasservogelarten Nahrung, bauen ihre Nester, brüten und ziehen ihre Jungen auf. Gleichzeitig verstecken sie sich dort in der Zeit der Mauser, d.h. in der Zeit, wenn sie aufgrund des Gefiederwechsels flugunfähig sind.

Natürlich gibt es Arten, die aufgrund ihrer Seltenheit besonders gefährdet sind, und Zeiten, in denen bestimmte Tiere des besonderen Schutzes bedürfen.

*Brutvogel in der Uferzone*

*Angler meiden Röhrichtbestände, weil sie Rücksicht auf dort lebende Tiere nehmen und den Pflanzenbestand schonen.*

## Natur- und Tierschutz

Informationen über den Gefährdungsgrad der heimischen Tier- und Pflanzenwelt enthält die ROTE LISTE der in NRW gefährdeten Pflanzen und Tiere. Die hier aufgeführten Arten sind in verschiedenen Gefährdungsstufen und mit Angaben über die Ursachen für den Artenrückgang aufgelistet.

Alle Tiere, die mit der Jungenaufzucht beschäftigt sind, verdienen besondere Rücksichtnahme. Das ist im Wesentlichen die Zeit von Mitte März bis Mitte Juni, die sogenannte „Setz- und Brutzeit".

*Seltene (gefährdete) Tiere und Pflanzen sind in der ROTEN LISTE erfasst.*

*Wasservögel bedürfen während der Brutzeit und Aufzucht der Jungen besonderer Rücksichtnahme*

### ■ Vogelschutz

Aber es gibt auch Vogelarten, die mehrere Bruten aufziehen und demnach mit der Jungenaufzucht den ganzen Sommer über beschäftigt sind. Ein typischer Vertreter dafür ist der Eisvogel. Gerade nach strengen Wintern, die große Verluste an dieser Art gefordert haben, vermag der Vogel durch mehrere Bruten bis Ende August oder Anfang September Verluste zu kompensieren.

*Eisvögel haben oft mehrere Bruten im Jahr (März bis September)*

Wie die Uferschwalben bauen auch Eisvögel Niströhren in sandig lehmigen Steilufern. Das bedeutet für den Angler, dass derartige Uferbereiche nicht betreten und schon gar nicht beangelt werden sollen.

*Steilufer sind Tabuzonen für Angler*

Manche Vogelarten wie Enten und Rallen sind in der Zeit der Mauser aufgrund des Gefiederwechsels für eine kurze Zeit flugunfähig und daher besonders anfällig für Störungen. Diese Zeitspanne umfasst meistens die Monate Juli, August und September.

*Enten und Rallen wechseln in der Mauser (Juli bis September) ihr Gefieder und sind dann flugunfähig.*

*Eisvogel (Alcedo atthis)*      *Bläßralle (Fulica atra)*

## Natur- und Tierschutz

Jede Störung bedeutet für viele Wasservögel Beunruhigung. Dies gilt nicht für die an den Menschen gewöhnten Tiere auf Parkteichen, aber für viele Brutvögel, Durchzügler und Wintergäste.

*„Fluchtdistanz" ist die Entfernung, ab welcher sich ein Tier bedroht fühlt und flüchtet.*

Die Reaktionen eines oder mehrerer Tiere auf eine Störung oder Bedrohung durch einen wirklichen oder vermeintlichen Feind können vielfältig und von Art zu Art unterschiedlich sein. Wird die sogenannte „Fluchtdistanz" unterschritten, flüchtet das Tier. Diese Flucht kostet wertvolle Energie und kann bei wiederholten Störungen die Tiere schwächen.

### ■ Lebensraum Gewässer

Auf die Bedeutung von Flachwasserbereichen an Baggerseen, Fließgewässern und Altarmen ist bereits hingewiesen worden. An derartigen Stellen kann sich eine üppige Flora mit untergetauchten Pflanzen, Schwimmblattgewächsen sowie Schilf und Röhricht entwickeln. Das Wasser erwärmt sich außerdem. Jungfische finden Schutz und Nahrung. Außer für Fische sind diese Gewässerbereiche auch Lebensraum für viele Wasserinsekten und Amphibien.

*Flachwasserzonen sind Kinderstuben für z.B. viele Fische, Amphibien und Vogelarten, die hier Schutz und Nahrung finden.*

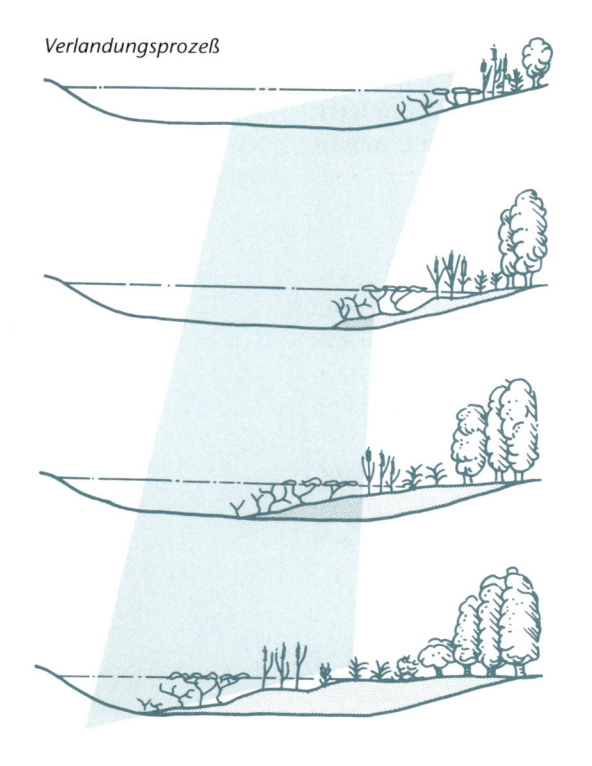

Natürliche Fließgewässer weisen vielfältige Strukturen auf. Es gibt schnell- und langsamfließende Abschnitte, besonnte und beschattete Bereiche, Steilufer und flache Böschungen, Totholz im Wasser, Kolke, Wasserpflanzen und einen typischen Saum mit bestimmten Gehölzen, dem sogenannten Auwald. Dieser besteht im Wesentlichen aus Weiden, Erlen und anderen Gehölzen, die regelmäßige und z.T. lang anhaltende Überflutungen vertragen können.

*Verlandungsprozeß*

Im Laufe der Jahre verändern natürliche Flussläufe innerhalb der Talaue ihr Gewässerbett. Die Flussschlingen (Mäander) werden durch Erosion (z.B. Uferabbrüche), Sedimentation (Ablagerungen) oder in den Fluss ge-

## Natur- und Tierschutz

stürzte Baumstämme so verlagert, dass sich neue Linienführungen ergeben (s. S. 73 f.). Abgetrennte, nicht mehr ständig durchströmte Flussabschnitte (sog. Tote Arme oder Altarme) oder Altwässer (tümpelartige Restwasserflächen im Überschwemmungsbereich) sind Kinderstuben für Fische. Der üppige Bestand an Unterwasserpflanzen bietet Schutz und Nahrung, da sich in den Pflanzen auch viele Fischnährtiere entwickeln.

Altarme und Altwässer bestehen immer nur eine gewisse Zeit. Das Absterben der Pflanzen, Laubfall und Stoffeinträge von außen fördern die Schlammbildung und führen damit zu einer Verlandung des Gewässers. Der Wasserkörper nimmt immer mehr ab und die Flachwasserbereiche nehmen zu, bis eine völlige Verlandung eingetreten ist (s. S. 83 f.).

Derartige stehende Gewässer in der Flussaue entsprechen in Aussehen und Bedeutung weitgehend den Tümpeln, Gräben und kleinen Teichen in der freien Landschaft. Diese sind keine typischen Angelgewässer, da sie i.d.R. nur bestimmte Kleinfische (z.B. Moderlieschen oder Bitterlinge) beherbergen. Die besondere Bedeutung der Kleingewässer liegt darin, dass sie der Lebensraum für viele Pflanzen und Tiere (z.B. Wasserinsekten, Amphibien, Schnecken) sind.

### ■ Libellen

Als Vertreter der Wasserinsekten sollen hier Libellen genannt werden. Libellenlarven leben im Wasser. Sie sind räuberisch und ernähren sich von Einzellern, Kleinkrebsen, Würmern und Wasserasseln. Larven der Großlibellen erbeuten sogar auch Kaulquappen und Jungfische.

Über die Biologie der Libellen gäbe es viel zu berichten. Die Larven sind hervorragend an das Leben unter Wasser angepasst. Die Atmung erfolgt über den Enddarm. Für das Wachstum sind mehrere Häutungen erforderlich. Die Entwicklungszeit liegt je nach Art zwischen einigen Monaten und mehreren Jahren.

Die erwachsene Larve verlässt das Gewässer und krallt sich an einem Pflanzenstengel oder an einer anderen Unterlage fest. Aus der Larvenhaut schlüpft das Vollinsekt. Leere Larvenhäute (Exuvien) kann man in den Sommermonaten an Pflanzenstängeln oberhalb der Wasseroberfläche finden.

Fertige Libellen sind farbenprächtige und gewandte Flugkünstler. Im Flug werden Mücken, Fliegen und kleine Käfer

*Libellen mit Larvenstadien*

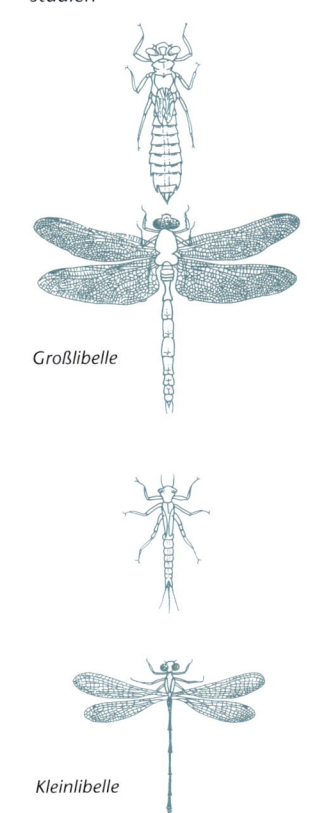

*Großlibelle*

*Kleinlibelle*

# Natur- und Tierschutz

*Schlupf einer Libelle*

*Libellen erbeuten ihre Nahrung (Insekten) im Flug.*

gefangen und fliegend oder sitzend verzehrt. Nach der Paarung werden die Eier an Pflanzenteilen im oder am Wasser abgesetzt.

## ■ Amphibien

*Kröten, Unken, Frösche und Molche sind Amphibien.*

Auch Amphibien sind Tiere, die mit ihrer Fortpflanzung auf Gewässer angewiesen sind. Laichbereite Kröten, Unken, Frösche und Molche suchen im zeitigen Frühjahr Tümpel, Gräben oder mit Regenwasser gefüllte Wagenspuren auf, um sich zu paaren und ihre Eier abzulegen. Nach dem Ablaichen verlassen Kröten und Molche das Gewässer wieder und leben an Land. Sie gehen im Wesentlichen nachts (tagsüber nur bei Regen und hoher Luftfeuchtigkeit) auf Nahrungssuche.

*Amphibien legen im Frühjahr ihre Eier in kleinen Gewässern ab.*

Frösche (Grünfrösche) bleiben den ganzen Sommer über im Wasser, während Grasfrösche nach der Fortpflanzungsphase auf feuchten Wiesen und im sumpfigen Gelände leben.

*Grasfrösche (Rana temporaria) in Paarungsstellung*

*Natur- und Tierschutz*

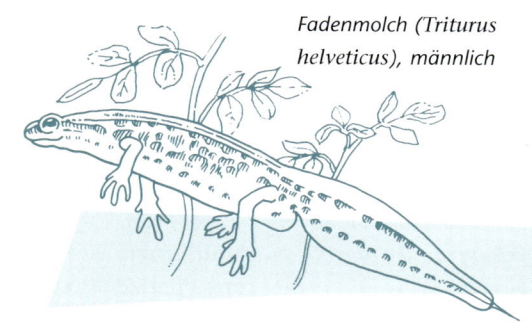

*Fadenmolch (Triturus helveticus), männlich*

Die Larven der Kröten, Frösche und Unken, die sogenannten Kaulquappen, entwickeln sich im Wasser. Sie ernähren sich von Algen und Pflanzenteilen.

Kaulquappen sind hervorragend an das Leben im Wasser angepasst. Sie atmen über Kiemen. Die Mundöffnung ist mit hornigen Kiefern besetzt, um Algen, Pflanzenteile oder zerfallendes pflanzliches und tierisches Material abzuraspeln. Die zunächst beinlose Larve bewegt sich mit ihrem kräftigen Ruderschwanz fort.

Die Entwicklung von Molchlarven verläuft ähnlich, als Nahrung werden kleine Wassertiere aufgenommen.

Fischbrut wird weder durch Molchlarven noch durch Kaulquappen gefährdet.

Bei den Kaulquappen werden zunächst die Hinterbeine, später die vorderen Gliedmaßen gebildet. Schwanz und Hornkiefer bilden sich zurück. Die Lunge übernimmt die Atmung. Nach weiteren Umstellungen ist die Anpassung an das Landleben vollzogen. Die jungen Frösche und Kröten nehmen nur noch tierische Nahrung auf und schnappen nach Würmern und Insekten.

*Larve (Kaulquappe) des Wasserfroschs (Rana esculenta)*

*Amphibienlarven gefährden die Fischbrut nicht.*

■ **Naturverlust**

In früheren Jahren hat es eine Vielzahl von natürlichen Gewässern gegeben. Ströme, Flüsse und Bäche waren noch nicht von Menschenhand verändert, Tümpel und andere Kleingewässer waren weit verbreitet.

Mit dem Anwachsen der Bevölkerung wurden die Flussauen besiedelt. Um die Gefahren von Überschwemmungen zu mindern, regulierte man die Fließgewässer. Sie wurden begradigt und Flussschlingen wurden vom Hauptgewässer abgeschnitten oder verfüllt. Monotone, busch- und baumlose Böschungen erleichterten eine maschinenfreundliche Pflege. Neben den Ausbaumaßnahmen sorgte die Gewässerunterhal-

*Der Schutz und die Anlage von Kleingewässern sind ein wichtiger Beitrag für den Amphibienschutz.*

tung dafür, dass dieser naturferne Zustand erhalten blieb. Mit der Regulierung der Flüsse vollzog sich zeitgleich eine Intensivierung der Landwirtschaft. Um maschinengerecht große Flächen bewirtschaften zu können, mussten viele Tümpel, Kleingewässer und Feuchtflächen, aber auch Wallhecken und kleine Waldparzellen verschwinden.

Eine der Folgen einer ausgeräumten, strukturarmen und naturfernen Landschaft ist das Verschwinden vieler Tier- und Pflanzenarten. Während einige Arten unwiederbringlich verloren sind, gelten andere als mehr oder weniger stark gefährdet.

Einige Arten konnten nur deshalb überleben, weil sie sich Ersatzlebensräume gesucht haben. So haben Amphibien und viele Wasserinsekten in den Flachwasserzonen der im Zuge von Straßenbaumaßnahmen entstandenen Baggerseen überlebt, wo auch Uferschwalbe und Eisvogel an Uferabbrüchen Nisthöhlen graben konnten. Weitere Beispiele von sogenannten Kulturfolgern sind bekannt, wo Tiere in den Städten oder in der Umgebung von besiedelten Flächen gute Lebensbedingungen gefunden haben.

In der Regel waren wasserbauliche, landwirtschaftliche und industriell bedingte Eingriffe in Natur und Landschaft mit Nachteilen für Tiere und Pflanzen verbunden, hatten also Artenschwund zur Folge. Gleichsinnige, aber wesentlich dramatischer verlaufende Prozesse sind mit der Vernichtung der tropischen Regenwälder oder Abholzungen sibirischer Baumbestände verbunden.

*Steilufer am Baggersee. Ersatzlebensraum für Eisvogel und Uferschwalbe*

*Natur- und Tierschutz*

Daher ist es wichtig, dass sich alle naturverbundenen Menschen für den Natur- und Artenschutz einsetzen. Das gilt auch oder sogar in besonderem Maße für die Angelfischer.

■ **Biotop- und Artenschutz**

Artenschutz lässt sich dauerhaft nur über Biotopsicherung erreichen. Das bedeutet, wir müssen für vielfältige Lebensräume, Biotopqualitäten und Raumstrukturen sorgen. Naturferne Verhältnisse an ausgebauten Gewässern sind in naturnahe umzuwandeln. Für diese Umgestaltung wurde der Begriff „Renaturierung" gewählt. Natürliche und naturnahe Lebensräume müssen dann miteinander verbunden („vernetzt") werden, damit fortpflanzungswillige Exemplare bestimmter Tierarten andere geeignete Bereiche aufsuchen und damit für einen Austausch des Erbgutes sorgen können.

Eine solche „Vernetzung" bzw. die Erreichbarkeit bestimmter Habitate oder Habitatstrukturen ist auch für Fische wichtig. Besonders bekannt sind die Wanderungen des Aals, des Lachses und der Meerforelle.

Der Aal als katadromer Fisch wächst im Süßwasser heran und wandert zum Laichen flussabwärts ins Meer, um dort den Weg bis in den Golf von Mexiko (Sargasso-See, westlicher Atlantischer Ozean südlich der Bermudas) fortzusetzen. Dort findet die Eiablage statt. Die geschlüpften Aallarven werden dann mit Meeresströmungen verdriftet und erreichen somit als Glasaale auch die europäischen Flussmündungen, wo die jungen Aale flussaufwärts streben (s. S. 57 f.).

Bei Lachsen (anadrom) ist es umgekehrt. Im Oberlauf eines Flusses aus dem Ei geschlüpft, wandert der Junglachs als Smolt ins Meer, wo er zu stattlichen Exemplaren heranwächst. Zum Laichen kehrt der Lachs in sein Geburtsgewässer zurück, das er hauptsächlich mit Hilfe seines hervorragend ausgebildeten Geruchssinnes wiederfindet (s. S. 56).

Viele andere Fischarten wandern auch, entweder um Laichplätze zu erreichen oder um bessere Nahrungsplätze zu suchen. Wenn diese Wanderwege unterbrochen sind, wirkt sich das negativ auf den Fischbestand aus. Es kann sogar zum Verschwinden einer Art kommen, wenn z.B. Bachforellen ihre Laichplätze im Quellbereich eines Baches nicht mehr erreichen können.

*Natur- und Tierschutz*

### ■ Wasserkraftnutzung

Mit der Förderung regenerativer Energien hat auch die Wasserkraftnutzung an Bedeutung gewonnen. In den letzten Jahren ist daher eine Vielzahl von Kleinwasserkraftwerken gebaut oder reaktiviert worden (s. S. 97 f.).

Der für die Stromerzeugung notwendige Turbinenbetrieb schädigt die Organismen, die mit dem Wasser das Aggregat passieren. So ist bekannt, dass insbesondere Aale zerstückelt oder massiv geschädigt werden. Ein weiterer gravierender Missstand ist dann gegeben, wenn die Wehranlage zum Aufstau des Gewässers für Fische und andere Wasserorganismen unüberwindbar ist, also eine Fischtreppe (Fischaufstiegshilfe, Fischpass) oder ein Umgehungsgerinne fehlt (s. S. 98 f.).

Gleichzeitig muss beanstandet werden, dass Wehranlagen den Charakter des Fließgewässers völlig verändern und bei der Wasserkraftnutzung auch die Gefahr besteht, dass das Mutterbett trockenfällt.

Die Gesamtproblematik dieses Themenkomplexes kann hier nur angerissen werden. Besonders wichtig ist aber, dass grundsätzlich nicht mehr genutzte Wehrbauten beseitigt und in Betrieb befindliche immer mit Fischpässen versehen werden.

Fischereivereine sind gut beraten, wenn sie sich bei der Betreuung ihrer Gewässer nicht nur auf Fischbesatzmaßnahmen konzentrieren, sondern auch für Durchgängigkeit sorgen und auf Strukturvielfalt achten.

### ■ Geschützte Pflanzen

Gleichzeitig gehört es zu den Pflichten eines Vereins, die Mitglieder über wichtige Bestimmungen zu informieren. Das gilt nicht nur für das LFischG, sondern auch für das TierSchG, das LG, die Bundesartenschutz-VO, die Vogelschutz-Richtlinie sowie die Rote Liste. Angler sollten nämlich wissen, dass bestimmte Wasserpflanzen und Wassertiere besonders geschützt sind. Bei den Wasserpflanzen sind hier u.a. folgende Arten zu benennen:  Krebsschere,
Weiße Seerose,
Gelbe Teichrose (-mummel),
Wasserfeder, -primel,
Fieberklee,
Wasserschlauch und
Seekanne.

*Krebsschere
(Stratiotes aloides)*

*Weiße Seerose und Gelbe Teichmummel stehen unter Schutz.*

*Natur- und Tierschutz*

## ■ Geschützte Tiere

Zu den geschützten Wasserinsekten gehören eine Vielzahl von Libellenarten, alle heimischen Bienen und Hummeln, zahlreiche Schmetterlinge und der pflanzenfressende Kolbenwasserkäfer.

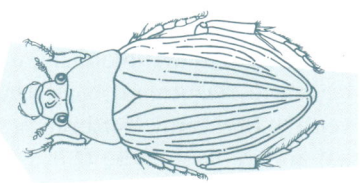

*Der Kolbenwasserkäfer ist eine geschützte Insektenart.*

*Kolbenwasserkäfer (Hydrous piceus)*

Bei den Amphibien stehen verschiedene Krötenarten, der Laubfrosch, Moorfrosch und der Kammmolch unter Schutz. Alle europäischen Reptilien (Kriechtiere) sind geschützt. Zu dieser Gruppe gehören auch die an Gewässer und Feuchtgebiete gebundene Europäische Sumpfschildkröte (kommt noch in Süddeutschland vor) und die Ringelnatter.

Unter der Rubrik „Fische und Rundmäuler" sind alle heimischen Neunaugen als geschützte Arten aufgeführt.

Bei den Krebsen darf der Europäische Flusskrebs (Edelkrebs) nicht unerwähnt bleiben. Er genießt eine ganzjährige Schonzeit.

Auch alle heimischen Großmuscheln (z.B. Flussmuschel, Malermuschel, Flussperlmuschel) stehen unter Schutz.

Besonders geschützte oder stark gefährdete Vogelarten sind u.a. Eisvogel, Wasseramsel (kommt im Quellbereich und Oberlauf von Bächen der Mittelgebirge vor), Flussuferläufer, Rohrdommel, Zwergdommel, Drossel- und Seggenrohrsänger, Weißstorch, Nachtreiher, Großer Brachvogel und Bekassine.

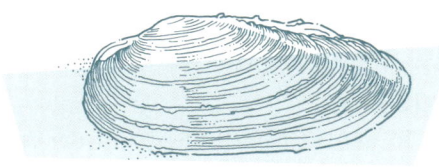

*Die Ringelnatter kommt an natürlichen oder naturnahen Gewässern vor. Sie gehört zu den geschützten Reptilien.*

*Im Gegensatz zu Eisvogel und Wasseramsel darf dem Bisam unter bestimmten Voraussetzungen nachgestellt werden.*

*Malermuschel (Unio pictorum)*

Es wäre zu viel verlangt, wenn der Angelfischer außer einigen wichtigen Arten die umfangreichen Listen der gefährdeten oder geschützten Tiere und Pflanzen kennen sollte. Daher ist er sicherlich gut beraten, wenn er sich stets rücksichtsvoll verhält und dem Gewässer grundsätzlich keine Pflanzen, Insekten oder Muscheln entnimmt.

# Natur- und Tierschutz

## ■ Waidgerechtes Angelgerät

Auch bei der Zusammenstellung der Fanggeräte oder am Fischwasser wird die Wichtigkeit tierschutzgerechten Verhaltens und besonderer Umsicht deutlich. Es gilt, das Abreißen eines gehakten Fisches so weit wie möglich zu verhindern. Dazu ist es notwendig, beim Angeln auf Hechte unbedingt ein Stahlvorfach zu verwenden, damit das zahnbewehrte Hechtmaul beim Drill nicht einen Schnurbruch verursachen kann. Vorsorglich sollte man auch beim Angeln auf andere Raubfische (z.B. Barsche und Zander) ein Stahlvorfach (oder gleichwertiges widerstandsfähiges Material) verwenden, denn bei der Verwendung bestimmter Köder kann auch ein Hecht beißen.

*Beim Hechtangeln ist ein Stahlvorfach unverzichtbar.*

Grundsätzlich ist von Zeit zu Zeit die Kontrolle der Rutenringe angebracht, da schadhafte Stellen häufig für Schäden an der Angelschnur verantwortlich sind. Gleiches gilt für die Schnur selbst, da sie insbesondere unter Lichteinwirkung und bei längerem Gebrauch leidet und unbrauchbar wird. Alte Schnur neigt auch wegen ihrer Sprödigkeit zur Perückenbildung („Schnursalat"). Daher ist es unbedingt erforderlich, die Rollen in bestimmten Abständen mit neuer Schnur zu bestücken.

*Angelschnur darf keine Schwachstellen aufweisen, damit gehakte Fische sicher gelandet werden können.*

Abgerissene Schnur und sonstige Reste dürfen keinesfalls am Fischwasser zurückgelassen werden. Abgesehen davon, dass Abfälle grundsätzlich nicht am Gewässer verbleiben sollten, sind Schnurreste eine echte Gefahr für Vögel und Kleinsäuger, die sich in dem nur langsam verrottenden Material verfangen können und dann elendig verenden.

*Schnurreste sind eine Gefahr für Tiere und müssen daher schadlos entsorgt werden.*

Ausgelegte Angeln sind ständig zu beobachten, damit ein gehakter Fisch so schnell wie möglich gelandet werden kann und nicht unnötig beim Versuch, sich zu befreien, leiden muss.

## ■ Fischbesatz

In den meisten Fällen wird der Angler mit Fragen des Besatzes wenig befasst sein, da hier der Vorstand des Vereins zuständig ist. Aber gewisse Grundregeln sollten als bekannt vorausgesetzt werden können (s. S. 87 f.).

*Künstlicher Fischbesatz ist nur unter bestimmten Voraussetzungen sinnvoll, erforderlich und zulässig.*

Nach § 3 LFischG ist Fischbesatz nur dann erforderlich, wenn die Gewässerverhältnisse eine ausreichende natürliche Fortpflanzung nicht zulassen. Das bedeutet, Fischbesatz ist bei natürlichem Brutaufkommen und ausreichendem Nahrungsangebot nicht notwendig und auch nicht zulässig. Weitere vernünftige Gründe für das Einbringen von Jungfischen können Erstbesatz in neugeschaffenen Gewässern, die Wiederansiedlung ursprünglich heimischer Fischarten oder Neubesatz nach Fischsterben sein (vgl. § 3 LFischG).

Daraus folgt, dass massive Fischbesatzmaßnahmen (Überbesatz mit Fischen) immer als naturfeindlich einzustufen sind.

*Überbesatz ist unzulässig und naturfeindlich.*

*Elritze (Phoxinus phoxinus)*

Sofern Fischbesatz notwendig wird, muss auf gesundes und parasitenfreies Besatzmaterial geachtet werden. Auch ist es sinnvoll, bedrohte Kleinfische möglichst aus demselben Gewässersystem bzw. Einzugsgebiet zu beschaffen. Damit wird eine genetische Verfälschung von eventuell vorhandenen Restpopulationen weitgehend ausgeschlossen. Außerdem sind lange Transportwege für Fische eine Strapaze und können die körperliche Verfassung beeinträchtigen.

Der Vollständigkeit halber wird erwähnt, dass künstlich genetisch veränderte Fische niemals als Besatzmaterial geeignet sind.

*Besatzmaterial sollte aus in der Nähe befindlichen Gewässern stammen. Dies gilt besonders für gefährdete Kleinfische.*

*Gewässer dürfen nicht mit künstlich genetisch veränderten Fischen besetzt werden.*

## ■ Fischerei und Naturschutz

Fragen des Natur- und Tierschutzes im weitesten Sinne begleiten den Angler in allen Tätigkeitsbereichen, die mit der Freizeitgestaltung Angeln verbunden sind. Der waidgerechte Angler sollte diesen Themen daher aufgeschlossen gegenüberstehen. Außerdem erhöht eine durch viele Biotoptypen angereicherte Landschaft mit naturnahen Gewässern nicht nur den Erlebnis- und Erholungswert, sondern ermöglicht auch eine abwechslungsreiche Fischwaid.

Naturverbundene Angler und deren Vereine werden daher auch Verständnis dafür haben, dass in Einzelfällen Beschränkungen oder Verbote der Fischereiausübung notwendig sein können, um das Schutzziel und den Schutzzweck bestimmter Gebiete (i.d.R. Naturschutzgebiete! – für Naturschutzgebiete ist die Landschaftsbehörde zuständig) nicht zu gefährden (s. Ausübung der Fischerei in Naturschutzgebieten, RdErl. d. Ministeriums für Umwelt, Raumordnung und Landwirtschaft v. 14.11.1997).

*In Naturschutzgebieten kann über die Landschaftsbehörde die Angelfischerei eingeschränkt werden, wenn der Schutzzweck dies erfordert.*

*Natur- und Tierschutz*                *Trainingsbogen 1*

1. **Wie lange dauert die Brutzeit des Eisvogels?**
   - ☐ Februar bis Mai.
   - ☐ März bis Juni.
   - ☒ März bis September.

2. **Welche der genannten Tierarten gehören zu den Amphibien?**
   - ☐ Wasserschildkröte und Griechische Landschildkröte.
   - ☐ Kreuzotter und Würfelnatter.
   - ☒ Wasserfrosch und Gelbbauchunke.

3. **Warum sollte die Angelschnur immer frei von schadhaften Stellen sein?**
   - ☒ Damit die Fische schnell und sicher gelandet werden können.
   - ☐ Damit die Hersteller und Händler gute Geschäfte machen.
   - ☐ Damit die Rolle nicht beschädigt wird.

4. **Wann sind einige Wasservögel infolge der Mauser flugunfähig?**
   - ☐ Wenn die Gewässer zugefroren sind.
   - ☐ Während der Brut.
   - ☒ Meistens von Juli bis September.

5. **Warum sollte sich der Angler in Uferbereichen mit Schilf und Röhricht besonders umsichtig verhalten?**
   - ☐ Weil die Angelschnur in den Pflanzen hängen bleiben kann.
   - ☐ Weil der Drill und die Landung des gehakten Fisches schwierig werden könnten.
   - ☒ Weil dort Wasservögel nisten oder nach Nahrung suchen und die Anwesenheit eines Anglers die Tiere beunruhigen könnte.

6. **Ist die Beseitigung von Tümpeln und anderen Kleingewässern eine naturfeindliche Maßnahme?**
   - ☐ Nein, weil hierdurch gefährliche Brutstätten von Stechmücken vernichtet werden.
   - ☒ Ja, weil der Lebensraum für viele Tiere und Pflanzen zerstört wird.
   - ☐ Nein, weil wertvolle landwirtschaftliche Produktionsflächen gewonnen werden.

7. **Was ist zu tun, wenn sich in einem Gewässer große Bestände der Weißen Seerose oder der Gelben Teichrose angesiedelt haben?**
   - ☐ Die Bestände dieser Pflanze sind zu entfernen.
   - ☒ Die genannten Pflanzen sind gesetzlich geschützt und dürfen nicht entfernt werden.
   - ☐ Das Gedeihen dieser Pflanzen ist durch Düngung zu fördern.

8. **Wie wird der Fisch waidgerecht getötet?**
   - ☐ Der Fisch bleibt auf dem Land, bis er erstickt ist.
   - ☐ Durch Einschnitt an der Schwanzwurzel.
   - ☒ Durch einen Schlag auf den Gehirnschädel und durch Herzstich.

9. **Was ist unter Fluchtdistanz zu verstehen?**
   - ☒ Die Entfernung, ab welcher ein Tier vor einem wirklichen oder vermeintlichen Feind flüchtet.
   - ☐ Die von einem gehakten Fisch während der Drillphase zurückgelegte Distanz.
   - ☐ Die im Castingsport beim Werfen erzielte Weite.

10. **Welche Maßnahmen sind u. a. für den Schutz des Eisvogels erforderlich?**
    - ☐ Besatz aller Gewässer mit kleinen Goldorfen.
    - ☐ Einbringen von Pfählen ins Wasser, damit der Vogel dort auf Beute lauern kann.
    - ☒ Schaffung von Steilufern und Schutz geeigneter Nistbereiche.

# Arbeitsbuch Fischerprüfung
## Lösungsschlüssel

**Allgemeine Fischkunde (s. S. 36)**

Trainingsbogen 1:    1c, 2a, 3c, 4c, 5b, 6b, 7c, 8a, 9c, 10a
Trainingsbogen 2:    1a, 2c, 3b, 4c, 5a, 6b, 7a, 8b, 9c, 10b
Trainingsbogen 3:    1a, 2b, 3a, 4b, 5a, 6b, 7c, 8c, 9c, 10b
Trainingsbogen 4:    1a, 2a, 3a, 4a, 5c, 6a, 7b, 8b, 9a, 10b
Trainingsbogen 5:    1a, 2a, 3a, 4b, 5c, 6c, 7b, 8a, 9c, 10a
Trainingsbogen 6:    1c, 2a, 3a, 4a, 5a, 6c, 7b, 8c, 9c, 10c

**Spezielle Fischkunde (s. S. 64)**

Trainingsbogen 1:    1c, 2b, 3b, 4b, 5c, 6c, 7b, 8a, 9b, 10c
Trainingsbogen 2:    1c, 2a, 3c, 4a, 5b, 6c, 7b, 8b, 9c, 10c
Trainingsbogen 3:    1b, 2b, 3b, 4a, 5b, 6c, 7b, 8b, 9b, 10b
Trainingsbogen 4:    1c, 2a, 3b, 4b, 5b, 6c, 7c, 8c, 9c, 10b
Trainingsbogen 5:    1b, 2b, 3c, 4a, 5c, 6a, 7a, 8c, 9b, 10c
Trainingsbogen 6:    1c, 2b, 3a, 4a, 5b, 6a, 7c, 8b, 9a, 10b
Trainingsbogen 7:    1c, 2a, 3a, 4a, 5b, 6a, 7b, 8c, 9a, 10c

**Gewässerkunde und Fischhege (s. S. 101)**

Trainingsbogen 1:    1c, 2a, 3c, 4c, 5a, 6a, 7c, 8c, 9a, 10c
Trainingsbogen 2:    1c, 2b, 3b, 4b, 5a, 6c, 7a, 8b, 9b, 10a
Trainingsbogen 3:    1b, 2a, 3c, 4a, 5b, 6b, 7b, 8a, 9c, 10a
Trainingsbogen 4:    1a, 2c, 3a, 4b, 5a, 6b, 7b, 8a, 9a, 10b
Trainingsbogen 5:    1b, 2c, 3a, 4b, 5b, 6a, 7b, 8a, 9b, 10a
Trainingsbogen 6:    1a, 2b, 3b, 4c, 5a, 6a, 7b, 8a, 9b, 10b
Trainingsbogen 7:    1b, 2b, 3b, 4b, 5b, 6b, 7b, 8c, 9a, 10c
Trainingsbogen 8:    1b, 2c, 3a, 4b, 5c, 6c, 7a, 8a, 9a, 10a

*Arbeitsbuch Fischerprüfung*                  *Lösungsschlüssel*

## Natur- und Tierschutz (s. S. 124)

Trainingsbogen 1:    1c, 2c, 3a, 4c, 5c, 6b, 7b, 8c, 9a, 10c
Trainingsbogen 2:    1c, 2c, 3b, 4a, 5a, 6a, 7c, 8b, 9c, 10c
Trainingsbogen 3:    1c, 2b, 3c, 4b, 5c, 6a, 7b, 8b, 9a, 10c
Trainingsbogen 4:    1b, 2b, 3c, 4c, 5c, 6b, 7a, 8b, 9c, 10c
Trainingsbogen 5:    1b, 2b, 3c, 4a, 5c, 6c, 7c, 8c, 9c, 10c

## Gerätekunde (s. S. 142)

Trainingsbogen 1:    1c, 2c, 3c, 4c, 5b, 6c, 7a, 8a, 9c, 10a
Trainingsbogen 2:    1a, 2a, 3a, 4a, 5b, 6a, 7a, 8b, 9c, 10c
Trainingsbogen 3:    1a, 2a, 3c, 4b, 5b, 6c, 7b, 8c, 9c, 10a
Trainingsbogen 4:    1a, 2c, 3b, 4a, 5a, 6a, 7b, 8c, 9c, 10a

## Gesetzeskunde (s. S. 162)

Trainingsbogen 1:    1c, 2b, 3c, 4a, 5b, 6c, 7b, 8a, 9b, 10c
Trainingsbogen 2:    1a, 2b, 3c, 4b, 5b, 6b, 7c, 8b, 9a, 10b
Trainingsbogen 3:    1b, 2b, 3a, 4c, 5c, 6a, 7b, 8b, 9a, 10a
Trainingsbogen 4:    1a, 2b, 3b, 4c, 5b, 6a, 7c, 8b, 9b, 10b
Trainingsbogen 5:    1c, 2b, 3a, 4c, 5c, 6b, 7a, 8b, 9b, 10c
Trainingsbogen 6:    1c, 2c, 3b, 4b, 5b, 6b, 7b, 8a, 9a, 10a
Trainingsbogen 7:    1b, 2c, 3b, 4a, 5b, 6b, 7a, 8b, 9b, 10b

## Testprüfung (s. S. 171)

Allgemeine Fischkunde:    1c, 2a, 3c, 4b, 5a, 6b, 7c, 8b, 9c, 10a
Spezielle Fischkunde:    11b, 12c, 13c, 14c, 15c, 16b, 17a, 18c, 19a, 20b
Gewässerkunde
und Fischhege:    21a, 22c, 23b, 24a, 25c, 26a, 27a, 28b, 29a, 30b
Natur- und Tierschutz:    31c, 32a, 33b, 34a, 35b, 36a, 37c, 38c, 39c, 40b
Gerätekunde:    41c, 42c, 43a, 44a, 45b, 46b, 47b, 48b, 49c, 50c
Gesetzeskunde:    51c, 52b, 53b, 54c, 55b, 56b, 57a, 58c, 59b, 60b

*Lösungsschlüssel*                  *Arbeitsbuch Fischerprüfung*

## Praktische Prüfung (s. S. 182)

**A1:** Beringte leichte Angelrute zum Fang von Rotaugen, Rotfedern und Brassen und das weitere notwendige Zubehör

| Nr. | Geräte | Gerätebezeichnungen | Pkt. |
|---|---|---|---|
| 1 | Rute 0-1-3 | Beringte Rute, Wurfgew. bis 20 g, Länge 4-7 m | 3 |
| 2 | Rolle 0-1-3 | kleine Stationärrolle | 3 |
| 3 | Schnur 0-1-3 | Tragkraft 2-6 kg | 3 |
| 4 | Bissanzeiger 0-1 | Pose mit entsprechender Tragkraft | 1 |
| 5 | Bebleiung 0-1 | angepasste Bebleiung | 1 |
| 6 | Vorfach 0-3 | passend zur gewählten Hauptschnur | 3 |
| 7 | Wirbel 0-1 | entfällt | 1 |
| 8 | Haken 0-1 | Hakengröße 10 und kleiner | 1 |
| 9 | Köder 0-1 | Teig, Made, Wurm, Kartoffel | 1 |
| 10 | Landehilfe 0-1 | Unterfangnetz | 1 |
| 11 | Messen 0-2 | Metermaß | 2 |
| 12 | Betäuben 0-2 | Schlagholz | 2 |
| 13 | Töten 0-2 | Messer | 2 |
| 14 | Rachensperre 0-1 | entfällt | 1 |
| 15 | Haken entfernen 0-1 | Hakenlöser | 1 |
| 16 | Reihenfolge 0-2 | 10 - 15 | 2 |

*Arbeitsbuch Fischerprüfung* *Lösungsschlüssel*

**A2: Schwingspitzenrute zum Fang von Rotaugen, Rotfedern und Brassen und das weitere notwendige Zubehör**

| Nr. | Geräte | Gerätebezeichnungen | Pkt. |
|---|---|---|---|
| 1 | Rute 0-1-3 | Schwingspitzrute, Länge 2,70 - 3,00 m | 3 |
| 2 | Rolle 0-1-3 | kleine Stationärrolle | 3 |
| 3 | Schnur 0-1-3 | Tragkraft 2-6 kg | 3 |
| 4 | Bissanzeiger 0-1 | Schwingspitze | 1 |
| 5 | Bebleiung 0-1 | Grundblei | 1 |
| 6 | Vorfach 0-3 | passend zur gewählten Hauptschnur | 3 |
| 7 | Wirbel 0-1 | kleiner Wirbel | 1 |
| 8 | Haken 0-1 | Hakengröße 10 und kleiner | 1 |
| 9 | Köder 0-1 | Teig, Made, Wurm, Kartoffel | 1 |
| 10 | Landehilfe 0-1 | Unterfangnetz | 1 |
| 11 | Messen 0-2 | Metermaß | 2 |
| 12 | Betäuben 0-2 | Schlagholz | 2 |
| 13 | Töten 0-2 | Messer | 2 |
| 14 | Rachensperre 0-1 | entfällt | 1 |
| 15 | Haken entfernen 0-1 | Hakenlöser | 1 |
| 16 | Reihenfolge 0-2 | 10 - 15 | 2 |

Lösungsschlüssel                    Arbeitsbuch Fischerprüfung

**A3: Angelrute zum Fang von Karpfen und das weitere notwendige Zubehör**

| Nr. | Geräte | Gerätebezeichnungen | Pkt. |
|---|---|---|---|
| 1 | Rute 0-1-3 | Beringte Rute, Wurfgew. bis 20-60 g, Länge 3,30-3,90 m | 3 |
| 2 | Rolle 0-1-3 | mittlere Stationärrolle | 3 |
| 3 | Schnur 0-1-3 | Tragkraft 9-17 kg | 3 |
| 4 | Bissanzeiger 0-1 | Pose mit entsprechender Tragkraft | 1 |
| 5 | Bebleiung 0-1 | angepasste Bebleiung | 1 |
| 6 | Vorfach 0-3 | passend zur gewählten Hauptschnur | 3 |
| 7 | Wirbel 0-1 | entfällt | 1 |
| 8 | Haken 0-1 | Hakengröße 6 und größer | 1 |
| 9 | Köder 0-1 | Teig, Wurm, Mais, Kartoffel | 1 |
| 10 | Landehilfe 0-1 | Unterfangnetz | 1 |
| 11 | Messen 0-2 | Metermaß | 2 |
| 12 | Betäuben 0-2 | Schlagholz | 2 |
| 13 | Töten 0-2 | Messer | 2 |
| 14 | Rachensperre 0-1 | entfällt | 1 |
| 15 | Haken entfernen 0-1 | Hakenlöser | 1 |
| 16 | Reihenfolge 0-2 | 10 - 15 | 2 |

Arbeitsbuch Fischerprüfung　　　　　　　　　　Lösungsschlüssel

## A4: Grundrute zum Fang von Aalen und das weitere notwendige Zubehör

| Nr. | Geräte | Gerätebezeichnungen | Pkt. |
|---|---|---|---|
| 1 | Rute 0-1-3 | Beringte Rute, Wurfgew. 40-80 g, Länge 2,00-2,70 m | 3 |
| 2 | Rolle 0-1-3 | große Stationärrolle | 3 |
| 3 | Schnur 0-1-3 | Tragkraft 9-17 kg | 3 |
| 4 | Bissanzeiger 0-1 | entfällt | 1 |
| 5 | Bebleiung 0-1 | Laufblei | 1 |
| 6 | Vorfach 0-3 | passend zur gewählten Hauptschnur | 3 |
| 7 | Wirbel 0-1 | mittlerer Wirbel | 1 |
| 8 | Haken 0-1 | Hakengröße 6 und größer | 1 |
| 9 | Köder 0-1 | Wurm, toter Fisch | 1 |
| 10 | Landehilfe 0-1 | Unterfangnetz | 1 |
| 11 | Messen 0-2 | Metermaß | 2 |
| 12 | Betäuben 0-2 | Schlagholz | 2 |
| 13 | Töten 0-2 | Messer | 2 |
| 14 | Rachensperre 0-1 | entfällt | 1 |
| 15 | Haken entfernen 0-1 | Hakenlöser | 1 |
| 16 | Reihenfolge 0-2 | 10 - 15 | 2 |

*Lösungsschlüssel*          *Arbeitsbuch Fischerprüfung*

## A5: Spinnrute zum Fang von Hechten und das weitere notwendige Zubehör

| Nr. | Geräte | Gerätebezeichnungen | Pkt. |
|---|---|---|---|
| 1 | Rute 0-1-3 | Spinnrute, Wurfgew. 40-80 g, Länge 2,40-3,00 m | 3 |
| 2 | Rolle 0-1-3 | große Stationärrolle | 3 |
| 3 | Schnur 0-1-3 | Tragkraft 9-17 kg | 3 |
| 4 | Bissanzeiger 0-1 | entfällt | 1 |
| 5 | Bebleiung 0-1 | entfällt | 1 |
| 6 | Vorfach 0-3 | Stahlvorfach | 3 |
| 7 | Wirbel 0-1 | 2 Wirbel am Stahlvorfach | 1 |
| 8 | Haken 0-1 | nur bei totem Köderfisch | 1 |
| 9 | Köder 0-1 | Blinker, Spinner, Wobbler, Twister, bzw. toter Köderfisch | 1 |
| 10 | Landehilfe 0-1 | Unterfangnetz | 1 |
| 11 | Messen 0-2 | Metermaß | 2 |
| 12 | Betäuben 0-2 | Schlagholz | 2 |
| 13 | Töten 0-2 | Messer | 2 |
| 14 | Rachensperre 0-1 | Rachensperre | 1 |
| 15 | Haken entfernen 0-1 | Hakenlöser | 1 |
| 16 | Reihenfolge 0-2 | 10 - 15 | 2 |

*Arbeitsbuch Fischerprüfung*        *Lösungsschlüssel*

**A6: Spinnrute zum Fang von Barschen und das weitere notwendige Zubehör**

| Nr. | Geräte | Gerätebezeichnungen | Pkt. |
|---|---|---|---|
| 1 | Rute 0-1-3 | Spinnrute, Wurfgew. 10-30 g, Länge bis 2,10 m | 3 |
| 2 | Rolle 0-1-3 | mittlere Stationärrolle | 3 |
| 3 | Schnur 0-1-3 | Tragkraft 5-6 kg | 3 |
| 4 | Bissanzeiger 0-1 | entfällt | 1 |
| 5 | Bebleiung 0-1 | entfällt | 1 |
| 6 | Vorfach 0-3 | Stahlvorfach | 3 |
| 7 | Wirbel 0-1 | 2 Wirbel am Stahlvorfach | 1 |
| 8 | Haken 0-1 | entfällt | 1 |
| 9 | Köder 0-1 | Blinker, Spinner, Wobbler, Twister | 1 |
| 10 | Landehilfe 0-1 | Unterfangnetz | 1 |
| 11 | Messen 0-2 | Metermaß | 2 |
| 12 | Betäuben 0-2 | Schlagholz | 2 |
| 13 | Töten 0-2 | Messer | 2 |
| 14 | Rachensperre 0-1 | entfällt | 1 |
| 15 | Haken entfernen 0-1 | Hakenlöser | 1 |
| 16 | Reihenfolge 0-2 | 10 - 15 | 2 |

*Lösungsschlüssel*                      *Arbeitsbuch Fischerprüfung*

**A7: Fliegenrute zum Fang von Forellen (Trockenfischen) und das weitere notwendige Zubehör**

| Nr. | Geräte | Gerätebezeichnungen | Pkt. |
|---|---|---|---|
| 1 | Rute 0-1-3 | Fliegenrute, Länge 2,40-2,70 m | 3 |
| 2 | Rolle 0-1-3 | Fliegenrolle | 3 |
| 3 | Schnur 0-1-3 | schwimmende Fliegenschnur | 3 |
| 4 | Bissanzeiger 0-1 | entfällt | 1 |
| 5 | Bebleiung 0-1 | entfällt | 1 |
| 6 | Vorfach 0-3 | Fliegenvorfach | 3 |
| 7 | Wirbel 0-1 | entfällt | 1 |
| 8 | Haken 0-1 | entfällt | 1 |
| 9 | Köder 0-1 | Trockenfliege | 1 |
| 10 | Landehilfe 0-1 | Watkescher oder Unterfangkescher | 1 |
| 11 | Messen 0-2 | Metermaß | 2 |
| 12 | Betäuben 0-2 | Schlagholz | 2 |
| 13 | Töten 0-2 | Messer | 2 |
| 14 | Rachensperre 0-1 | entfällt | 1 |
| 15 | Haken entfernen 0-1 | Hakenlöser | 1 |
| 16 | Reihenfolge 0-2 | 10 - 15 | 2 |

*Arbeitsbuch Fischerprüfung* *Lösungsschlüssel*

## A8: Fliegenrute zum Fang von Forellen (Nassfischen) und das weitere notwendige Zubehör

| Nr. | Geräte | Gerätebezeichnungen | Pkt. |
|---|---|---|---|
| 1 | Rute 0-1-3 | Fliegenrute, Länge 2,40-2,70 m | 3 |
| 2 | Rolle 0-1-3 | Fliegenrolle | 3 |
| 3 | Schnur 0-1-3 | sinkende Fliegenschnur | 3 |
| 4 | Bissanzeiger 0-1 | entfällt | 1 |
| 5 | Bebleiung 0-1 | entfällt | 1 |
| 6 | Vorfach 0-3 | Fliegenvorfach | 3 |
| 7 | Wirbel 0-1 | entfällt | 1 |
| 8 | Haken 0-1 | entfällt | 1 |
| 9 | Köder 0-1 | Nassfliege | 1 |
| 10 | Landehilfe 0-1 | Watkescher oder Unterfangkescher | 1 |
| 11 | Messen 0-2 | Metermaß | 2 |
| 12 | Betäuben 0-2 | Schlagholz | 2 |
| 13 | Töten 0-2 | Messer | 2 |
| 14 | Rachensperre 0-1 | entfällt | 1 |
| 15 | Haken entfernen 0-1 | Hakenlöser | 1 |
| 16 | Reihenfolge 0-2 | 10 - 15 | 2 |

*Lösungsschlüssel*                              *Arbeitsbuch Fischerprüfung*

**A9: Angelrute zum Fang von Dorschen und das weitere notwendige Zubehör**

| Nr. | Geräte | Gerätebezeichnungen | Pkt. |
|---|---|---|---|
| 1 | Rute 0-1-3 | Pilkrute, Wurfgew. 100-200 g, Länge 2-3 m | 3 |
| 2 | Rolle 0-1-3 | schwere Stationärrolle oder Multirolle | 3 |
| 3 | Schnur 0-1-3 | Tragkraft 19-21 kg | 3 |
| 4 | Bissanzeiger 0-1 | entfällt | 1 |
| 5 | Bebleiung 0-1 | entfällt | 1 |
| 6 | Vorfach 0-3 | entfällt | 3 |
| 7 | Wirbel 0-1 | Meereswirbel | 1 |
| 8 | Haken 0-1 | entfällt | 1 |
| 9 | Köder 0-1 | Pilker | 1 |
| 10 | Landehilfe 0-1 | Gaff | 1 |
| 11 | Messen 0-2 | Metermaß | 2 |
| 12 | Betäuben 0-2 | Schlagholz | 2 |
| 13 | Töten 0-2 | Messer | 2 |
| 14 | Rachensperre 0-1 | entfällt | 1 |
| 15 | Haken entfernen 0-1 | Hakenlöser | 1 |
| 16 | Reihenfolge 0-2 | 10 - 15 | 2 |

*Arbeitsbuch Fischerprüfung*     *Lösungsschlüssel*

## A10: Brandungsrute zum Fang von Plattfischen und das weitere notwendige Zubehör

| Nr. | Geräte | Gerätebezeichnungen | Pkt. |
|---|---|---|---|
| 1 | Rute 0-1-3 | Brandungsrute, Wurfgew. 100-250 g, Länge 3,60 - 5,00 m | 3 |
| 2 | Rolle 0-1-3 | schwere Stationärrolle oder Multirolle | 3 |
| 3 | Schnur 0-1-3 | Tragkraft 6-14 kg | 3 |
| 4 | Bissanzeiger 0-1 | entfällt | 1 |
| 5 | Bebleiung 0-1 | Brandungsblei | 1 |
| 6 | Vorfach 0-3 | Brandungsvorfach | 3 |
| 7 | Wirbel 0-1 | Meereswirbel | 1 |
| 8 | Haken 0-1 | Hakengröße 2 und größer | 1 |
| 9 | Köder 0-1 | Wattwurm, toter Fisch | 1 |
| 10 | Landehilfe 0-1 | entfällt | 1 |
| 11 | Messen 0-2 | Metermaß | 2 |
| 12 | Betäuben 0-2 | Schlagholz | 2 |
| 13 | Töten 0-2 | Messer | 2 |
| 14 | Rachensperre 0-1 | entfällt | 1 |
| 15 | Haken entfernen 0-1 | Hakenlöser | 1 |
| 16 | Reihenfolge 0-2 | 10 - 15 | 2 |

*Trainingsbogen 2*                        *Natur- und Tierschutz*

1. **Was ist beim Kauf von Satzfischen vor allem zu beachten?**
   - ☐ Das Geschlechterverhältnis muss 1:1 betragen, damit eine erfolgreiche Fortpflanzung gewährleistet ist.
   - ☐ Die Fische sollen gleiche Größe und gleiches Gewicht haben, damit sie sich nicht gegenseitig Konkurrenz machen.
   - ☒ Die Fische sollten möglichst aus demselben Gewässersystem (Einzugsgebiet) stammen, in dem das zu besetzende Gewässer liegt.

2. **An welchen Gewässern und Gewässerabschnitten kann man die Wasseramsel beobachten?**
   - ☐ An Kiesgruben mit seichten Ufern.
   - ☐ Im Mündungsbereich der Flüsse.
   - ☒ Im Quellbereich und an Bächen der Mittelgebirge.

3. **Müssen ausgelegte Angeln ständig überwacht werden?**
   - ☐ Nein, der Fisch hakt sich oft selber.
   - ☒ Ja, damit der Fisch nicht durch anhaltende, erfolglose Fluchtversuche Stress erleidet.
   - ☐ Ja, damit sie nicht gestohlen werden.

4. **Wie lange soll ein gehakter Fisch gedrillt werden?**
   - ☒ So lange wie nötig, um ihn schonend zu landen.
   - ☐ Bis der Angler ermüdet.
   - ☐ Mindestens 10 Minuten.

5. **Welche der aufgeführten Maßnahmen ist als naturfeindlich anzusehen?**
   - ☒ Überbesatz mit Fischen.
   - ☐ Erstbepflanzung eines Gewässers mit Unterwasser- und Schwimmblattpflanzen.
   - ☐ Bau von Fischaufstiegen an Wehren.

6. **Wo kann man sich informieren, welche Tiere und Pflanzen in Nordrhein-Westfalen gefährdet sind?**
   - ☒ In der sogenannten Roten Liste.
   - ☐ Im Landesfischereigesetz.
   - ☐ In der Landesfischereiordnung.

7. **Gefährden Molchlarven und Kaulquappen Fischbrut?**
   - ☐ Ja, sie leben ausschließlich von Fischbrut.
   - ☐ Ja, sie übertragen gefährliche Außenparasiten.
   - ☒ Nein.

8. **Welche Wasserinsektenart ist gesetzlich geschützt?**
   - ☐ Die Rote Zuckmückenlarve.
   - ☒ Der Kolbenwasserkäfer.
   - ☐ Keine.

9. **Was hat nach dem Landen eines maßigen Fisches, der für den Verzehr bestimmt ist, sofort zu geschehen?**
   - ☐ Wiegen und Längenmessung.
   - ☐ Entfernen des Angelhakens.
   - ☒ Betäuben und Töten.

10. **Welches Instrument wird zur Tötung des Fisches benutzt?**
    - ☐ Jeder beliebige Gegenstand.
    - ☐ Ein Stein.
    - ☒ Fischtöter und Messer.

*Natur- und Tierschutz*  Trainingsbogen 3

1. **Gefährden weggeworfene Schnurreste die Umwelt?**
   ☐ Nein, denn die Schnur verrottet sehr schnell.
   ☐ Nein, weggeworfene Schnurreste verschandeln nur die Landschaft.
   ☒ Ja, sie sind eine Gefahr für die Tierwelt.

2. **Kann es in Naturschutzgebieten sinnvoll sein, das Angeln zu beschränken?**
   ☐ Nein, ein Angler stellt für Tiere und Pflanzen niemals eine Störung dar.
   ☒ Ja, wenn der besondere Schutzzweck nur so erreichbar ist.
   ☐ Nein, Angeln ist an allen Gewässern erlaubt.

3. **Was bedeutet waidgerechtes Angeln?**
   ☐ Eine spezielle Methode, unter Weiden zu angeln.
   ☐ Waidgerechtigkeit ist ein Begriff aus der Jägersprache und hat mit dem Angeln nichts zu tun.
   ☒ Das Fangen, Töten, Versorgen und Verwerten der Fische im Sinne des Tierschutzgesetzes.

4. **In welcher Reihenfolge muss nach dem Landen des Fisches vorgegangen werden?**
   ☐ Betäuben, töten, Haken entfernen, messen.
   ☒ Messen, betäuben, töten, Haken entfernen.
   ☐ Betäuben, messen, töten, Haken entfernen.

5. **Welche Reptilienart ist auf Gewässer und Feuchtgebiete angewiesen?**
   ☐ Die Sandviper.
   ☐ Die Zaun- und Smaragdeidechse.
   ☒ Die Ringelnatter.

6. **Wie wird der untermaßige Fisch behandelt?**
   ☒ Man fasst ihn mit nassen Händen an, entfernt den Haken vorsichtig und setzt den Fisch ins Wasser zurück.
   ☐ Man nimmt ihn schnell vom Haken und wirft ihn ins Wasser zurück.
   ☐ Man setzt ihn vorerst in einen Setzkescher.

7. **Was tut man, wenn der Fisch den Angelhaken zu tief geschluckt hat?**
   ☐ Der Haken wird unter Kraftaufwendung aus dem Fisch entfernt.
   ☒ Der Fisch wird sofort waidgerecht getötet.
   ☐ Der Haken wird im Fischkörper belassen, bis der Fisch erstickt ist.

8. **Was macht man, wenn man einen untermaßigen Fisch gefangen hat?**
   ☐ Man schneidet die Schnur durch und lässt den Fisch frei.
   ☒ Man löst den Fisch vorsichtig mit nassen Händen vom Haken und setzt ihn ins Wasser zurück.
   ☐ Man hält den Fisch mit einem trockenen Tuch und löst ihn vorsichtig vom Haken.

9. **Welche der genannten Vogelarten sind stark gefährdet?**
   ☒ Bekassine und großer Brachvogel.
   ☐ Stockente und Lachmöwe.
   ☐ Nebelkrähe und Schwarzdrossel.

10. **Wo legen Molche ihre Eier ab?**
    ☐ In großen Flüssen und Kanälen.
    ☐ In feuchten Laubwäldern.
    ☒ In Tümpeln und Gräben.

**Trainingsbogen 4** *Natur- und Tierschutz*

1. Sollen Kleinfische zum Besatz bei Wiederansiedlungsmaßnahmen aus demselben Gewässersystem stammen?
   - ☐ Nein, damit es nicht zu Inzucht kommt.
   - ☒ Ja, damit die genetische Identität der lokalen Bestände erhalten bleibt.
   - ☐ Die Wahl der Besatzfische sollte sich nach dem Preis richten.

2. Wovon ernähren sich Libellen hauptsächlich?
   - ☐ Von Fischbrut.
   - ☒ Von Insekten.
   - ☐ Von Wasserpflanzen.

3. Ist es richtig, sich seinen Angelplatz in der Nähe einer Eisvogelniströhre zu wählen?
   - ☐ Ja, wo Eisvögel nisten gibt es auch viele Fische.
   - ☐ Nein, das Angeln an Steilwänden ist gefährlich und daher generell untersagt.
   - ☒ Nein, Niströhren von Eisvögeln sind weiträumig zu umgehen, um das Brutgeschäft nicht zu stören.

4. In welcher Zeit ist an den Gewässern besondere Rücksicht auf Wasservögel zu nehmen?
   - ☐ Während der Morgen- und Abenddämmerung.
   - ☐ An trüben Tagen wegen der geringen Sichtweite der Vögel.
   - ☒ Während der Brut und Aufzucht der Jungvögel im Frühjahr und Frühsommer.

5. Warum suchen Kröten im Frühjahr kleine Gewässer auf?
   - ☐ Weil sie wenig standorttreu sind.
   - ☐ Weil sie in der sommerlichen Hitze vertrocknen würden.
   - ☒ Weil sie im Wasser ihren Laich absetzen wollen.

6. Wie kann ein sinnvoller Beitrag zur Hebung des Krötenbestandes geleistet werden?
   - ☐ Durch Importieren von Kröten aus außereuropäischen Ländern.
   - ☒ Durch Schutz der für die Krötenvermehrung geeigneten Laichgewässer.
   - ☐ Durch starken Fischbesatz in Laichgewässern.

7. Sollten Baggerseen Flachwasserzonen mit Unterwasserpflanzen, Schwimmblattpflanzen und Schilfgürtel aufweisen?
   - ☒ Ja, sie fördern das Aufkommen von Fischnährtieren und Fischbrut, dienen als Laichplatz für Fische und Amphibien sowie für andere Wassertiere und bieten der Vogelwelt Nistplätze, Schutz und Nahrung.
   - ☐ Nein, denn sie verkleinern die befischbare Wasserfläche, fördern die Bildung von Faulschlamm und beschatten das Gewässer.
   - ☐ Nein, denn in solchen Zonen vermehren sich vorwiegend Raubfische.

8. Warum muss bei der Hechtangelei ein Stahlvorfach eingesetzt werden?
   - ☐ Damit der Köder besser geführt werden kann.
   - ☒ Damit der gehakte Hecht die Schnur nicht durchbeißen kann.
   - ☐ Es muss kein Stahlvorfach eingesetzt werden.

9. Warum sollte ein maßiger Fisch nach dem Fang sofort getötet werden?
   - ☐ Damit der Fisch nicht an Gewicht verliert.
   - ☐ Damit der Fisch ordentlich gemessen werden kann.
   - ☒ Damit dem Fisch unnötiges Leiden erspart bleibt.

10. Bezieht sich das Tierschutzgesetz auch auf Fische?
    - ☐ Nein, es bezieht sich nur auf Säugetiere.
    - ☐ Nein, im Wasser lebende Organismen sind davon nicht betroffen.
    - ☒ Ja, auch Fischen dürfen nicht ohne vernünftigen Grund Schmerzen, Leiden oder Schäden zugefügt werden.

# Natur- und Tierschutz

## Trainingsbogen 5

1. **Welche Wasserpflanzen sind gesetzlich geschützt und dürfen nicht entfernt werden?**
   - ☐ Teichlinsen und Rohrkolben.
   - ☒ Weiße See- und Gelbe Teichrose.
   - ☐ Wasserpest, Schilf und Tausendblatt.

2. **Ist regelmäßiger Fischbesatz zur Bestandserhaltung notwendig?**
   - ☐ Ja, denn Fischpopulationen unterliegen keiner natürlichen Regulation.
   - ☒ Nein, wenn ein natürliches Brutaufkommen und die Nahrungsverhältnisse im Gewässer eine normale Entwicklung des Fischbestandes ermöglichen.
   - ☐ Ja, sonst stirbt der Fischbestand aus.

3. **Welche der genannten Tierarten gehören zu den Amphibien?**
   - ☐ Wasserschildkröte und Griechische Landschildkröte.
   - ☐ Kreuzotter und Würfelnatter.
   - ☒ Wasserfrosch und Gelbbauchunke.

4. **Was ist unter Fluchtdistanz zu verstehen?**
   - ☒ Die Entfernung, ab welcher ein Tier vor einem wirklichen oder vermeintlichen Feind flüchtet.
   - ☐ Die von einem gehakten Fisch während der Drillphase zurückgelegte Distanz.
   - ☐ Die im Castingsport beim Werfen erzielte Weite.

5. **An welchen Gewässern und Gewässerabschnitten kann man die Wasseramsel beobachten?**
   - ☐ An Kiesgruben mit seichten Ufern.
   - ☐ Im Mündungsbereich der Flüsse.
   - ☒ Im Quellbereich und an Bächen der Mittelgebirge.

6. **Welches Instrument wird zur Tötung des Fisches benutzt?**
   - ☐ Jeder beliebige Gegenstand.
   - ☐ Ein Stein.
   - ☒ Fischtöter und Messer.

7. **Was bedeutet waidgerechtes Angeln?**
   - ☐ Eine spezielle Methode, unter Weiden zu angeln.
   - ☐ Waidgerechtigkeit ist ein Begriff aus der Jägersprache und hat mit dem Angeln nichts zu tun.
   - ☒ Das Fangen, Töten, Versorgen und Verwerten der Fische im Sinne des Tierschutzgesetzes.

8. **Wo legen Molche ihre Eier ab?**
   - ☐ In großen Flüssen und Kanälen.
   - ☐ In feuchten Laubwäldern.
   - ☒ In Tümpeln und Gräben.

9. **In welcher Zeit ist an den Gewässern besondere Rücksicht auf Wasservögel zu nehmen?**
   - ☐ Während der Morgen- und Abenddämmerung.
   - ☐ An trüben Tagen wegen der geringen Sichtweite der Vögel.
   - ☒ Während der Brut und Aufzucht der Jungvögel im Frühjahr und Frühsommer.

10. **Bezieht sich das Tierschutzgesetz auch auf Fische?**
    - ☐ Nein, es bezieht sich nur auf Säugetiere.
    - ☐ Nein, im Wasser lebende Organismen sind davon nicht betroffen.
    - ☒ Ja, auch Fischen dürfen nicht ohne vernünftigen Grund Schmerzen, Leiden oder Schäden zugefügt werden.

# Gerätekunde

Die Kataloge der Hersteller und Händler, die Angelgeräte anbieten, zeigen die für den Laien verwirrende Vielfalt von Ruten, Rollen, Schnüren, Bissanzeigern, künstlichen Ködern und anderen Kleinmaterialien sowie sonstiger Ausrüstung. Da ständig neue Methoden und immer raffiniertere Montagen entwickelt werden, bemüht sich die Industrie, das moderne Equipment bereitzustellen.

Bei der Fischerprüfung wird lediglich das Grundwissen vorausgesetzt, um Angelgeräte zum Fang einiger weniger Fischarten zusammenzustellen. Gleichzeitig erwartet man von dem Prüfling, dass er die wichtigsten Zubehörteile kennt, die bei der Ausübung der Angelfischerei unverzichtbar sind.

Wer sich für das Angeln interessiert, wird sich mit großer Neugier und Vergnügen in Angelgeschäften umsehen und Kataloge studieren. Spätestens nach erfolgreicher Ablegung der Fischerprüfung kann man sich dann der Aufgabe widmen, die ersten Ruten und Rollen sowie weitere Ausrüstungsgegenstände zu beschaffen. In dem Bemühen, allen in der Fischerei denkbaren Situationen gewachsen zu sein, werden weitere Materialien erworben, die die Ausrüstung komplettieren sollen.

Wir wollen hier auf eine historische Darstellung der Entwicklung von Ruten und Rollen verzichten und nur besprechen, welche Materialien und Modelle vom Markt angeboten und heute allgemein verwendet werden.

## ■ Angelruten

Die Angelrute versetzt den Angler in die Lage, den Köder auszuwerfen und dem Fisch zu präsentieren. Sie hilft außerdem, den Haken im Maul des Fisches zu fixieren und den gehakten Fisch zu drillen. Dazu muss die Rute verschiedene Funktionen erfüllen. Abhängig von der Angelmethode, der Fischart und der erwarteten Fischgröße und entsprechend den Gewässerverhältnissen wird eine bestimmte Elastizität (Aktion) erwartet. Ebenso kann die Länge, die Teilung, die Gestaltung des Handgriffs oder die Anordnung der Schnurführungsringe unterschiedlich sein.

Die früher üblichen Bambusruten sind vom Markt verschwunden. Heute üblich sind Werkstoffe wie Glasfiber und

*Mit der Angelrute kann der Köder ausgeworfen, der Haken im Fischmaul fixiert sowie der Fisch gedrillt und gelandet werden.*

## Gerätekunde

Kohlefaser, die für den Rutenbau verwendet werden. Die genannten Materialien bürgen für eine hohe Lebensdauer, sind trotz hoher Festigkeit biegsam und haben ein geringes Gewicht. Besondere Beispiele für die Kunst des handwerklichen Rutenbaus sind sogenannte „Gespließte", d.h. Angelruten, die aus in Längsrichtung aufgespaltenen Bambusstücken hergestellt werden. Die einzelnen Teile werden sorgfältig verleimt und zu hochwertigen Ruten verarbeitet. Gespließte Ruten sind früher vornehmlich beim Fliegenfischen auf Lachs und Forelle eingesetzt worden.

### ■ Angelrollen

*Eine sorgfältig auf die Schnurstärke abgestimmte Rollenbremse verhindert das Reißen der Schnur.*

An der Rute wird die Rolle befestigt, auf der sich die Angelschnur befindet. Die Rolle bietet die Möglichkeit, den beköderten Haken auszuwerfen und bei der Suche nach dem Zielfisch größere Distanzen zu überwinden. Gleichzeitig hilft sie dem Angler, einen gehakten Fisch zu drillen. Die Rollenbremse wird dabei so eingestellt, dass der Fisch Schnur von der Rolle ziehen kann, ohne dass diese reißt (Schnurbruch).

Die ersten Rollen waren einfache Geräte, bei denen sich eine Trommel um eine Achse dreht. Dieser Rollentyp wird als „Nottinghamrolle" bezeichnet und findet heute wieder als sogenannte Centre Pin beim Angeln auf Barben und andere Flussfische Verwendung.

Während bei der Nottinghamrolle die Schnur direkt ohne Übersetzung aufgewickelt wird, besitzen Multi- (Multiplikator-) und Stationärrollen Übersetzungsgetriebe, so dass mit einer Kurbelumdrehung mehrere Wicklungen auf die Spule gebracht werden.

*Die Stationärrolle eignet sich besonders für die Grundangelei und das leichte bis mittlere Spinnfischen.*

Für den Fang von Raubfischen, bei denen künstliche Köder eingesetzt werden (Spinnfischen mit z.B. Spinnern, Blinkern, Wobblern u. Gummifischen), sind Stationärrolle und Multirolle besonders geeignet. Anfänger, die das Auswerfen des Köders noch nicht perfekt beherrschen, kommen mit einer Stationärrolle, bei der die Rollenachse parallel zum Rutenschaft steht, meist besser zurecht als mit der Multirolle.

Grundsätzlich kann man alle 3 Rollentypen (Nottingham-, Stationär- und Multirolle) bei der Angelfischerei einsetzen. Da es verschiedene Größen und Modelle gibt, sind viele Variationsmöglichkeiten gegeben. Dabei ist nicht nur die besondere Eignung der Rolle entscheidend, sondern auch die persönliche Vorliebe des Anglers.

*Gerätekunde*

Beim Meeresfischen und bei der Raubfischangelei auf Welse oder schwere Hechte werden zunehmend Multirollen eingesetzt.

■ **Fliegenfischen**

Eine Besonderheit stellt das Fliegenfischen auf Salmoniden (z.B. Bachforelle und Äsche) dar. Dabei wird eine künstliche Fliege oder die Nachbildung z.b. einer Insektenlarve (Nymphe) bzw. ein Streamer (Kunstfliege mit langen, anliegenden Flügeln aus Federn oder Haaren, eine Garnele oder einen kleinen Beutefisch nachahmend) an der Wasseroberfläche oder im tiefen Wasser angeboten, um den Fisch zum Anbiss zu reizen.

Das Fliegenfischen ist eine sehr aktive Form des Angelns, bei dem die Handhabung des Geräts viel Übung erfordert. Die schwere Schnur wird von der Rolle gezogen und durch elegante Schwünge mit der Rute in der Luft gehalten, um dann den bekannten oder vermuteten Standort des Fisches gezielt anzuwerfen. Damit diese Technik längere Zeit ermüdungsfrei ausgeübt werden kann, befindet sich die Rolle als Gegengewicht am unteren Ende des Rutengriffes. Daher ist eine Fliegenrute immer sofort an diesem Merkmal und an den speziellen Ringen (Schlangenringe) erkennbar.

Die meist farbigen und relativ dicken Fliegenschnüre bestehen aus einem kunststoffummantelten, geflochtenen Nylonkern. Beim Fischen an der Wasseroberfläche mit der Trockenfliege (Trockenfischen) ist die Schnur schwimmend. Man erkennt die schwimmende Schnur, die Lufteinschlüsse enthält, an dem Verpackungsaufdruck F (= floating).

Beim Nassfischen wird eine Nymphe oder ein Streamer an sinkender Schnur (Bleieinschlüsse, S = sinking) angeboten.

Fliegenschnüre sind in vielfältigen Modifikationen auf dem Markt. Sie werden in Gewichtsklassen (AFTM = Association for Fishing Tackle Manufactures) eingeteilt und können verschiedene Formen und Profile haben.

Zwischen Fliegenschnur und Fliege wird ein monofiles (einfädiges) Vorfach, das sich meistens zum Köder hin verjüngt, also dünner wird, eingebunden. An dem dünnen Ende wird die Fliege (Öhrhaken!) befestigt. Bei einem Schnurbruch reißt das Vorfach an der dünnen Stelle, so dass der Fisch nicht von einem längeren Stück Schnur behindert wird.

*Bei den meisten Angelmethoden können die 3 Rollentypen Nottingham-, Stationär- und Multirolle eingesetzt werden. Für das Fliegenfischen eignet sich nur eine spezielle Fliegenrolle.*

*Bei der Fliegenrute befindet sich der Rollenhalter hinter der Wurfhand, also am Ende des Rutengriffs.*

*Beim Fliegenfischen ist immer ein spezielles Vorfach erforderlich.*

*Gerätekunde*

Die beim Fliegenfischen verwendeten Rollen nehmen die oben beschriebenen Schnüre auf. Die Schnurreserve, die nicht beim Werfen der Kunstfliege gebraucht wird und eigentlich nur beim Drill großer Fische zum Einsatz kommt, besteht aus monofilem Material und wird als „backing" bezeichnet.

*Multi- und Stationärrolle sind nicht für das Fliegenfischen geeignet.*

Der Handel bietet spezielle Fliegenrollen an, die wegen der Gewichtsersparnis aus Magnesium, Titan oder Kohlefaser gefertigt und deshalb oft relativ teuer sind.

Automatikrollen ziehen die Schnur mit einem Federmechanismus ein. Dieser Vorteil wird mit einem höheren Gewicht erkauft.

■ **Angelschnüre**

Bei der Angelei auf karpfenartige Fische sowie Hechte, Barsche und andere Arten werden monofile oder geflochtene Schnüre unterschiedlicher Stärke und Tragkraft verwendet. Der Anfänger ist dabei immer gut beraten, wenn er beim Angeln eine etwas stärkere Schnur als unbedingt notwendig verwendet, um den gehakten Fisch sicher zu landen.

*Zustand und Festigkeit der Angelschnur sind vor jedem Angeln zu prüfen.*

Angelschnur ist nicht unbegrenzt haltbar. Seewasser und Sonnenlicht sowie die Beanspruchung beim Fischen schädigen das Material. Besonders gefährlich sind beschädigte Rutenringe oder defekte Schnurlaufröllchen an der Rolle, die regelmäßig wie auch die Schnur selbst überprüft werden sollten.

Unbrauchbare Schnüre oder Teile davon müssen fachgerecht entsorgt werden. Sie gehören keinesfalls in die freie Landschaft, da sie dort Vögel und Kleinsäuger gefährden können. Überhaupt sollte es für den waidgerechten Angler selbstverständlich sein, sämtliche Abfälle in die entsprechenden Müllcontainer zu bringen und den Angelplatz sauber zu halten. Dies ist eine Möglichkeit des Einzelnen, das Ansehen der Anglerschaft mitzugestalten.

Die Tragkraft der Angelschnur wird in kg angegeben. Auch der Durchmesser kann über die Belastungsfähigkeit Auskunft geben.

*Die Schnurstärke ist immer so zu wählen, dass auch unerwartet große Fische sicher gelandet werden können.*

Bei der Prüfung werden vom Prüfling Kenntnisse erwartet, welche Tragkraft der Schnur bestimmten Fischarten zugeordnet werden sollte. Die Angaben lassen einen gewissen Spielraum (von - bis) zu. Wie bereits oben angedeutet, wird der erfahrene Praktiker wohl i.d.R. geringere Schnur-

## Gerätekunde

stärken bevorzugen. Davon sollte sich der Prüfling aber nicht beirren lassen.

Mit folgenden Tragkraftbeispielen liegt man bei der Prüfung richtig:

| Fischart | Tragkraft |
|---|---|
| Rotaugen, Rotfedern u. Brassen | 2– 6 kg |
| Aal, Karpfen u. Hecht | 9–17 kg |
| Flussbarsch | 5– 6 kg |
| Dorsch | 19–21 kg |
| Plattfische | 6–14 kg |

An der Angelschnur können sich außer dem Haken weitere Zubehörteile befinden, wie z.B. ein Bissanzeiger (Schwimmer oder Pose), Gewichte (um die Pose auszutarieren oder/und den Haken in die richtige Wassertiefe zu bringen), Wirbel (die ein Verdrallen der Schnur verhindern sollen) und ein sogenanntes Vorfach.

*Wirbel verhindern ein Verdrallen der Schnur.*

### ■ Vorfach

Das Vorfach ist das Verbindungsstück zwischen Hauptschnur und Haken. Es sollte – sofern ein Vorfach überhaupt verwendet wird – etwas dünner als die Hauptschnur gewählt werden, damit bei einem Schnurbruch möglichst wenig Schnur am gehakten Fisch verbleibt und dieser höhere Überlebenschancen hat. Beim Fang von Hechten muss ein Stahlvorfach verwendet werden, damit dieses beim Drill dem stark bezahnten Hechtmaul standhalten kann.

Auch beim Fang anderer Raubfische (Zander und Barsch) ist ein Stahlvorfach sinnvoll, weil auch ein Hecht beißen kann. Diese Vorsichtsmaßnahme findet ihren Niederschlag in der Aufgabe A 6 des praktischen Prüfungsteils.

*Bei der Verwendung von Raubfischködern ist ein Stahlvorfach immer angebracht, um auch bei Hechtbissen gerüstet zu sein.*

### ■ Bissanzeiger

Es gibt außer Schwimmern bzw. Posen weitere Bissanzeiger auf dem Markt, die durch optische oder akustische Signale zeigen, dass ein Fisch den Köder aufgenommen hat.

Vorläufer der heute üblichen elektronischen Geräte ist das Aalglöckchen, das auch heute noch verwendet wird und an der Rutenspitze montiert den Angler alarmiert, wenn ein Fisch anbeißt.

Die letztgenannten Bissanzeiger werden i.d.R. verwendet, wenn ohne Pose am Gewässergrund gefischt wird. Dabei hält ein Bleigewicht den Köder am Grund, wo auch die meisten Fischarten nach Nahrung suchen. Wenn das Blei nicht auf der Schnur befestigt ist, kann der Fisch den Köder auf-

*Gerätekunde*

*Ein „Laufblei" ist ein unterschiedlich geformtes Lochblei.*

nehmen, die Schnur durch das Blei ziehen und damit eine Bisserkennung durch den Angler ermöglichen. Derartige Bleie sind in verschiedenen Formen und Gewichten im Handel und werden als Laufbleie bezeichnet.

## ■ Angelhaken

Der Haken soll den Fisch festhalten und den Fang ermöglichen. Es gibt viele unterschiedliche Formen und spezielle Entwicklungen für bestimmte Fischarten und Fangmethoden. Grundsätzlich werden bei Haken zwei Kategorien unterschieden, nämlich Öhr- und Plättchenhaken. Für das Fliegenfischen sind nur Öhrhaken geeignet, da die künstliche Fliege an einem Plättchenhaken nicht angebunden werden kann. Ansonsten werden beide Ausfertigungen verwendet.

*Es gibt Plättchen- und Öhrhaken. Für das Fliegenfischen sind nur Öhrhaken geeignet.*

Spezielle Knoten sorgen dafür, dass der Haken an der Schnur trotz hoher Beanspruchung hält.

*Knoten vermindern die Reißfestigkeit.*

Trotz kunstvoller und dem Anfänger kompliziert erscheinender Bindungen ist ein Knoten oft der schwache Punkt einer jeden Montage. Daher sind Knoten auf ein unverzichtbares Mindestmaß zu beschränken.

*In der Hakenskala weisen niedrige Zahlen auf große Haken, hohe Zahlen auf kleine Haken hin (1=groß; 18=klein!)*

Die Hakengröße ist an einer Skala von 1 bis 18 und darüber hinaus ablesbar. Niedrige Zahlen bedeuten große Haken, hohe Zahlen kleine Haken. Größere Haken als Größe 1 werden durch eine nachgeschaltete 0 (Null) gekennzeichnet (z.B. 1/0! 5/0 ist größer als 4/0!).

*Als „Drilling" wird ein Haken mit 3 Spitzen bezeichnet, der nur beim Raubfischfang verwendet werden darf.*

Für den Fang von Raubfischen sind auch Mehrfachhaken (Zwillings- u. Drillingshaken) in Gebrauch. So werden viele künstliche Köder wie Blinker, Spinner und Wobbler mit Mehrfachhaken bestückt.

Die Verwendung solcher Haken beim Friedfischangeln ist nicht waidgerecht und daher unzulässig.

## ■ Kunstköder

Die Palette der Kunstköder für den Raubfischfang ist schier unerschöpflich. Es kommen immer neue Kreationen auf den Markt.

Bewährt haben sich besonders folgende Modelle: Wobbler, Spinner, Blinker und Twister.

Wobbler sind ein- bzw. mehrteilige Köder aus Holz, Metall oder Plastik, die in verschiedenen Wassertiefen angeboten und vornehmlich beim Schleppangeln vom langsam fahrenden Boot oder beim Spinnfischen auf Welse und Hechte verwendet werden.

Spinner sind Raubfischköder, bei denen sich ein Metallblättchen um eine Achse dreht.

Blinker bestehen aus einem Metallkörper unterschiedlicher Form und Farbe, die durch das Wasser gezogen werden und durch die taumelnden Bewegungen ein krankes Fischchen nachahmen.

Twister gehören zu einer neuen Generation von Kunstködern. An einem Bleikopf mit Haken wird ein farbiger Körper aus Weichplastikmaterial oder Gummi („Flatterschwanz") befestigt, der eine hohe Lockwirkung auf Barsch, Zander oder Hecht entfalten kann.

Ein in der Meeresangelei bewährter Kunstköder ist der Pilker, ein schwerer Metallkörper zum Fang von Dorschen. Pilker können mehrere hundert Gramm schwer sein, damit sie auch bei starker Strömung den Grund erreichen.

## ■ Köderfische

Der Raubfischfang kann auch mit einem toten Fisch als Köder durchgeführt werden. Als Köderfische geeignet und zugelassen sind vornehmlich kleine Rotaugen und Brassen, also Fische, für die kein Mindestmaß festgelegt ist, weil diese Arten ohnehin zur Massenvermehrung neigen. Köderfische sollten immer aus dem Gewässer stammen, in dem sie verwendet werden sollen. Damit wird die Gefahr der Verbreitung von Parasiten und Krankheiten eingegrenzt.

Der tote Köderfisch wird auch am Stahlvorfach angeboten, um den gehakten Hecht sicher landen zu können. Dieses Stahlvorfach sollte mindestens 30 cm lang sein, weil der Hecht beim Anbiss den Köderfisch in kurzer Zeit verschlingt und der Haken daher oft tief im Rachenraum festsitzt. Bei der Verwendung künstlicher Köder genügt ein kurzes Stahlvorfach (15 cm), da der Anschlag sofort erfolgt und der Haken dann im vorderen Maulbereich fasst.

Beim Lösen des Hakens bei einem gefangenen Hecht ist Vorsicht geboten, da Hechtzähne schwere Wunden verursachen, die sehr schmerzhaft sein können und schlecht heilen. Daher wird der gefangene maßige Hecht durch einen Hieb mit einem Schlagholz auf den Kopf im Bereich über den Augen betäubt und per Kehlschnitt oder -stich getötet. Beim Lösen des Hakens mit einer Lösezange wird das Hechtmaul durch eine Rachensperre geöffnet und in dieser Stellung fixiert. Somit ist das Risiko einer Verletzung gemindert.

## Gerätekunde

Köderfische werden mit der Angel, einer Köderfischreuse oder einer Senke gefangen. Das letztgenannte Gerät ist ein meist quadratisches Netz, das über kreuzförmige Bügel gespannt und auf den Gewässergrund abgesenkt wird. Durch rasches Hochziehen werden die über dem Netz befindlichen Fische gefangen.

### ■ Behandlung des Fangs

Der Fang eines Fisches verläuft vom Anbiss bis zur Landung in verschiedenen Handlungsschritten. Nach dem Drill wird der Fisch mit einem Unterfangnetz oder Kescher (Watkescher bei Forellen!) gelandet. Zur Feststellung, ob es sich um einen maßigen Fisch handelt, überprüft man die Länge mit einem Metermaß (Bandmaß, Zollstock). Bei einem maßigen Fisch wird der Haken niemals am lebenden Tier entfernt, um diesem unnötige Schmerzen und Leiden zu ersparen. Daher kommt zunächst das Schlagholz zum Betäuben und danach das Messer zum Töten (Schlachten) zum Einsatz. Erst dann wird der Haken mit einem geeigneten Gerät (Hakenlöser, Löseschere, Lösezange) entfernt. Beim Hechtfang sollte man die Rachensperre vor dem Hakenlösen nicht vergessen.

*Das folgende Zubehör ist bei der Angelfischerei unverzichtbar: Ein Unterfangkescher zum Landen des Fisches, ein Zentimetermaß zur Längenmessung, ein Schlagholz zum Betäuben, ein Messer zum Schlachten und ein Gerät zum Lösen des Hakens (Hakenlöser, Arterienklemme, Löseschere, Lösezange).*

Die Bedeutung des oben geschilderten Ablaufs ist wegen des Tierschutzaspektes besonders wichtig und schlägt sich bei der Fischerprüfung u.a. auch darin nieder, dass die Reihenfolge der Benennung oder Hinzufügung des Zubehörs bewertet wird. Der Prüfling möge sich also immer diese Reihenfolge einprägen: Kescher, Watkescher (Landehilfe)
Metermaß
Schlagholz (Fischtöter)
Messer
(bei Hecht Rachensperre)
Hakenlöser/Löseschere/Lösezange

Abschließend wird noch einmal betont, dass sich die Ausführungen zur Gerätekunde auf die Vermittlung der einfachsten Grundkenntnisse beschränken. Diese sollen den Leser bzw. Benutzer des Arbeitsbuchs in die Lage versetzen, die Prüfung zu bestehen. Danach bleibt es ihm selbst überlassen, ein naturverbundener, waidgerechter und erfolgreicher Angler zu werden.

### ■ Angelruten

Angelruten haben die Aufgabe, den Köder auszuwerfen, den Köder zu führen, den Fisch zu drillen und zu landen. Im

## Gerätekunde

Unterricht erhalten Sie Informationen über den Aufbau einer Angelrute, über Rutentypen, Rutenlängen, Rutenberingung, Biegeverhalten, Belastbarkeit, Wurfeigenschaften, Rutenmaterialen bis zur Rutenpflege.
Die tabellarische Übersicht zeigt alle in der Prüfung vorkommenden Angelruten. Die Längen- und Wurfgewichtsangaben müssen an allen Ruten lesbar angebracht sein. (Typenschild meist in der Nähe des Handgriffs.)

*Der Spitzenring an der Angelrute ist besonderen Belastungen ausgesetzt.*

| Ruten | Prüfungsbezeichnung | Länge (m) | Wurfgewicht (g) | Fischart |
|---|---|---|---|---|
| A1 | Beringte Stipprute | 5,00 | bis 20 | Plötze, Rotfeder, Schleie, Brasse. |
| A2 | Schwingspitzrute | 3,00 | bis 40 | Plötze, Rotfeder, Schleie, Brasse. |
| A3 | Karpfenrute | 3,60 | 20–60 | Karpfen |
| A4 | Aalrute | 2,70 | 40–80 | Aal |
| A5 | Spinnrute „Hecht" | 2,40 | 40–80 | Hecht |
| A6 | Spinnrute „Barsch" | 2,10 | 10–30 | Barsch |
| A7/8 | Fliegenrute | 2,40 | Klasse 5/6 | Forelle, Äsche |
| A9 | Dorschrute | 3,00 | 100–200 | Dorsch |
| A10 | Brandungsrute | 4,20 | 100–250 | Scholle, Flunder, Schellfisch |

*Die Einhandspinnrute ist 1,8–2,7 m lang, eine Zweihandspinnrute misst 2,1–3,0 m.*

### ■ Angelrollen

Angelrollen speichern die Angelschnur, spulen die Schnur auf und geben sie für den Wurf frei. Die Fischerprüfung unterscheidet Stationärrollen, Fliegenrollen und Multirollen.

*Bei der Stationärrolle steht die Rollenachse parallel zum Rutenschaft*

| Rollen (A1–A8) | Prüfungsbezeichnung | Kapazität (m/mm) | Fischart |
|---|---|---|---|
| | Kleine Stationärrolle | 100/0,30 | Plötze, Rotfeder, Brasse |
| | Mittlere Stationärrolle | 100/0,40 | Barsch, Karpfen |
| | Große Stationärrolle | 100/0,50 | Aal, Hecht |
| | Fliegenrolle | | Forelle, Äsche |

| Rollen (A9–A10) | Prüfungsbezeichnung | Kapazität (m/mm) | Fischart |
|---|---|---|---|
| | Schwere Stationärrolle | 260/0,50 | Dorsch, Scholle, Flunder |
| | Multirolle | 260/0,55 | Dorsch, Scholle, Flunder |

*Gerätekunde*

## ■ Angelschnüre

Die Angelschnüre halten den Fisch und sind damit die einzige Verbindung zwischen Angler und Fisch. Die Fischgröße und Gewässerbeschaffenheit bestimmen u.a. die Qualitätsmerkmale von Angelschnüren. Die in der Fischerprüfung ausgelegten Angelschnüre sind mit einer Tragkraftkennzeichnung (kg) versehen.

Kenntnisse über Schnurarten, Schnurfarben, Schnurformen, Sichtbarkeit, Dehnfähigkeit, Abriebfestigkeit, Geschmeidigkeit, Knotenfestigkeit, Schnuralterung, Schnurverbindungen und die Entsorgung von Schnurresten werden in den Vorbereitungslehrgängen vermittelt.

*Eine Tragkraft von 2–6 kg ist beim Fang von Brassen, Rotaugen und Rotfedern ausreichend.*

| Schnüre | Tragkraft (kg) | mögl. Prüfungsbezeichnung | Fischart |
|---|---|---|---|
| A1/2 | 2–6 | 100 m/~3,6 kg | z.B.: Plötze, Brasse |
| A6 | 5–6 | 100 m/~5,4 kg | z.B.: Barsch |
| A10 | 6–14 | 100 m/~11,3 kg | z.B.: Plattfisch |
| A3/5 | 9–17 | 100 m/~11,3 kg | z.B.: Karpfen, Hecht |
| A4 | 9–17 | 100 m/~12,3 kg | z.B.: Aal |
| A9 | 19–21 | 100 m/~16,4 kg | z.B.: Dorsch |
| A7/8 | entfällt | DT6F(S)/27,4 m | z.B.: Forelle, Äsche |

## ■ Bissanzeiger/Stopper

Bissanzeiger lassen den Angler hören, sehen oder fühlen, wenn der Fisch anbeißt. Außerdem halten Posen und Schwimmer den Köder in einer eingestellten Wassertiefe.

*Bewegungen der Schwingspitze signalisieren den Biss eines Fisches.*

Bissanzeiger mit feststehender Montage erlauben eine Tiefeneinstellung passend zur Rutenlänge. Gleitposen dagegen ermöglichen das Angeln in jeder Wassertiefe. Die Tiefeneinstellung erfolgt hier durch einen Schnurstopper.

| Bissanzeiger | Bezeichnung | Hinweise | Fischart |
|---|---|---|---|
| A1 | Allroundpose | Tragkraft z.B. 3 g | z.B.: Plötze, Brassen |
| A2 | Schwingspitze | an Schwingspitzrute anschraubbar | z.B.: Rotfeder |
| A3 | Allroundpose | Tragkraft z.B. bis 7,5 g | z.B.: Karpfen |
| A3 | Laufpose | Tragkraft z.B. bis 7,5 g | z.B.: Karpfen |

| Stopper | Bezeichnung | Fischart |
|---|---|---|
| A3 | Perlenstopper, Gummistopper, Silikonstopper | z.B.: Karpfen |

*Gerätekunde*

## ■ Bleie/Wirbel

Bleie werden eingesetzt, um die Posen auszutarieren, das Wurfgewicht zu erhöhen oder um den Köder an einer bestimmten Stelle oder Tiefe des Gewässers zu halten. Wirbel wirken einer Schnurverdrehung entgegen.

*Wirbel verhindern ein Verdrallen der Schnur.*

| Bleie | Bezeichnung | Hinweise | Fischart |
|---|---|---|---|
| A1 | Bleischrot | Bleischrotsortiment in einer Plastikschachtel | z.B.: Plötze, Brasse, Rotfeder, Karpfen |
| A2 | Grundblei | z.B.: Birnenblei ca. 15 g | z.B.: Plötze, Brasse, Rotfeder |
| A4 | Grundblei | z.B.: Sechskant Laufblei ca. 60 g | z.B.: Aal |
| A10 | Grundblei | z.B.: Birnenblei 150–300 g | z.B.: Plattfisch |

*Ein „Laufblei" ist ein unterschiedlich geformtes Lochblei.*

| Wirbel | Bezeichnung | Hinweise | Fischart |
|---|---|---|---|
| A2 | Karabinerwirbel | Kleiner Wirbel Tragkraft bis 5 kg | z.B.: Plötze, Brasse, Rotfeder |
| A4 | Karabinerwirbel | Mittlerer Wirbel Tragkraft bis 15 kg | z.B.: Aal |
| A9/10 | Meereswirbel | Großer Wirbel Tragkraft bis 55 kg | z.B.: Dorsch, Plattfisch |

*Als „Drilling" wird ein Haken mit 3 Spitzen bezeichnet, der nur beim Raubfischfang verwendet werden darf.*

## ■ Haken/Vorfächer

Der Haken nimmt den Angelköder auf und hält den Fisch nach dem Anbiss bzw. nach dem Anhieb. Vorfächer verbinden Hauptschnur und Haken miteinander. Damit bei Überlastung oder „Hängern" immer nur das Vorfach und nicht die Hauptschnur reißt, muss es eine geringere Tragkraft haben als die Hauptschnur. Beim Raubfischfang werden Vorfächer aus Stahl verwendet, damit der Fisch das Vorfach nicht beschädigen oder zerreiben kann.

*Kunstfliegen werden immer auf Öhrhaken gebunden.*

*Gerätekunde*

| Haken/ Vorfächer | Bezeichnung | Hinweise | Fischart |
|---|---|---|---|
| A1/2 | Vorfachhaken | Hakengröße 10 oder kleiner. Vorfach schwächer als die Hauptschnur. | Plötze, Brasse, Rotfeder, |
| A3/4 | Vorfachhaken | Hakengröße 1–6. Vorfach schwächer als die Hauptschnur. | Aal, Karpfen |
| A10 | Brandungsvorfach | Hakengröße 2 oder größer. Vorfach schwächer als die Hauptschnur. | Plattfisch |
| A7 | Fliegenvorfach | Schwimmend (Floating) z.B.: Länge 2,75 m | Forelle (Trockenfischen) |
| A8 | Fliegenvorfach | Sinkend (Sinking) z.B.: Länge 2,75 m | Forelle (Nassfischen) |
| A6 | Stahlvorfach | Länge 15 cm mit 2 Wirbeln Tragkraft 5 kg | Barsch |
| A5 | Stahlvorfach | Länge 15 cm mit 2 Wirbeln Tragkraft 12 kg | Hecht |

## ■ Köder

*Bei einem Spinner dreht sich ein Metallblatt um eine Achse.*

| Künstliche Köder | Bezeichnung | Hinweise | Fischart |
|---|---|---|---|
| A5/6 | Blinker | Spinnköder Gewicht bis ca. 50g | Barsch, Hecht |
| A5/6 | Spinner | Spinnköder Gewicht bis ca. 30g | Barsch, Hecht |
| A5/6 | Twister | Soft-Plastikköder Gewicht bis 15 g | Barsch, Hecht |
| A5/6 | Wobbler | Fischimitation Länge bis 30 cm | Barsch, Hecht |
| A9 | Pilker | Meeresblinker Gewicht 75–300 g | Dorsch |
| A7 | Trockenfliege | Künstliche Fliege (schwimmend) | Forelle |
| A8 | Nassfliege | Künstliche Fliege (sinkend) | Forelle |

*Wobbler sind ein- oder mehrgliedrige Kunstköder aus Holz, Metall oder Kunststoff, die vornehmlich beim Fang schwerer Raubfische Verwendung finden.*

| Natürliche Köder | Bezeichnung | Hinweise | Fischart |
|---|---|---|---|
| A1–A3 | Teig | Die natürlichen Köder liegen in der Regel in Form einer bedruckten Köderkarte vor. | Rotauge |
| A1–A3 | Kartoffel | | Rotfeder |
| A1–A3 | Mais, Hanf, Weizen | | Brassen |
| A1–A3 | Made | | Karpfen |
| A1–A4 | Wurm | | Aal |
| A10 | Wattwurm | | Plattfisch |
| A4/5/10 | toter Köderfisch | | Aal, Hecht, Plattfisch |

*Gerätekunde*

# Zubehör

| Zubehör | Bezeichnung | Hinweise |
|---|---|---|
| A9 | Gaff | Landehilfe für die Meeresangelei |
| A1–6 | Unterfangkescher | Landehilfe |
| A7–8 | Watkescher | Landehilfe für das Watfischen (Forellen) |
| A1–10 | Längenmessgerät | Rollmaß, Gliedermaßstab |
| A1–10 | Schlagholz | zum Betäuben der Fische |
| A1–10 | Messer | zum Töten der Fische |
| A5 | Rachensperre | zum Aufhalten des Fischmauls |
| A1–10 | Löseschere | Hakenlösefunktion, Schere, Klemmfunktion |
| A1–10 | Hakenlöser | Hilfsgerät zum Hakenentfernen |

*Gerätekunde* *Trainingsbogen 1*

1. **Welche Eigenschaften sollte eine Angelrute haben?**
   ☐ Sie muss einen extrem langen Korkgriff haben.
   ☐ Sie muss grundsätzlich eine weiche Spitzenaktion haben.
   ☒ Man muss mit ihr gut werfen und den Fisch sicher landen können.

2. **Wodurch unterscheidet sich die Stationärrolle von der Multi- und der Nottinghamrolle?**
   ☐ Durch ihr Gewicht.
   ☒ Durch größeres Schnurfassungsvermögen.
   ☒ Die Rollenachse steht parallel zum Rutenschaft.

3. **Welchen Einfluss haben Knoten auf die Reißfestigkeit der Schnur?**
   ☐ Sie haben keinen Einfluss.
   ☐ Sie sind besonders reißfest.
   ☒ Sie vermindern die Reißfestigkeit.

4. **Angelschnur welcher Tragkraft sollte in der Regel beim Fang von Karpfen, Hecht und Aal verwendet werden?**
   ☐ 2 – 6 kg.
   ☐ 6 – 9 kg.
   ☒ 9 – 17 kg.

5. **Was bedeutet die Hakenskala von 1 – 18?**
   ☐ 18 ist der größte Haken.
   ☒ 1 ist der größte Haken.
   ☐ Von 1 – 9 ist das Hakenöhr nach oben, von 10 – 18 nach unten gebogen.

6. **Was ist eine Senke?**
   ☐ Ein Gerät zur Tiefenmessung.
   ☐ Ein Netz zur Aufbewahrung von Köderfischen.
   ☒ Ein Netz zum Köderfischfang.

7. **Was ist ein Pilker?**
   ☒ Ein schwerer Metallköder.
   ☐ Eine seltene Wurmart.
   ☐ Ein Landegerät.

8. **Was muss vor dem Angeln u. a. am Gerät überprüft werden?**
   ☒ Die Schnurführungsringe auf Risse, die Schnur auf Tragfähigkeit und die Rolle auf Bremszug.
   ☐ Die Fischwaage und die Entfettung der Rolle.
   ☐ Die Menge des Ködermaterials und die Qualität desselben.

9. **Wozu dient die Schwingspitze?**
   ☐ Zur Abfederung plötzlicher Fluchten des Fisches im Drill.
   ☐ Die Schwingspitze ermöglicht besonders weite Würfe.
   ☒ Die Schwingspitze dient als Bissanzeiger.

10. **Welcher Schnurring einer Rute ist am stärksten belastet?**
    ☒ Der Spitzenring.
    ☐ Alle Ringe.
    ☐ Der erste Ring nach der Rolle.

*Trainingsbogen 2*                                               *Gerätekunde*

**1. Welche der drei Rollentypen (Stationär-, Multi-, Nottinghamrolle) werden heute noch verwendet?**
    ☒ Alle drei.
    ☐ Die Stationär- und die Nottinghamrolle.
    ☐ Die Multirolle.

**2. Für welche Angelmethoden sind Multi- und Stationärrollen nicht geeignet?**
    ☒ Für die Flugangelei.
    ☐ Für die Grundangelei.
    ☐ Für die Stippangelei.

**3. Wie lang ist eine normale Einhand-Spinnrute?**
    ☒ 1,8 – 2,7 m.
    ☐ 2,7 – 3,5 m.
    ☐ 3,5 – 5 m.

**4. Welche verschiedenen Hakenformen gibt es zum Anbinden beim Einzelhaken?**
    ☒ Plättchen- und Öhrhaken.
    ☐ Dick- oder dünnschenklige Haken.
    ☐ Flach- und Rundstahlhaken.

**5. Was ist eine Rachensperre?**
    ☐ Eine Fischkrankheit.
    ☒ Ein Hilfsgerät bei der Hechtangelei.
    ☐ Spezialblinker für große Zander.

**6. Was ist ein typisches Merkmal eines Spinners?**
    ☒ Er dreht sich um eine Achse.
    ☐ Er taumelt.
    ☐ Er ist farbiger als ein Blinker.

**7. Welches Zubehör muss der Angler unbedingt beim Angeln bei sich haben?**
    ☒ Unterfangkescher, Zentimetermaß, Schlagholz, Messer, Hakenlöser.
    ☐ Ersatzrute, Regenzeug, Rutenhalter.
    ☐ Ersatzposen, Drahtsetzkescher, Ersatzrolle.

**8. Was ist ein Twister?**
    ☐ Ein Angelköder, der Geräusche erzeugt.
    ☒ Ein Angelköder aus weichem Kunststoff.
    ☐ Eine aus China importierte Fliegenmade.

**9. Wodurch unterscheidet sich der Rutengriff einer Spinnrute von einer Fliegenrute?**
    ☐ Durch eine Ausbuchtung für den Daumen.
    ☐ Durch unterschiedliche Längen.
    ☒ Durch die Anbringung des Rollenhalters vor oder hinter der Wurfhand.

**10. Für welche Fangmethoden eignet sich die Stationärrolle besonders gut?**
    ☐ Sie eignet sich gleich gut für alle Fangmethoden.
    ☐ Für das Fliegenfischen.
    ☒ Für die leichte und mittlere Spinnfischerei und für das Grundangeln.

Gerätekunde  Trainingsbogen 3

1. **Wie lang ist eine normale Zweihand-Spinnrute?**
   - ☒ 2,1 – 3 m.
   - ☐ 3,5 – 5,0 m.
   - ☐ 1,5 – 2,0 m.

2. **Wann soll die Tragfähigkeit der Angelschnur durch eine Knotenprobe geprüft werden?**
   - ☒ Vor jedem Angeln.
   - ☐ Nach einem Jahr.
   - ☐ Niemals.

3. **Wonach hat sich die Bremseinstellung an der Rolle zu richten?**
   - ☐ Nach der Schwere des zu erwartenden Fisches.
   - ☐ Nach der Größe der Rollenspule.
   - ☒ Nach der Tragfähigkeit der Schnur.

4. **Auf welche Hakenform werden Fliegen gebunden?**
   - ☐ Auf Plättchenhaken.
   - ☒ Auf Öhrhaken.
   - ☐ Auf Spezialhaken mit eingebundenem Vorfach.

5. **Wodurch unterscheidet sich ein Spinner von einem Blinker?**
   - ☐ Der Spinner ist leichter als ein Blinker.
   - ☒ Das Blatt des Spinners dreht sich um eine Achse.
   - ☐ Der Spinner ist farbiger als ein Blinker.

6. **Was bedeutet der Begriff „Nassfischen" bei der Flugangelei?**
   - ☐ Watfischen.
   - ☐ Fischen im Regen.
   - ☒ Fischen mit künstlicher Fliege unter Wasser.

7. **Darf beim Friedfischangeln ein Zwillings- oder ein Drillingshaken benutzt werden?**
   - ☐ Nur bei bestimmten Fischarten.
   - ☒ Niemals.
   - ☐ Nur bei Verwendung eines Kartoffelköders.

8. **Für welche Angelmethoden eignet sich die Multirolle?**
   - ☐ Sie eignet sich gleich gut für alle.
   - ☐ Für die Stippangelei.
   - ☒ Für die schwere Spinnfischerei, für das Schlepp- und für das Grundangeln.

9. **Wodurch entsteht hauptsächlich Schnurdrall?**
   - ☐ Durch ständiges Werfen.
   - ☐ Nur durch Stationärrollen.
   - ☒ Durch stark wirbelnde Köder.

10. **Angelschnur welcher Tragkraft sollte in der Regel beim Fang von Rotaugen, Rotfedern und Brassen verwendet werden?**
    - ☒ 2 – 6 kg.
    - ☐ 6 – 9 kg.
    - ☐ 9 – 17 kg.

*Trainingsbogen 4*                                            *Gerätekunde*

**1. Was ist ein Laufblei?**
- ☒ Ein Lochblei.
- ☐ Ein Lotblei.
- ☐ Ein Vorlaufblei vor einem künstlichen Köder.

**2. Was ist ein Drilling?**
- ☐ Drei hintereinander an einer Schnur befestigte Haken.
- ☐ Der Fang von drei Fischen zur gleichen Zeit.
- ☒ Ein Haken mit drei Spitzen.

**3. Was ist ein Wobbler?**
- ☐ Ein Gerät zum waidgerechten Töten gefangener Fische.
- ☒ Ein künstlicher Köder für den Fang von Raubfischen.
- ☐ Ein halbautomatisches Anfütterungsgerät für Weißfische.

**4. Welche allgemeine Regel gilt bei der waidgerechten Zusammenstellung: Haken, Schnur, Rute?**
- ☒ Großer Haken, starke Schnur und steife Rutenspitze, kleiner Haken, dünne Schnur und weiche Rutenspitze.
- ☐ Großer Haken, dünne Schnur und steife Rute.
- ☐ Kleiner Haken, starke Schnur und weiche Rute.

**5. Angelschnur welcher Tragkraft sollte in der Regel beim Fang von Barschen verwendet werden?**
- ☒ 5 – 6 kg.
- ☐ 6 – 9 kg.
- ☐ 9 – 17 kg.

**6. Wie lang soll das Stahlvorfach (cm) bei der Hechtfischerei mit Köderfisch sein?**
- ☒ Mindestens 30.
- ☐ Mindestens 15.
- ☐ Mindestens 10.

**7. Wie lang soll das Stahlvorfach (cm) bei der Hechtfischerei mit dem künstlichen Köder (Blinker) mindestens sein?**
- ☐ 30.
- ☒ 15.
- ☐ 5.

**8. Welche wesentliche Aufgabe hat bei der Spinnfischerei ein vorgeschalteter Wirbel?**
- ☐ Er hat das Wasser mit Sauerstoff anzureichern.
- ☐ Er erhöht den Anreiz zum Anbiss für den Raubfisch.
- ☒ Er verhindert ein Verdrallen der Schnur.

**9. Wodurch unterscheidet sich die Stationärrolle von der Multi- und der Nottinghamrolle?**
- ☐ Durch ihr Gewicht.
- ☐ Durch größeres Schnurfassungsvermögen.
- ☒ Die Rollenachse steht parallel zum Rutenschaft.

**10. Wie lang ist eine normale Einhand-Spinnrute?**
- ☒ 1,8 – 2,7 m.
- ☐ 2,7 – 3,5 m.
- ☐ 3,5 – 5 m.

# Gesetzeskunde

Die wichtigsten gesetzlichen Bestimmungen für den Angler in NRW sind das Fischereigesetz für das Land Nordrhein-Westfalen (Landesfischereigesetz) und die ordnungsbehördliche Verordnung zum Landesfischereigesetz (Landesfischereiordnung). Wie aus den Bezeichnungen hervorgeht, handelt es sich um Bestimmungen, die nur im Land Nordrhein-Westfalen gelten, denn das Fischereirecht ist Ländersache. Daraus folgt, dass man sich bei der Ausübung der Angelfischerei an fremden Gewässern nach speziellen Regelungen und Auflagen sowie in anderen Bundesländern nach den jeweiligen Bestimmungen erkundigen muss.

*Fischereirecht ist Ländersache*

Das Landesfischereigesetz (LFischG) enthält eine Vielzahl von Paragraphen, die hier nicht alle intensiv behandelt werden können. Es empfiehlt sich daher, sich das LFischG zu beschaffen und auch nach bestandener Fischerprüfung eingehend zu studieren.

Gleiches gilt für die gesetzlichen Bestimmungen zur Fischerei in den anderen Bundesländern. Obwohl viele Regelungen gleich oder ähnlich sind, sollte man sich zur Vorbereitung auf die Fischerprüfung die jeweiligen Texte besorgen und die Fragen aus dem Bereich der Gesetzeskunde vergleichen und überprüfen.

*Fischereierlaubnisscheininhaber haben sich an fremden Gewässern über spezielle Vorschriften zu informieren.*

Nachfolgend sollen die wichtigsten Regelungen von LFischG und Landesfischereiordnung (LFischO) kurz angesprochen werden.

### ■ Geltungsbereich

Das LFischG regelt die Fischerei in stehenden und fließenden Gewässern. Stehende Gewässer sind Wasseransammlungen ohne ständigen, natürlichen und oberirdischen Abfluss. Auch die Talsperren und Schifffahrtskanäle werden den stehenden Gewässern zugerechnet. Alle anderen Gewässer sind fließende Gewässer.

### ■ Aneignungsrecht und Hegepflicht

Das LFischG gilt nicht für Anlagen zur Fischzucht oder Fischhaltung. Allerdings müssen bestimmte Kriterien erfüllt sein, die deutlich machen, dass tatsächlich Fischzucht bzw.

*Gesetzeskunde*

-haltung betrieben wird. Einen weiteren Ausnahmefall bilden Privatgewässer. Privatgewässer sind immer nur stehende Gewässer, die gegen jeden Fischwechsel abgesperrt sind. Sie müssen zum unmittelbaren Haus-, Wohn- und Hofbereich gehören oder nicht größer als 0,5 ha (1 ha (Hektar) = 10.000 qm) sein. Gleiches gilt für Teiche, die in Verbindung mit fließenden Gewässern stehen. Derartige Teiche können z.B. Fischteiche sein, die von einem Fließgewässer mit Frischwasser versorgt werden.

Die meisten Vorschriften des LFischG gelten nicht für Privatgewässer. Allerdings ist es auch beim Befischen eines Privatgewässers erforderlich, einen Fischereischein zu haben. Lediglich der Eigentümer selbst benötigt keinen Fischereischein! Auch dürfen keine verbotenen Mittel wie künstliches Licht, explodierende, betäubende und giftige Stoffe sowie verletzende Geräte (mit Ausnahme von Angelhaken!) eingesetzt werden.

*Personen außer dem Eigentümer, die ein Privatgewässer befischen wollen, müssen einen gültigen Fischereischein besitzen.*

Das LFischG gibt die Befugnis, in einem Gewässer Fische, Neunaugen, zehnfüßige Krebse und Muscheln zu fangen, zu hegen und sich anzueignen. Diese Aufzählung macht deutlich, dass auch die Neunaugen, Krebse und Muscheln hier unter das Fischereirecht fallen. Außerdem ist es wichtig zu wissen, dass das Fischereirecht gleichzeitig die Hege beinhaltet. Man hat nicht nur Rechte, nämlich Fische und andere oben genannte Tiere zu fangen, sondern auch die Pflicht, einen der Größe und Beschaffenheit des Gewässers entsprechenden artenreichen, heimischen Fischbestand aufzubauen und zu erhalten (Hegepflicht).

*Unter Hegepflicht versteht man den Aufbau und Erhalt eines den Gewässerverhältnissen angepassten Fischbestandes.*

Weitere Hegemaßnahmen können z.B. die Beseitigung naturferner Gewässerstrukturen, die Anlage von Laichschongebieten, das Einbringen von Laichhilfen und Fischbesatzmaßnahmen sein.

In einem natürlichen Gewässer vermehren sich Fische und andere Wasserorganismen ohne besondere Hilfsmaßnahmen des Menschen. Da wir aber in Nordrhein-Westfalen und den meisten anderen Bundesländern kaum noch Gewässerstrecken haben, die noch völlig natürlich sind, dürfte Fischbesatz für den überwiegenden Teil der ausgebauten (kanalisierten) und damit naturfernen Gewässerstrecken erforderlich sein.

*In natürlichen oder naturnahen Gewässern mit normalen Nahrungsverhältnissen sind Besatzmaßnahmen nicht erforderlich.*

Der über Jahrzehnte betriebene intensive Gewässerausbau sowie die entsprechenden Unterhaltungsmaßnahmen haben fast flächendeckend zu einer Verschiebung (Verände-

## Gesetzeskunde

rung) des fischereilichen Artenspektrums geführt. Anspruchslose Fischarten wie z.B. Rotaugen, Brassen und Flussbarsche bilden große Bestände, während andere Arten (z.B. Bachforellen, Hechte und Neuaugen) gefährdet sind. Dies gilt insbesondere auch für typische Wanderfische sowie für die Fischarten, die zu Zwecken der Nahrungssuche innerhalb des Gewässers größere Wanderungen durchführen.

Die Bewirtschafter von Gewässern (i.d.R. Fischereivereine, aber auch Fischereigenossenschaften und Einzelpersonen) sind verpflichtet, einen artenreichen und heimischen Fischbestand zu erhalten. Dazu gehört häufig auch das Einbringen von Jungfischen, die i.d.R. in Fischzuchtanlagen produziert worden sind.

*Überzogene Fischbesatzmaßnahmen (Überbesatz) sind naturfeindlich und nicht zulässig.*

In den vergangenen Jahren ist vereinzelt versucht worden, den Fischbestand durch umfangreiche Besatzmaßnahmen auf ein hohes Niveau zu bringen. Mit anderen Worten, es sind viele Fische eingesetzt worden, um das Fangergebnis zu erhöhen. Ein solcher Überbesatz ist nicht erlaubt, naturfeindlich und aus verschiedenen Gründen auch wenig sinnvoll. Bei einem zu hohen Fischbestand finden die Individuen zu wenig Nahrung und sind daher nicht in guter körperlicher Verfassung. Dazu kommt der Stress aufgrund hoher Fischdichte und infolge der Nahrungskonkurrenz. Damit steigt die Gefahr, dass die Fische erkranken oder von Parasiten befallen werden. Derartig geschwächte Tiere verkümmern und verenden schließlich.

Wie bereits ausgeführt, ist in natürlichen Gewässern Fischbesatz nicht erforderlich. Von daher muss grundsätzlich das Bestreben der Allgemeinheit und auch der Angelfischerei sein, natürliche Verhältnisse zu schaffen. Erste Versuche in dieser Richtung werden ja mit Renaturierungsmaßnahmen an bestimmten Fließgewässerabschnitten unternommen. Wo bereits jetzt natürliche Verhältnisse vorherrschen und die einzelnen Fischarten in der Lage sind, sich selbst erhaltende Populationen aufzubauen, ist künstlicher Fischbesatz nicht zulässig.

Zur Klarstellung zählt das Landesfischereigesetz (LFischG) in § 3 genau auf, in welchen Fällen künstlicher Fischbesatz zulässig ist.

Fischbesatz ist zulässig und sinnvoll
   a) zum Ausgleich bei beeinträchtigter natürlicher Fortpflanzung einer Fischart,

b) zur Wiederansiedlung ursprünglich heimischer Fischarten,
c) nach Fischsterben,
d) zum Erstbesatz in neugeschaffenen Gewässern und
e) zum Ausgleich bei wasserbaulichen Anlagen (Wehre, Triebwerke, Kleinwasserkraftanlagen).

### ■ Inhaber des Fischereirechts

Das Fischereirecht steht dem Eigentümer des Gewässergrundstücks zu. Es ist also i.d.R. mit dem Eigentum am Gewässergrundstück verbunden. Es gibt allerdings die Ausnahmesituation der sogenannten selbständigen Fischereirechte, wo das Fischereirecht nicht mit dem Eigentum am Gewässergrundstück gekoppelt ist. Diese selbständigen Fischereirechte sind historisch begründet. Sie waren im Wasserbuch vermerkt und sollten heute auch im Grundbuch eingetragen sein.

### ■ Nutzung von Fischereirechten

Die Ausübung des Fischereirechts kann durch einen Fischereipachtvertrag in vollem Umfang oder unter Beschränkung auf den Fischfang durch einen Fischereierlaubnisvertrag übertragen werden.

I.d.R. wird das Fischereirecht von einer Fischereigenossenschaft zunächst auf einen Fischereiverein mit einem Fischereipachtvertrag übertragen. Der Fischereiverein gibt dann eine angemessene Zahl Fischereierlaubnisverträge (Angelscheine) an seine Mitglieder und Gäste aus. In diesem Fischereierlaubnisvertrag werden die Bedingungen festgelegt, wie geangelt werden darf (z.B. Anzahl der Ruten, Fangmethoden, Fangbeschränkungen, sonstige Regelungen).

Ein Fischereipachtvertrag wird i.d.R. über mindestens 12 Jahre abgeschlossen. Die Schriftform ist vorgeschrieben. Damit der Fischereipachtvertrag keine Vereinbarung enthält, die mit dem Fischereigesetz und der Landesfischereiordnung nicht vereinbar ist, muss jeder Fischereipachtvertrag der Fischereibehörde (im Allgemeinen der unteren Fischereibehörde beim Kreis oder der kreisfreien Stadt) zur Genehmigung vorgelegt werden. Die Genehmigung wird dann versagt, wenn die Erhaltung eines angemessenen Fischbestandes nicht sichergestellt ist.

Der Fischereiberechtigte (Fischereigenossenschaft, Fischereiverein oder Einzelperson) gibt für das oder die

*Fischereipachtverträge werden grundsätzlich über 12 Jahre abgeschlossen.*

*Fischereierlaubnisscheine werden vom Fischereiberechtigten oder Fischereipächter ausgestellt.*

*Gesetzeskunde*

*An Gewässern, die nicht Privatgewässer sind, müssen Fischereierlaubnisscheine in angemessener Zahl ausgegeben werden.*

Gewässer Fischereierlaubnisverträge aus. Dabei ist zu beachten, dass das oder die Gewässer nicht überfischt werden, d.h. es dürfen nicht mehr Erlaubnisscheine ausgegeben werden, als das Gewässer verkraften kann. Es muss also sichergestellt sein, dass keinesfalls eine Überfischung stattfindet.

Es muss aber auch dafür gesorgt werden, dass für Gewässer über 0,5 ha eine angemessene Zahl von Fischereierlaubnisscheinen ausgegeben wird.

### ■ Ruhen der Fischerei

In einem mit Gewässern nicht gerade gesegneten Bundesland wie z.B. Nordrhein-Westfalen sind viele Fischereivereine sehr daran interessiert, zusätzliche Wasserflächen zu erwerben oder anzupachten. Das führt dazu, dass neu entstehende Baggerseen frühzeitig angepachtet und bereits in der Anfangsphase mit Fischen besetzt werden, um sie möglichst frühzeitig einer Befischung zugänglich zu machen.

*Neu entstandenen Baggerseen ist eine 3-jährige Ruhepause für eine natürliche Entwicklung einzuräumen.*

Eine solche Maßnahme ist erst dann sinnvoll, wenn sich in einem neu entstandenen Gewässer so viele pflanzliche und tierische Organismen angesiedelt und entwickelt haben, dass eine ausreichende Nahrungsgrundlage für Fische besteht. Dies ist i.d.R erst nach Ablauf von 3 Jahren der Fall. Um diese Frist zu gewährleisten, bestimmt das Landesfischereigesetz in § 12 a, dass während der Entstehungsphase und für die ersten 3 Jahre danach in neuen Gewässern alle Maßnahmen verboten sind, die den Fischbestand verändern könnten (z.B. Fischbesatz, Einbringen von Fischnährtieren).

### ■ Fischfang an überfluteten Grundstücken

Obwohl die meisten Fließgewässer ausgebaut worden sind, um die Gefahr durch Hochwasser zu mindern, kommt es immer wieder zu Überflutungen in der Talaue. Dabei kann es passieren, dass aus dem Fließgewässer auf die Ufergrundstücke gelangte Fische beim Zurückfließen des Hochwassers nicht wieder in das Hauptgewässer zurückkommen. Der Fischereiausübungsberechtigte darf in derartigen Fällen auf den überfluteten Grundstücken fischen. Das Recht auf die Befischung überfluteter Grundstücke steht also nicht dem Eigentümer des jeweiligen Grundstücks zu. Hat allerdings der Fischereiausübungsberechtigte versäumt, sich die Fische innerhalb einer Woche nach Rücktritt des Wassers

## Gesetzeskunde

anzueignen, so darf sich nach Ablauf dieser Frist der Eigentümer oder Nutzungsberechtigte eines Grundstücks die zurückgebliebenen Fische aneignen.

Natürlich sind überflutete fremde Fließgewässer, Hofräume, gewerbliche Anlagen und eingefriedete Grundstücke von der Befischung ausgenommen. Eingezäunte Viehweiden gelten nicht als eingefriedete Grundstücke!

*Eingezäunte Viehweiden gelten nicht als eingefriedete Grundstücke und dürfen daher bei Überflutung befischt werden.*

### ■ Zugang zu Gewässern

Der Angler hat ein Uferbetretungsrecht, d.h. an das Gewässer angrenzende Ufer dürfen zum Zwecke der Ausübung der Fischerei betreten werden. Davon ausgenommen sind bestimmte Schutzgebiete, so z.B. Trinkwassergewinnungsgelände, Naturschutzgebiete mit Fischereiverbot und Grundstücksbereiche, die zum unmittelbaren Haus-, Wohn- und Hofbereich gehören. Auch gewerbliche Anlagen sind verständlicherweise vom Uferbetretungsrecht ausgenommen. Campingplätze sind grundsätzlich zugänglich, allerdings ist der Angler gut beraten, Uferbereiche an Campingplätzen nur außerhalb der Saison zu befischen.

*Das Uferbetretungsrecht erlaubt dem Fischereiausübungsberechtigtem den Zugang zum Gewässer in dem für die Fischerei notwendigen Umfang.*

*Für Gebäude und Grundstücksteile, die zum unmittelbaren Haus-, Wohn- und Hofbereich gehören, gilt das Uferbetretungsrecht nicht.*

### ■ Fischereigenossenschaften

Hegemaßnahmen sind dann besonders wirksam, wenn sie großräumig durchgeführt werden. Aus diesem Grunde wäre es sinnvoll, ganze Gewässer oder sogar Gewässersysteme (Gewässer mit Nebengewässern) zu einer Bewirtschaftungseinheit zusammenzufassen. So wäre es möglich, Renaturierungsmaßnahmen einheitlich zu gestalten, für die Durchwanderbarkeit eines Flusses von der Quelle bis zur Mündung zu sorgen und Fischbesatzmaßnahmen mit den Vereinen abzustimmen.

Da die Betreuung eines gesamten Gewässersystems organisatorisch schwierig und mit großem finanziellen Aufwand verbunden ist, hat sich der Gesetzgeber zu kleineren Einheiten entschlossen.

Im Gebiet einer Gemeinde bilden alle Fischereirechte an fließenden Gewässern einen gemeinschaftlichen Fischereibezirk. Die Fischereiberechtigten, d.h. die Inhaber der Fischereirechte innerhalb eines gemeinschaftlichen Fischereibezirks bilden eine Fischereigenossenschaft.

*Eine Fischereigenossenschaft setzt sich aus den Fischereiberechtigten des Fischereibezirks zusammen.*

Die Fischereigenossenschaft ist eine Körperschaft des öffentlichen Rechts und unterliegt daher der behördlichen Rechts- und Fachaufsicht.

*Fischereivereine mit eigenen Fischereirechten sind Mitglieder der Fischereigenossenschaften.*

Mitglieder der Genossenschaft sind die Inhaber von Fischereirechten, d.h. Privatpersonen oder juristische Personen. Auch Fischereivereine, die selbständige Fischereirechte oder Gewässergrundstücke besitzen, können Mitglieder einer Genossenschaft sein.

Der Anteil der Fischereigenossenschaftsmitglieder an den Nutzungen und Lasten bestimmt sich nach dem Wert der Fischereirechte. Der Schlüssel zur Bewertung der Fischereirechte kann z.B. die Uferlänge oder besser noch die Gewässerfläche sein.

Die Fischereigenossenschaft ist verpflichtet, in einer Satzung die Rechtsverhältnisse der Genossenschaft zu regeln. Diese Satzung muss von der Fischereibehörde genehmigt und öffentlich bekanntgemacht werden.

Organe der Fischereigenossenschaft sind die Genossenschaftsversammlung und der Vorstand.

*Die Fischereiberechtigten der Fischereigenossenschaft wählen den Vorstand.*

Die Genossenschaftsversammlung, bestehend aus den Fischereiberechtigten, beschließt die Satzung, wählt den Vorstand sowie dessen Vorsitzenden und nimmt ihre Aufgaben wahr. Die Führung der Fischereigenossenschaft obliegt dem Vorstand. Für die Aufsicht über die Fischereigenossenschaft ist die Verwaltung des Kreises sowie der kreisfreien Stadt zuständig. Obere Aufsichtsbehörde ist die Bezirksregierung, die oberste Aufsichtsbehörde das Ministerium für Umwelt, Raumordnung und Landwirtschaft.

Die bereits angesprochene großräumige Hege und Nutzung eines Gewässers soll auch dadurch erreicht werden, dass für bestimmte Gewässer oder Gewässersysteme mit besonderer fischereilicher und ökologischer Bedeutung Hegepläne aufzustellen sind. In diesen soll u.a. Datenmaterial zum Gewässerzustand, zum Fischbestand, zu Fang und Besatz sowie weiteren fischereilich bedeutsamen Faktoren zusammengetragen werden. Der Hegeplan kann dann später für den oder die Bewirtschafter ein gutes Instrument für durchzuführende Hegemaßnahmen sein.

### ■ Fischerprüfung/Fischereischein

Grundsätzlich muss jeder Angler im Besitz eines Fischereischeins sein, diesen bei der Ausübung der Fischerei bei sich führen und auf Verlangen den Polizeibeamten, den Dienstkräften der Ordnungsbehörden und den Fischereiaufsehern zur Prüfung aushändigen. Die Ausnahme, nämlich

## Gesetzeskunde

der Wegfall der Fischereischeinpflicht für den Eigentümer von Privatgewässern, wurde bereits erwähnt.

Einen Fischereischein bekommt man i.d.R. erst dann, wenn eine Fischerprüfung erfolgreich abgelegt worden ist. Personen, die eine Ausbildung als Fischer, Fischzüchter oder Fischereiwissenschaftler abgelegt haben, müssen keine Fischerprüfung ablegen. Auch die Erteilung von Jugendfischereischeinen ist ohne Nachweis der Fischerprüfung möglich. Es gibt einige weitere Ausnahmevorschriften, auf die hier nicht eingegangen werden soll.

*Das Bestehen der Fischerprüfung ist grundsätzlich Voraussetzung für die Erteilung eines Fischereischeins.*

Die in anderen Bundesländern ausgestellten Fischereischeine und eine abgelegte Fischerprüfung werden anerkannt, allerdings nur dann, wenn der Inhaber des Fischereischeins bzw. der Prüfungsbewerber zum Zeitpunkt der Prüfung seinen ständigen Wohnsitz nicht in Nordrhein-Westfalen hatte.

Bei der Fischerprüfung sind ausreichende Kenntnisse über die in Nordrhein-Westfalen heimischen Fischarten, über Fanggeräte und deren Gebrauch, über die Behandlung gefangener Fische und die fischereilichen und tierschutzrechtlichen Vorschriften nachzuweisen. Näheres regelt die Verordnung über die Fischerprüfung.

Jugendliche, die das 10., aber noch nicht das 16. Lebensjahr vollendet haben, erhalten einen Jugendfischereischein. Sofern Jugendliche die Fischerprüfung abgelegt und das 14. Lebensjahr vollendet haben, kann der Fischereischein erteilt werden.

*Ein Jugendfischereischein kann vor Vollendung des 10. Lebensjahres nicht erteilt werden.*

Personen, die wegen Fischwilderei oder bestimmter anderer Delikte wie z.B. Tierquälerei rechtskräftig verurteilt worden sind, kann der Fischereischein versagt werden. Gleiches gilt sinngemäß für den Fall, dass Inhaber eines Fischereischeins wegen obengenannter Delikte bestraft worden sind. Die Behörde kann den Fischereischein für ungültig erklären und einziehen.

Ein Fischereischein wird für ein Kalenderjahr oder für fünf aufeinander folgende Kalenderjahre erteilt. Jugendfischereischeine werden immer nur für ein Kalenderjahr erteilt.

Fischereischein und Jugendfischereischein werden von der Gemeinde, d.h. der Fischereibehörde der kreisfreien Stadt oder bei Kreisen durch die angehörigen Kommunen ausgegeben. Mit der Gebühr wird eine Fischereiabgabe in gleicher Höhe erhoben, die zur Förderung der Fischerei zu verwenden ist.

*Zuständig für die Ausstellung von Fischereischeinen ist die Gemeinde.*

## Gesetzeskunde

*Grundsätzlich sind für das Angeln in Binnengewässern Fischereischein und Fischereierlaubnisschein erforderlich.*

Während der Fischereischein lediglich die allgemeine Befugnis enthält, die Fischerei auszuüben, benötigt der Angler zusätzlich eine Erlaubnis für das spezielle Gewässer, welches er befischen will, nämlich einen Fischereierlaubnisschein. (Der Eigentümer oder Pächter eines Gewässers benötigt keinen Erlaubnisschein!) Auch dieser ist dem zur Aufsicht legitimierten Personenkreis zur Prüfung auszuhändigen. Der Fischereierlaubnisschein muss den Namen, Vornamen und die Anschrift des Inhabers, das Datum der Ausstellung und die Gültigkeitsdauer, die genaue Bezeichnung der Gewässer oder der Gewässerstrecken, Angaben über zugelassene Fanggeräte sowie sonstige fischereiliche Bestimmungen enthalten und vom Fischereiberechtigten sowie vom Inhaber des Erlaubnisscheins unterschrieben sein.

*Ein Fischereierlaubnisschein ist dann nicht erforderlich, wenn der Angler selbst Fischereiberechtigter oder Fischereipächter ist.*

### ■ Verbot schädigender Mittel

*Künstliches Licht, explodierende, betäubende und giftige Stoffe sind verboten.*

Es versteht sich von selbst, dass aus Gründen des Tierschutzes sowie der Waidgerechtigkeit bestimmte Geräte und Fangmethoden verboten sind. Im LFischG werden beispielhaft aufgeführt, dass beim Fischfang künstliches Licht, explodierende, betäubende und giftige Mittel sowie verletzende Geräte (mit Ausnahme von Angelhaken) nicht angewandt werden dürfen.

*Das Befischen eines Gewässers mit Elektrizität kann unter Auflagen und Bedingungen genehmigt werden, um wissenschaftliche Arbeiten und Untersuchungen zu ermöglichen.*

Es gibt eine bestimmte anerkannte und bewährte Methode, Fische unter Anwendung des elektrischen Stromes zu fangen. Die Tiere werden dabei lediglich für eine kurze Zeit betäubt, so dass sie dem Gewässer entnommen, bestimmt und vermessen werden können. Anschließend werden die Tiere in das Gewässer zurückgesetzt und erholen sich schnell. Diese Form des Fischfangs ist nur für wissenschaftliche Zwecke unter bestimmten Voraussetzungen zulässig und darf nur von dafür speziell ausgebildeten Personen durchgeführt werden.

### ■ Fischwege

*Vorrichtungen, die Fischen das Überwinden von Stauanlagen im Gewässer ermöglichen, werden als Fischwege bezeichnet.*

An vielen Fließgewässern befinden sich Wehranlagen, an denen das Wasser aufgestaut wird, um es z.B. für die Gewinnung von Strom durch Turbinen zu nutzen. An vielen dieser Wehranlagen fehlen Fischtreppen, so dass der Fischwechsel unterbrochen ist.

Ein weiteres Problem ist dadurch gegeben, dass Fische und andere Wasserorganismen in die Turbinen geraten und dort getötet oder stark beschädigt werden. Aus diesen Gründen

*Gesetzeskunde*

müssen geeignete Vorrichtungen an Stauhaltungen vorhanden sein, um das Eindringen von Fischen zu verhindern. Wo derartige Vorrichtungen aus verschiedenen Gründen nicht angebracht werden können, ist der Betreiber der Anlage verpflichtet, einen bestimmten Geldbetrag für Fischbesatz als Ausgleich für Schädigungen am Fischbestand zu entrichten.

Gleichzeitig ist es wichtig, die Passierbarkeit des Fließgewässers zu erhalten oder wieder herzustellen. Daher wird in wasserrechtlichen Verfahren bei der Errichtung von Absperrbauwerken oder anderen Anlagen in einem Gewässer grundsätzlich gefordert, Fischwege (Sohlrampen, Fischtreppen oder andere Fischaufstiegs- und Fischabstiegshilfen) anzulegen und zu unterhalten. Wo aus räumlichen oder anderen Gründen Fischwege nicht angelegt werden können, wird der Betreiber von der Genehmigungsbehörde verpflichtet, einen angemessenen Beitrag zur Beschaffung von Fischbesatz zu leisten. Die letztgenannte Regelung kann nur im Ausnahmefall zugelassen werden. Seitens der Fischerei ist grundsätzlich Wert darauf zu legen, dass Fischwege gebaut werden.

Aufgrund der besonderen Bedeutung der Durchgängigkeit der Gewässer nicht nur für Wanderfische, sondern auch für viele andere Fischarten und sonstige Wasserorganismen ist auch bei bestehenden Anlagen die nachträgliche Errichtung von Fischwegen zu verlangen. Die obere Fischereibehörde kann im Benehmen mit der zuständigen Wasserbehörde eine solche Forderung durchsetzen.

Der Ordnung halber wird darauf hingewiesen, dass an Fischwegen jede Art des Fischfangs nicht gestattet ist. Auch die Grundsätze der Waidgerechtigkeit verbieten es, den Fischen an derartigen Anlagen nachzustellen. Das Fangverbot betrifft nicht nur den Fischweg selbst, sondern auch die Gewässerstrecken oberhalb und unterhalb des Fischweges. Die obere Fischereibehörde legt das räumliche Fischfangverbot fest.

*An Fischwegen ist der Fischfang grundsätzlich untersagt.*

■ **Ablassen von Gewässern**

An Stauanlagen treten manchmal Defekte auf, so dass Reparaturarbeiten erforderlich sind. Diese können nur durchgeführt werden, wenn der Wasserspiegel abgesenkt wird. Auch bei der Erneuerung von Triebwerken, bei Hochwasserereignissen oder Eisgang kann ein Absenken des Wasserspiegels erforderlich werden.

*Gesetzeskunde*

*Über das vorgesehene Ablassen (Absenken des Wasserspiegels) eines Gewässers ist der Fischereiberechtigte eine Woche vorher schriftlich zu informieren.*

Beim plötzlichen Ablassen von Gewässern wird der Fischbestand stromabwärts verfrachtet. Daher hat der zum Ablassen eines Gewässers Berechtigte die Verpflichtung, den Fischereiberechtigten an dem betreffenden Gewässer mindestens eine Woche vorher schriftlich zu informieren.

Sofern in Notfällen sofortiges Handeln erforderlich wird, kann die Fischereibehörde das Ablassen schon vor Ablauf der Frist zulassen. Auch in diesen Fällen ist der Fischereiberechtigte unverzüglich in Kenntnis zu setzen.

### ■ Landesfischereiordnung

*Die LFischO enthält u.a. Regelungen zu Fang, Verwertung und Untersuchung des Fischbestandes.*

Zum Schutz der Fischerei kann die oberste Fischereibehörde (Ministerium für Umwelt und Naturschutz, Landwirtschaft und Verbraucherschutz) durch ordnungsbehördliche Verordnung (Landesfischereiordnung) Bestimmungen erlassen z.B. über die Schonzeiten der Fische, das Mindestmaß bestimmter Fischarten, Regelungen zum Aussetzen von Fischarten, die Verwendung bestimmter Fischereigeräte, den Schutz von Fischlaichplätzen sowie die Verwendung bestimmter Fangmittel. Die Landesfischereiordnung ist von allen Anglern zu befolgen! Die wichtigsten Regelungen der Landesfischereiordnung werden an anderer Stelle besprochen (s. S. 158 ff.).

*Die LFischO ist verbindlich für jeden Angler.*

*Die obere Fischereibehörde (Bezirksregierung) kann Fischschonbezirke ausweisen, um die Erhaltung von bedrohten Fischarten, ihrer Laichplätze oder Winterlager zu fördern. Laichschonbezirke sollen das ungestörte Ablaichen bestimmter Fischarten ermöglichen.*

Damit die Fortpflanzung z.B. gefährdeter Fischarten nicht durch Störungen beeinträchtigt wird, kann die obere Fischereibehörde (Bezirksregierungen) im Einvernehmen mit der oberen Wasserbehörde bestimmte Gewässer und Gewässerteile zu Fischschonbezirken oder Laichschonbezirken erklären. Gleiches gilt für Gewässerteile, die als Winterlager ausgewiesen werden, weil sie für Fische als Refugium in den Wintermonaten dienen und dafür besonders geeignet sind.

### ■ Mitführen von Fischereigerät

In manchen Fällen wird ein Angler beim Aufsuchen einer bestimmten Gewässerstrecke auch an Gewässern entlanggehen, in denen er nicht zum Fischfang berechtigt ist. Dabei dürfen die Fischereigeräte nicht fangfertig montiert sein. Mit anderen Worten, wenn sich ein Angler mit fangfertigen Fischereigeräten an einem Gewässer befindet, muss er stets im Besitz einer Fischereierlaubnis für dieses Gewässer sein.

*Gesetzeskunde*

## ■ Fischereiliche Veranstaltungen

Fischereivereine führen traditionelle Veranstaltungen für ihre Mitglieder durch wie z.B. Anangeln, Königsangeln und Raubfischangeln. Diese Veranstaltungen sind genehmigungsfrei. Veranstaltungen, an denen mehrere Fischereivereine teilnehmen, müssen von der Fischereibehörde genehmigt werden. Diese Bestimmung soll gewährleisten, dass der Fischbestand nicht durch zu viele größere Veranstaltungen gefährdet wird.

Wettfischen sind verboten. Dieses Verbot wurde eingeführt, um zu verhindern, dass Fische nur deshalb gefangen werden, um mehr oder weniger wertvolle Preise zu erringen. Die Kreatur wird bei solchen Veranstaltungen nur als Mittel zum Zweck benutzt. Wettfischveranstaltungen sind daher aus Gründen des Tierschutzes und der Waidgerechtigkeit nicht zulässig.

*Wettfischen sind verboten.*

## ■ Fischereibehörden und Fischereibeirat

I.d.R. wird der Angler direkt nur mit der unteren Fischereibehörde zu tun haben. Die untere Fischereibehörde ist die Kreisordnungsbehörde (das Ordnungsamt beim Kreis oder der kreisfreien Stadt). Die obere Fischereibehörde ist die Bezirksregierung. In Nordrhein-Westfalen haben wir die Regierungsbezirke Arnsberg, Münster, Detmold, Köln und Düsseldorf. Als oberste Fischereibehörde fungiert das Ministerium für Umwelt und Naturschutz, Landwirtschaft und Verbraucherschutz des Landes Nordrhein-Westfalen (MUNLV) in Düsseldorf.

In der obersten Fischereibehörde ist ein Beirat für das Fischereiwesen tätig, der sich aus Mitgliedern des Fischereiverbandes NRW sowie anderer der Fischerei nahestehenden Organisationen zusammensetzt. Dieser Fischereibeirat hat die Aufgabe, das Ministerium in fischereilichen Fragen zu beraten und z.B. über die Verwendung der Fischereiabgabe zu beschließen.

Bei den unteren Fischereibehörden ist ein Fischereiberater ehrenamtlich tätig. Dieser Fischereiberater wird von der unteren Fischereibehörde berufen und sollte über besondere fischereiliche Kenntnisse verfügen, um die Behörde in wichtigen Fischereiangelegenheiten beraten zu können. Geeignete Personen für das Amt des Fischereiberaters werden vom Fischereiverband NRW vorgeschlagen.

*Der Fischereiberater wird vom Fischereiverband Nordrhein-Westfalen vorgeschlagen und von der unteren Fischereibehörde berufen.*

*Gesetzeskunde*

### ■ Fischereiaufseher

*Amtlich verpflichtete Fischereiaufseher prüfen bei der Kontrolle von Anglern, ob die gesetzlichen Vorschriften eingehalten werden.*

Die Fischereibehörde kann sich zur Erfüllung ihrer Überwachungsaufgaben amtlich verpflichteter Fischereiaufseher bedienen.

Den amtlich verpflichteten Fischereiaufsehern sind auf Verlangen auch die beim Fischfang gebrauchten Fanggeräte, eventuell gefangene Fische und Fischbehälter vorzuzeigen und der Fischereischein sowie Fischereierlaubnisschein zur Überprüfung auszuhändigen.

*Fischereipapiere sind dem Fischereiaufseher bei einer Kontrolle auszuhändigen.*

Die amtlich verpflichteten Fischereiaufseher sind bei der Durchführung der Fischereiaufsicht befugt, Grundstücke zu betreten und Gewässer zu befahren.

Verschiedene Bestimmungen zum Schutz der Fischerei sind in der ordnungsbehördlichen Verordnung zum LFischG (Landesfischereiordnung [LFischO]) festgelegt worden. Die LFischO ist vom Verfahren her schneller zu ändern als das LFischG, d.h. sie kann auf die Notwendigkeit von gezielten Schutzmaßnahmen z.B. für eine bestimmte Fischart schneller reagieren.

*Die LFischO gilt nur im Rahmen des Landesfischereigesetzes.*

### ■ Schonzeiten

Besonders gefährdete Fische, Neunaugen, Krebse und Muscheln dürfen dem Wasser nicht entnommen werden, sie genießen eine ganzjährige Schonzeit. Sollte ein derartig geschütztes Tier zufällig an die Angel oder in ein Fanggerät (Reuse) gelangen, ist das sofortige schonende Zurücksetzen erforderlich.

*Lachs und Meerforelle sind ganzjährig geschütze Fischarten.*

Eine ganzjährige Schonzeit gilt zunächst einmal für alle Fischarten, die in NRW nicht mehr vorkommen (Stör, Maifisch, Finte), für die besondere Schutzprogramme laufen (Lachs und Meerforelle) oder die als besonders selten eingestuft werden müssen (Schneider, Steinbeißer, Elritze und Neunaugen). Andere Arten sind geschützt, da sie aufgrund fehlender Biotopstrukturen oder bestimmter Lebensraumansprüche besondere Aufmerksamkeit verdienen, z.B. Koppe, Moderlieschen, Quappe, Schlammpeitzger, Schmerle, Elritze, Zwergstichling und Bitterling.

*Der Europäische Flußkrebs (Edelkrebs) ist ganzjährig geschützt. Die Malermuschel unterliegt einer ganzjährigen Schonzeit.*

Auch der Europäische Flusskrebs (Edelkrebs), seit Anfang dieses Jahrhunderts durch die Krebspest nahezu ausgerottet, hat eine ganzjährige Schonzeit. Ebenfalls geschützt sind alle Großmuscheln. Der Angler ist daher gut beraten, keinesfalls Muscheln als Köder zu verwenden, wie es von Zeit zu Zeit immer noch in einigen Angelzeitschriften empfohlen wird.

## Gesetzeskunde

Einige Fischarten sind zwar nicht direkt gefährdet, man möchte sie aber während der Laichzeit vor Nachstellungen schützen. Darüber hinaus gebietet die Waidgerechtigkeit, dass Mutterfische, die noch nicht abgelaicht haben, schonend zurückgesetzt werden. Es ist nämlich aufgrund der Witterungsverhältnisse oder aus anderen Gründen immer möglich, dass sich die Zeit der Eiablage um einige Wochen verschiebt.

*Die Festsetzung von Schonzeiten soll das ungestörte Ablaichen der Fische ermöglichen.*

Die folgenden Schonzeiten sollte man sich einprägen:

| Fischart | Schonzeit |
|---|---|
| Seeforelle, Bachforelle, Bach- und Seesaibling | 20. Oktober bis 15. März einschl. |
| Äsche und Nase | 01. März bis 30. April einschl. |
| Zander | 01. April bis 31. Mai einschl. |
| Barbe | 15. Mai bis 15. Juni einschl. |
| Hecht | 15. Februar bis 30. April einschl. |

*In der Schonzeit sind sämtliche auf die geschützte Fischart ausgerichteten Fangversuche und -methoden untersagt.*

### ■ Mindestmaße

Für die meisten Angelfische sind Mindestmaße festgelegt, d.h. sie dürfen dem Wasser nur ab einer bestimmten Größe, gemessen von der Kopfspitze bis zum Ende der Schwanzflosse, entnommen werden. Die nachfolgend aufgelisteten Maße sind die gesetzlichen Mindestmaße, die als untere Grenze verbindlich sind, während Fischereigenossenschaften und/oder Angelvereine durchaus höhere Maße zur Schonung bestimmter Arten festlegen können.

*Das Mindestmaß legt die Länge fest, ab welcher eine bestimmte Fischart gefangen werden darf.*

Zur Zeit in NRW gültige Mindestmaße:

| Fischart | Mindestmaß |
|---|---|
| Aal (Anguilla anguilla L.) | 35 cm |
| Barbe (Barbus barbus L.) | 35 cm |
| Nase (Chondrostoma nasus L.) | 25 cm |
| Karpfen (Cyprinus carpio L.) | 35 cm |
| Hecht (Esox lucius L.) | 45 cm |
| Aland (Leuciscus idus L.) | 25 cm |
| Bachforelle (Salmo trutta fario L.) | 25 cm |
| Seeforelle (Salmo trutta lacustris L.) | 50 cm |
| Seesaibling (Salvelinus alpinus salvelinus L.) | 30 cm |
| Bachsaibling (Salvelinus fontinalis MITCH.) | 25 cm |
| Wels (Silurus glanis L.) | 50 cm |
| Zander (Stizostedion lucioperca L.) | 40 cm |
| Äsche (Thymallus thymallus L.) | 30 cm |
| Schleie (Tinca tinca L.) | 20 cm |

### ■ Verwendung von Köderfischen

Noch vor wenigen Jahren war es üblich, Raubfische wie Hecht und Zander mit lebenden Köderfischen zu fangen.

## Gesetzeskunde

*Die Verwendung lebender Köderfische ist nur in Ausnahmefällen nach Genehmigung durch die untere Fischereibehörde zulässig.*

Inzwischen gibt es viele Berichte darüber, dass ein gleich gutes Fangergebnis auch mit dem toten Köderfisch oder künstlichen Ködern (Gummifisch, Wobbler, Blinker und Spinner) erzielt werden kann. Damit entfällt der nach dem Tierschutzgesetz erforderliche vernünftige Grund, um z.B. zum Hechtfang ein lebendes Fischchen zu verwenden.

Tote Köderfische werden nach wie vor eingesetzt. Um zu vermeiden, dass mit dem Köder Fischkrankheiten in das Gewässer eingeschleppt werden, sollen Köderfische aus dem Gewässer oder Gewässersystem stammen, das beangelt wird.

In Ausnahmefällen kann die untere Fischereibehörde die Verwendung lebender Köderfische zulassen, aber nur dann, wenn die Hegepflicht nicht auf andere Weise erfüllt werden kann.

Alle Fischarten, für die eine befristete oder unbefristete Schonzeit bzw. ein Mindestmaß festgelegt worden ist, dürfen nicht als Fischköder verwendet werden. Von daher kommen eigentlich nur z.B. Rotaugen, kleine Brassen, Güstern oder Flussbarsche als Raubfischköder infrage.

### ■ Elektrofischerei

*Die Ausübung der Elektrofischerei ist nur im Rahmen wissenschaftlicher Arbeiten mit behördlicher Genehmigung gestattet.*

Der Fischfang mit Elektrizität ist nur im Rahmen wissenschaftlicher Arbeiten und sonstiger fischereibiologischer Erhebungen, zum Fang von Laichfischen oder für fischereiliche Hegemaßnahmen zulässig. Er muss von der unteren Fischereibehörde genehmigt werden. Die verwendeten Geräte unterliegen der TÜV-Kontrolle und der mit der Elektrofischerei betraute Personenkreis muss entsprechende spezielle Kenntnisse nachweisen.

### ■ Besatzverbot

*Das Aussetzen nicht einheimischer Fischarten ist verboten.*

Nichteinheimische Fische, Neunaugen, Krebse und Muscheln sowie deren Laich dürfen nicht in Gewässer ausgesetzt werden. Hiervon sind die aus Nordamerika stammenden Regenbogenforellen und Bachsaiblinge ausgenommen. Die beiden letztgenannten Arten sind vor etwa 100 Jahren nach Europa eingeführt und in viele Gewässer ausgesetzt worden. Auch ist die Regenbogenforelle als Brotfisch vieler Fischzuchtbetriebe bekannt.

Als Besatzfisch ist die Regenbogenforelle nicht geeignet, da sie als Konkurrent für heimische Arten angesehen werden muss.

## Gesetzeskunde

Der aus ostasiatischen Gewässern stammende Grasfisch ist als starker Pflanzenfresser in der Vergangenheit mehrfach in verkrautete Gewässer zur biologischen Wasserpflanzenreduzierung eingesetzt worden. Der Besatz stehender oder fließender Gewässer mit Grasfischen ist verboten.

*Der Grasfisch ist keine einheimische Fischart und darf daher nicht ausgesetzt werden.*

Der Vollständigkeit halber sei an dieser Stelle erwähnt, dass die Unsitte des Aussetzens nichteinheimischer Tiere auch nach dem Landschaftsgesetz (LG) verboten ist (s. § 61). Das Verbot geht sogar noch weiter, da im LG von „gebietsfremden Tieren und Pflanzen" gesprochen wird.

### ■ Besatz mit geschützten Fischarten

Das Aussetzen ganzjährig geschützter Arten, z.B. von Moderlieschen, Steinbeißern oder Quappen, kann eine sinnvolle Hegemaßnahme sein, um eine Wiederansiedlung zu versuchen oder kleine Bestände zu stützen. Dabei sollte man Besatzmaterial bevorzugen, dass genetisch eine hohe Verwandtschaft zu hiesigen Beständen aufweist. Sofern Fischbesatz mit bedrohten Kleinfischen, die einer ganzjährigen Schonzeit unterliegen, nur aus Gebieten außerhalb von NRW bezogen werden kann, muss die Genehmigung der jeweiligen oberen Fischereibehörde (Bezirksregierungen) eingeholt werden.

*Ganzjährig geschützte Fischarten aus anderen Bundesländern dürfen als Besatzfische in NRW nur dann verwendet werden, wenn die Genehmigung der oberen Fischereibehörde vorliegt.*

Gesetzeskunde                                    Trainingsbogen 1

1. **Wer stellt einen Fischereierlaubnisschein aus?**
   ☐ Die Fischereibehörde.
   ☐ Die LÖBF/LAfAO, Abteilung 5.
   ☒ Der Fischereiberechtigte oder der Fischereipächter.

2. **Wer wählt den Vorstand der Fischereigenossenschaft?**
   ☐ Der Oberkreisdirektor.
   ☒ Die zur Genossenschaft gehörenden Fischereiberechtigten.
   ☐ Die Fischereivereine.

3. **Was gilt nicht als eingefriedetes Grundstück?**
   ☐ Ein Grundstück, dessen Zaun leicht überklettert werden kann.
   ☐ Ein Grundstück, dessen Betreten durch Schilder untersagt ist.
   ☒ Eingezäunte Viehweiden.

4. **Für welche Maßnahmen im Rahmen der Hege und Pflege des Fischbestands ist eine behördliche Genehmigung erforderlich?**
   ☒ Für die Ausübung der Elektrofischerei.
   ☐ Für die Reusenfischerei.
   ☐ Für die Stellnetzfischerei.

5. **In welcher Form muss ein Fischereipachtvertrag abgeschlossen werden?**
   ☐ Es genügt eine mündliche Abmachung.
   ☒ In schriftlicher Form.
   ☐ In schriftlicher, notariell beglaubigter Form.

6. **Dürfen zum Angeln lebende Köderfische benutzt werden?**
   ☐ Nur an stehenden Gewässern.
   ☐ Nur wenn die Gewässerordnung des Vereins es gestattet.
   ☒ Nur in Ausnahmefällen nach schriftlicher Genehmigung durch die untere Fischereibehörde.

7. **Wozu kann die obere Fischereibehörde Fischschonbezirke ausweisen?**
   ☐ Um den betreffenden Gewässerabschnitt vor Verunreinigungen zu schützen.
   ☒ Zur Erhaltung von bedrohten Fischarten, ihrer Laichplätze oder Winterlager.
   ☐ Um Friedfische vor Raubfischen zu schützen.

8. **Ist die Landesfischereiordnung verbindlich für jeden Angler?**
   ☒ Ja, jeder Angler ist grundsätzlich daran gebunden.
   ☐ Nein, die Landesfischereiordnung gilt nicht für Angler, die gleichzeitig Gewässereigentümer sind.
   ☐ Nein, die Landesfischereiordnung gilt nicht für jugendliche Angler.

9. **Sind künstlich genetisch veränderte Fische als Besatzmaterial geeignet?**
   ☐ Ja, da sie besonders großwüchsig sind.
   ☒ Nein.
   ☐ Ja, wenn der Nachweis erbracht wird, dass sie eine hohe Vermehrungsrate aufweisen.

10. **Was versteht man unter einem Mindestmaß?**
    ☐ Die Länge der Satzfische.
    ☐ Die Länge der Laichfische.
    ☒ Die Länge der Fische, ab welcher diese gefangen werden dürfen.

Trainingsbogen 2 — Gesetzeskunde

1. **Kann einer Person vor Vollendung des 14. Lebensjahres der Fischereischein ausgestellt werden?**
   - ☒ Nein, nur der Jugendfischereischein.
   - ☐ Ja, wenn der Fischfang in Anwesenheit eines Erwachsenen ausgeübt werden soll.
   - ☐ Ja, ohne Beschränkung.

2. **Darf sich der Eigentümer oder Nutzungsberechtigte überfluteter Grundstücke auf diesen Grundstücken Fische aneignen?**
   - ☐ Nein.
   - ☒ Ja, sobald das Wasser auf dem überfluteten Grundstück länger als eine Woche mit dem Fluss nicht mehr in Verbindung steht.
   - ☐ Ja, aber nur mit Genehmigung der örtlichen Ordnungsbehörde.

3. **Welche Voraussetzung muss grundsätzlich erfüllt sein, um einen Fischereischein erwerben zu können?**
   - ☐ Ein gültiger Pachtvertrag.
   - ☐ Die Mitgliedschaft in einem Fischereiverein.
   - ☒ Das Bestehen der Fischerprüfung.

4. **Was sind verbotene Fangmittel?**
   - ☐ Aalreusen, Handangeln, Grundbleiangeln mit Seitenarmen.
   - ☒ Künstliches Licht, explodierende, betäubende und giftige Stoffe.
   - ☐ Spinnangeln und Aalkörbe.

5. **Darf die Elektrofischerei von jedermann ausgeübt werden?**
   - ☐ Nein, nur vom Fischereiberechtigten im eigenen Gewässer.
   - ☒ Nein, ausschließlich von Personen, die den Bedienungsschein besitzen.
   - ☐ Ja, wenn ein Fischereierlaubnisschein für das zu befischende Gewässer vorliegt.

6. **Ist der Fischfang in Fischwegen erlaubt?**
   - ☐ Ja, da die Fangmöglichkeiten besonders gut sind.
   - ☒ Nein, er ist grundsätzlich verboten.
   - ☐ Ja, aber nur am unteren Ende des Fischweges.

7. **Welche gesetzliche Bestimmung regelt das Fischen mit 2 Handangeln?**
   - ☐ Das Landesfischereigesetz.
   - ☐ Die Landesfischereiordnung.
   - ☒ Ist gesetzlich nicht geregelt.

8. **Auf welche Weise darf man einen im flachen Wasser laichenden Hecht erbeuten?**
   - ☐ Mit einem Kescher.
   - ☒ Er darf wegen der Schonzeit grundsätzlich nicht gefangen werden.
   - ☐ Mit einem Wobbler.

9. **Wer beruft den Fischereiberater?**
   - ☒ Die untere Fischereibehörde.
   - ☐ Der Fischereiverband Nordrhein-Westfalen e.V.
   - ☐ Die Fischereigenossenschaft.

10. **Welchem Zweck dient die Landesfischereiordnung?**
    - ☐ Sie regelt das Gemeinschaftsleben der Angler.
    - ☒ Sie regelt Fang, Verwertung und Untersuchung des Fischbestandes.
    - ☐ Sie regelt die Belange der Berufsfischerei und der Fischerzünfte.

Gesetzeskunde                                                    Trainingsbogen 3

1. **Darf man an einem Gewässer, in dem man nicht fischereiausübungsberechtigt ist, Fischereigeräte mit sich führen?**
   - ☐ Ja, ohne Einschränkung.
   - ☒ Ja, im verpackten, d. h. nicht gebrauchsfähigen Zustand.
   - ☐ Nein.

2. **Was ist beim Ablassen eines Gewässers nach dem Landesfischereigesetz zu beachten?**
   - ☐ Der zum Ablassen Berechtigte ist verpflichtet, die Fische zu bergen.
   - ☒ Der zum Ablassen Berechtigte muss das Ablassen dem Fischereiberechtigten in der Regel eine Woche vorher schriftlich anzeigen.
   - ☐ Das Ablassen muss durch die Fischereigenossenschaft vorher genehmigt werden.

3. **In welchen Fällen wird zur Ausübung der Fischerei ein Fischereierlaubnisschein erforderlich?**
   - ☒ Wenn der Ausübende nicht selbst Fischereiberechtigter oder Fischereipächter ist.
   - ☐ Wenn während der Schonzeit gefischt werden soll.
   - ☐ Wenn der Ausübende keine Fischerprüfung abgelegt hat.

4. **Müssen einem amtlich verpflichteten Fischereiaufseher die Fischereipapiere ausgehändigt werden?**
   - ☐ Nur, wenn er sich in Begleitung des Fischereiberechtigten befindet.
   - ☐ Nein.
   - ☒ Ja.

5. **Wozu dient ein Laichschonbezirk?**
   - ☐ Zum Schutz des Fischwechsels.
   - ☐ Zum Schutz der Gelege der Wasservögel.
   - ☒ Zum ungestörten Ablaichen.

6. **Unter welchen Voraussetzungen kann die Fischereibehörde die Genehmigung von Pachtverträgen versagen?**
   - ☒ Wenn der Pächter nicht die Gewähr für eine ordnungsgemäße Hege bietet.
   - ☐ Wenn mehrere Bewerber in Frage kommen.
   - ☐ Wenn der Pächter nicht im gleichen Kreis seinen Wohnsitz hat.

7. **Wer stellt Fischereischeine aus?**
   - ☐ Der Angelverein.
   - ☒ Die Gemeinde.
   - ☐ Die Fischereigenossenschaft.

8. **Welche Maßnahmen gelten für einen neu entstandenen Baggersee?**
   - ☐ Er muss unmittelbar nach Beendigung der Baggerarbeiten mit Forellen besetzt werden.
   - ☒ Während der Entstehungsphase und drei Jahre danach ruht die Fischerei.
   - ☐ Es muss ein Naturschutzgebiet ausgewiesen werden.

9. **Ist der Fang des Europäischen Flusskrebses erlaubt?**
   - ☒ Nein, er unterliegt einer ganzjährigen Schonzeit.
   - ☐ Ja, er ist eine Delikatesse.
   - ☐ Ja, sobald er eine Länge von 12 cm erreicht hat.

10. **Welcher Grundsatz sollte für den Umgang mit Fischen gelten?**
    - ☒ Keinem Fisch sollten ohne vernünftigen Grund Schmerzen und/oder Leiden zugefügt werden.
    - ☐ Zur Schonung der Fische sollten diese nach der Anlandung grundsätzlich nur mit einem trockenen Tuch angefasst werden.
    - ☐ Für Fische gilt das Tierschutzgesetz nicht.

*Trainingsbogen 4*                                                *Gesetzeskunde*

**1. Welche Aufgaben hat ein amtlich verpflichteter Fischereiaufseher?**
- ☒ Er hat zu überprüfen, ob die Fischerei nach den gesetzlichen Vorschriften erfolgt.
- ☐ Er hat darauf zu achten, dass die Angler in möglichst weitem Abstand voneinander fischen.
- ☐ Er hat dem Fischereiberechtigten oder -pächter monatlich mitzuteilen, wie viel Personen die Fischerei ausgeübt haben.

**2. Was versteht man unter „Hegepflicht"?**
- ☐ Das Ruhenlassen der Fischerei, damit sich die Fische stark vermehren können.
- ☒ Die Pflicht, einen den Gewässerverhältnissen entsprechenden Fischbestand zu hegen und zu erhalten.
- ☐ Das Verscheuchen fischfressender Vögel.

**3. Wonach muss sich der Fischereiausübungsberechtigte unbedingt erkundigen, nachdem er die Erlaubnis, fremdes Gewässer zu beangeln, erhalten hat?**
- ☐ Nach guten Angelstellen, besten Fangzeiten und bewährten Ködern.
- ☒ Nach besonderen Auflagen, die Schonzeiten und die Mindestmaße betreffend, und nach den Gesetzen, innerhalb derer er die Fischerei ausüben darf.
- ☐ Nach den Fischereikontrollen und den Strafen für Übertretungen.

**4. Wer ist die obere Fischereibehörde?**
- ☐ Das Ministerium für Umwelt und Naturschutz, Landwirtschaft und Verbraucherschutz*.
- ☐ Der Oberkreisdirektor.
- ☒ Die Bezirksregierung.

**5. Was sind Fischwege?**
- ☐ Im Gewässer für die Wanderungen der Fische bevorzugte Strecken.
- ☒ Vorrichtungen, die den Fischen die Überwindung von Stauanlagen im Gewässer ermöglichen.
- ☐ Zugangswege der Angler zum Gewässer.

**6. Ist das Aussetzen nicht einheimischer Fischarten z. B. aus Aquarien oder Gartenteichen erlaubt?**
- ☒ Nein, es ist nach der Landesfischereiordnung verboten.
- ☐ Ja, es erhöht die Artenvielfalt unserer Gewässer.
- ☐ Ja, denn sie haben es in einem großen Gewässer allemal besser als in einem Gartenteich.

**7. Wer bekommt einen Jugendfischereischein?**
- ☐ Angler unter 18 Jahren, die die Fischerprüfung bestanden haben.
- ☐ Angler zwischen 16 und 18 Jahren, die noch keine Fischerprüfung bestanden haben.
- ☒ Angler zwischen 10 und 16 Jahren, die noch keine Fischerprüfung abgelegt haben.

**8. Dürfen ganzjährig geschützte Fischarten, die aus anderen Bundesländern stammen, in Nordrhein-Westfalen ausgesetzt werden?**
- ☐ Nur in stehende Gewässer ohne Zu- und Abfluss.
- ☒ Nur mit Genehmigung der oberen Fischereibehörde.
- ☐ Nein.

**9. Darf die Malermuschel als Köder für den Fang von Karpfen verwendet werden?**
- ☐ Ja, sie ist dafür hervorragend geeignet.
- ☒ Nein, sie ist gesetzlich geschützt.
- ☐ Ja, aber nur dann, wenn sie aus demselben Gewässer stammt, in dem geangelt wird.

**10. Welches Mindestmaß hat der Aal?**
- ☐ Das Mindestmaß beträgt 50 cm.
- ☒ Das Mindestmaß beträgt 35 cm.
- ☐ Das Mindestmaß beträgt 25 cm.

---
* früher: Ministerium für Umwelt, Raumordnung und Landwirtschaft

Gesetzeskunde  Trainingsbogen 5

1. **Gilt die Landesfischereiordnung losgelöst vom Landesfischereigesetz?**
   ☐ Ja, sie setzt vorrangig das Tierschutzgesetz um.
   ☐ Ja, sie ist eigenständiges Recht, das vom Fischereigesetz nicht berührt wird.
   ☒ Nein, sie gilt nur im Rahmen des Landesfischereigesetzes.

2. **Welche Ausweise sind zur Ausübung des Fischfanges in Binnengewässern gesetzlich vorgeschrieben?**
   ☐ Die Vereinsgewässerordnung und der Fischerpass.
   ☒ Der Fischereischein und der Fischereierlaubnisschein.
   ☐ Die Vereinssatzung und der Mitgliedsausweis.

3. **Wem steht ein Uferbetretungsrecht zu?**
   ☒ Dem Fischereiausübungsberechtigten.
   ☐ Jedem Inhaber eines Fischereischeins.
   ☐ Dem Fischereiausübungsberechtigten und seinen Angehörigen.

4. **Gelten die in den anderen Bundesländern ausgestellten Fischereischeine auch im Land Nordrhein-Westfalen?**
   ☐ Nein.
   ☐ Ja, wenn dies durch Bundesgesetz geregelt ist.
   ☒ Ja, wenn der Inhaber des Fischereischeines seinen Wohnsitz zum Zeitpunkt der Ausstellung dieses Scheins nicht in Nordrhein-Westfalen hatte.

5. **Für welchen Zeitraum sind in der Regel Fischereipachtverträge mindestens abzuschließen?**
   ☐ 9 Jahre.
   ☐ 10 Jahre.
   ☒ 12 Jahre.

6. **Darf der Grasfisch in stehende Gewässer eingesetzt werden?**
   ☐ Nein, er darf nur in fließende Gewässer eingesetzt werden.
   ☒ Nein, er ist keine einheimische Fischart.
   ☐ Ja, als Pflanzenfresser vermindert er die unerwünschte Verkrautung stehender Gewässer.

7. **Welche der genannten Arten sind ganzjährig geschützt?**
   ☒ Lachs und Meerforelle.
   ☐ Bach- und Seeforelle.
   ☐ Hasel und Ukelei.

8. **Welche Behörde ist für Naturschutzgebiete zuständig?**
   ☐ Die Fischereibehörde.
   ☒ Die Landschaftsbehörde.
   ☐ Das Bauamt.

9. **Darf ein Fischereiberechtigter oder Pächter die Fischerei an einem mehr als 0,5 ha großen Gewässer allein ausüben?**
   ☐ Ja, ohne Einschränkung.
   ☒ Nein, er muss eine angemessene Zahl Erlaubnisscheine ausstellen.
   ☐ Ja, wenn das Gewässer umzäunt ist und nicht zum Haus und Hofbereich gehört.

10. **Ist die Fischerei mit elektrischen Geräten verboten?**
    ☐ Nur in fließenden Gewässern.
    ☐ Nein, sie ist ohne Einschränkung gestattet.
    ☒ Ja, jedoch kann sie unter Auflagen und Bedingungen genehmigt werden.

*Trainingsbogen 6* *Gesetzeskunde*

**1. Wann dürfen Wettfischen durchgeführt werden?**
- ☐ Wenn mindestens 10 Angelvereine teilnehmen.
- ☐ Wenn zu viele Weißfische vorhanden sind.
- ☒ Wettfischen sind verboten.

**2. Für welche Grundstücke gilt das Uferbetretungsrecht des Fischereiausübungsberechtigten nicht?**
- ☐ Für Campingplätze.
- ☐ Für eingezäunte Koppeln und Viehweiden.
- ☒ Für Gebäude und zum unmittelbaren Haus-, Wohn- und Hofbereich gehörende Grundstücksteile.

**3. Was versteht man unter Zugang zu Gewässern?**
- ☐ Das Betreten eingefriedeter Grundstücke zum Zwecke des Angelns.
- ☒ Das Betreten von Ufern und Grundstücken in dem für die Fischerei notwendigen Umfang.
- ☐ Das Betreten von Fabrikgrundstücken mit dem Ziel, an das Gewässer zu gelangen.

**4. Wo gilt das am 1. Januar 1973 in Kraft getretene Landesfischereigesetz?**
- ☐ Im Bundesgebiet.
- ☒ Im Land Nordrhein-Westfalen.
- ☐ In den ehemals preußischen Landesteilen.

**5. Welche der genannten Tierarten sind zum Fang oder Abschuss durch Berechtigte freigegeben?**
- ☐ Der Eisvogel.
- ☒ Der Bisam.
- ☐ Die Wasseramsel.

**6. Aus welchen Mitgliedern besteht eine Fischereigenossenschaft?**
- ☐ Aus den Angelvereinen, die sich ein stehendes Gewässer teilen.
- ☒ Aus den Fischereiberechtigten, deren Fischereirechte zu einem gemeinschaftlichen Fischereibezirk gehören.
- ☐ Aus Privatpersonen, die zusammen fischen.

**7. Welche Papiere benötigt der Gastangler an Privatgewässern?**
- ☐ Keine.
- ☒ Einen gültigen Fischereischein.
- ☐ Personalausweis oder Reisepass.

**8. Wo können die zuständigen Behörden im Einzelfall die Angelfischerei zum Schutz von Pflanzen und Tieren beschränken?**
- ☒ In Naturschutzgebieten.
- ☐ In Landschaftsschutzgebieten.
- ☐ Überall.

**9. Kann einer Person vor Vollendung des 10. Lebensjahres der Jugendfischereischein ausgestellt werden?**
- ☒ Nein.
- ☐ Ja, ohne Einschränkung.
- ☐ Ja, wenn diese einem Fischereiverein angehört.

**10. Warum werden Schonzeiten festgelegt?**
- ☒ Um ein ungestörtes Ablaichen der Fische zu ermöglichen.
- ☐ Damit die Fische schwerer werden.
- ☐ Damit die Fische in Ruhe fressen können.

Gesetzeskunde                                              Trainingsbogen 7

1. **Kann ein Fischereiverein Mitglied der Fischereigenossenschaft sein?**
   ☐ Ja, sofern er eine Fischereipacht im Gebiet der Genossenschaft hat.
   ☒ Ja, wenn er im Gebiet der Genossenschaft ein eigenes Fischereirecht besitzt.
   ☐ Nein.

2. **Wozu dient die mit dem Fischereischein erhobene Fischereiabgabe?**
   ☐ Zum Bau von Fischerhütten.
   ☐ Als Prämie für Fischereiaufseher.
   ☒ Zur Förderung der Fischerei.

3. **Wer schlägt den Fischereiberater vor?**
   ☐ Die untere Fischereibehörde.
   ☒ Der Fischereiverband Nordrhein-Westfalen e.V.
   ☐ Die Fischereigenossenschaft.

4. **Können Angelvereine weitere Schonbestimmungen für Fische in ihrem gepachteten Gewässer einführen?**
   ☒ Ja, denn die Landesfischereiordnung setzt nur einen Mindeststandard zum Schutz der Fische fest.
   ☒ Nein, denn die Landesfischereiordnung setzt gesetzliche Standards fest, die nicht von Vereinen verschärft werden können.
   ☐ Nein, denn dies würde der gesetzlichen Hegepflicht widersprechen.

5. **Wer wählt den Vorstand der Fischereigenossenschaft?**
   ☐ Der Oberkreisdirektor.
   ☒ Die zur Genossenschaft gehörenden Fischereiberechtigten.
   ☐ Die Fischereivereine.

6. **Sind künstlich genetisch veränderte Fische als Besatzmaterial geeignet?**
   ☐ Ja, da sie besonders großwüchsig sind.
   ☒ Nein.
   ☐ Ja, wenn der Nachweis erbracht wird, dass sie eine hohe Vermehrungsrate aufweisen.

7. **Kann einer Person vor Vollendung des 14. Lebensjahres der Fischereischein ausgestellt werden?**
   ☒ Nein, nur der Jugendfischereischein.
   ☐ Ja, wenn der Fischfang in Anwesenheit eines Erwachsenen ausgeübt werden soll.
   ☐ Ja, ohne Beschränkung.

8. **Ist der Fischfang in Fischwegen erlaubt?**
   ☐ Ja, da die Fangmöglichkeiten besonders gut sind.
   ☒ Nein, er ist grundsätzlich verboten.
   ☐ Ja, aber nur am unteren Ende des Fischweges.

9. **Was ist beim Ablassen eines Gewässers nach dem Landesfischereigesetz zu beachten?**
   ☐ Der zum Ablassen Berechtigte ist verpflichtet, die Fische zu bergen.
   ☒ Der zum Ablassen Berechtigte muss das Ablassen dem Fischereiberechtigten in der Regel eine Woche vorher schriftlich anzeigen.
   ☒ Das Ablassen muss durch die Fischereigenossenschaft vorher genehmigt werden.

10. **Darf ein Fischereiberechtigter oder Pächter die Fischerei an einem mehr als 0,5 ha großen Gewässer allein ausüben?**
    ☐ Ja, ohne Einschränkung.
    ☒ Nein, er muss eine angemessene Zahl Erlaubnisscheine ausstellen.
    ☐ Ja, wenn das Gewässer umzäunt ist und nicht zum Haus und Hofbereich gehört.

# Hinweise zur schriftlichen Prüfung

Zur Überprüfung Ihrer theoretischen Kenntnisse werden insgesamt 341 Fragen gestellt, davon in Allgemeiner Fischkunde 51, Spezieller Fischkunde 70, Gewässerkunde und Fischhege 76, Natur- und Tierschutz 42, Gerätekunde 38 und Gesetzeskunde 64. Dazu werden Ihnen immer 3 Antworten angeboten.
Nur eine Antwort ist richtig!

Jeder Bewerber erhält einen Fragebogen mit 60 ausgewählten Fragen, jeweils 10 Fragen aus den sechs Fachbereichen. Die Fragen werden durch Ankreuzen der Lösungsvorschläge a), b) oder c) schriftlich beantwortet.

Sie haben die theoretische Prüfung bestanden, wenn mindestens 45 Fragen – davon mindestens 6 aus jedem Fachbereich – von Ihnen richtig beantwortet worden sind.

## ■ Beispiele

Beispiel 1:

| | | |
|---|---|---|
| Allgemeine Fischkunde | 6 von 10 | richtig |
| Spezielle Fischkunde | 6 von 10 | richtig |
| Gewässerkunde und Fischhege | 6 von 10 | richtig |
| Natur- und Tierschutz | 6 von 10 | richtig |
| Gerätekunde | 6 von 10 | richtig |
| Gesetzeskunde | 6 von 10 | richtig |
| | **36 von 60** | |

In allen Fachbereichen 6 richtige Lösungen, trotzdem nicht bestanden, da insgesamt weniger als 45 Fragen richtig beantwortet wurden.

Beispiel 2:

| | | |
|---|---|---|
| Allgemeine Fischkunde | 6 von 10 | richtig |
| Spezielle Fischkunde | 6 von 10 | richtig |
| Gewässerkunde und Fischhege | 6 von 10 | richtig |
| Natur- und Tierschutz | 9 von 10 | richtig |
| Gerätekunde | 9 von 10 | richtig |
| Gesetzeskunde | 9 von 10 | richtig |
| | **45 von 60** | |

Insgesamt 45 richtige Lösungen, davon in allen Fachbereichen mindestens 6 richtige Antworten und mehr, Prüfung bestanden.

Beispiel 3:

| | | |
|---|---|---|
| Allgemeine Fischkunde | 10 von 10 | richtig |
| Spezielle Fischkunde | 10 von 10 | richtig |
| Gewässerkunde und Fischhege | 10 von 10 | richtig |
| Natur- und Tierschutz | 10 von 10 | richtig |
| Gerätekunde | 10 von 10 | richtig |
| Gesetzeskunde | 5 von 10 | richtig |
| | **55 von 60** | |

In allen Fachbereichen 55 richtige Lösungen, trotzdem **nicht bestanden,** da in der Gesetzeskunde nur 5 von 10 Fragen richtig beantwortet wurden.

*Allgemeine Fischkunde*

# Testprüfung

1. **Was bedeutet es, wenn die Fische mit dem Maul über die Wasseroberfläche drängen?**
   - ☐ Das Wasser ist zu kalt.
   - ☐ Es besteht Nahrungsmangel.
   - ☒ Es besteht Sauerstoffmangel.

2. **Wodurch können Viruserkrankungen bei Fischen übertragen werden?**
   - ☒ Durch die Transport- und Fanggeräte, durch das Transportwasser, durch Kontakte von Fisch zu Fisch.
   - ☐ Durch Menschen, wenn diese solche Fische verzehren.
   - ☐ Durch Fischbandwürmer.

3. **Welche Gruppe unserer Fischfauna hat die meisten Fischarten?**
   - ☐ Die Lachsartigen.
   - ☐ Die Barschartigen.
   - ☒ Die Karpfenartigen.

4. **Womit nimmt der Fisch Sauerstoff auf?**
   - ☐ Mit dem Schlund.
   - ☒ Mit den Kiemen.
   - ☐ Mit der Seitenlinie.

5. **Welche Aufgaben hat die Niere des erwachsenen Fisches?**
   - ☒ Sie dient der Ausscheidung flüssiger Abfallstoffe.
   - ☐ Sie regelt den Hormonhaushalt.
   - ☐ Sie bildet Verdauungsstoffe.

6. **Hören Fische Töne?**
   - ☐ Nein.
   - ☒ Ja.
   - ☐ Nur im flachen Wasser.

7. **Wozu gehört der Ergasilus?**
   - ☐ Zu den Egeln.
   - ☐ Zu den Bakterien.
   - ☒ Zu den Kleinkrebsen.

8. **Wie kann der Fisch seine Sauerstoffaufnahme vergrößern?**
   - ☐ Durch das Spreizen der Flossen.
   - ☒ Durch die Vermehrung der Atembewegungen.
   - ☐ Durch Abspreizen der Kiemendeckel.

9. **Auf welchem Organ parasitiert der Ergasilus?**
   - ☐ Auf der Haut.
   - ☐ Auf der Leber.
   - ☒ Auf den Kiemen.

10. **Woran erkennt man ein Fischsterben, das durch Abwässer hervorgerufen wird?**
    - ☒ Das Fischsterben vernichtet meist alle im Gewässer vorkommenden Fische innerhalb kurzer Zeit.
    - ☐ Das Fischsterben ist meistens schleichend und erfasst in der Regel nur bestimmte Fischarten.
    - ☐ Das Fischsterben erstreckt sich nur auf die am Boden des Gewässers lebenden Fische.

*Testprüfung*            *Spezielle Fischkunde*

**11. Wie viel Bartfäden hat die Schleie?**
- ☐ Vier.
- ☒ Zwei.
- ☐ Keine.

**12. Wohin legen die Bitterlinge ihre Eier?**
- ☐ Sie legen die Eier in ein Nest aus Wasserpflanzen.
- ☐ Sie legen keine Eier, weil sie lebendgebärend sind.
- ☒ Sie legen die Eier in Großmuscheln ab.

**13. Welche Fische gehören zu den Schmerlenartigen?**
- ☐ Der Gründling und die Elritze.
- ☐ Die Barbe und die Koppe.
- ☒ Der Schlammpeitzger und der Steinbeißer.

**14. Wo hält sich die Schleie vorzugsweise auf, nachdem sie fortpflanzungsfähig geworden ist?**
- ☐ An der Oberfläche.
- ☐ Im Freiwasserraum.
- ☒ Zwischen Pflanzen am Bodengrund.

**15. Wohin legt der Karpfen seine Eier ab?**
- ☐ Bei kiesigem Boden in Laichgruben.
- ☐ In Nester aus Pflanzenteilen.
- ☒ An Pflanzen.

**16. Zu welcher Verwandtschaft gehört die Quappe?**
- ☐ Zu den Welsartigen.
- ☒ Zu den Dorschartigen.
- ☐ Zu den Schmerlen.

**17. Welche der genannten Fischarten hat den höchsten Sauerstoffbedarf?**
- ☒ Die Bachforelle.
- ☐ Der Aal.
- ☐ Die Schleie.

**18. Woran erkennt man den Dornhai?**
- ☐ Er hat vor der Afterflosse einen Dorn.
- ☐ Er hat einen gefleckten Körper.
- ☒ Er hat vor den Rückenflossen je einen Dorn.

**19. Bei welcher Fischart besteht die Hauptnahrung aus tierischem Plankton (Wasserflöhe u. ä.)?**
- ☒ Bei der Kleinen Maräne.
- ☐ Bei der Äsche.
- ☐ Bei der Bachforelle.

**20. Welche Fische haben keinen Magen?**
- ☐ Zander, Hecht.
- ☒ Schleie, Karausche.
- ☐ Zwergwels, Forellenbarsch.

*Gewässerkunde und Fischhege* — *Testprüfung*

21. **Haben die Pflanzennährstoffe in Gewässern fischereibiologische Bedeutung?**
    - ☒ Ja, sie sind Vorbedingung der Pflanzenentwicklung, diese wiederum ist Grundlage der Tierernährung.
    - ☐ Nein, sie haben keine Bedeutung, da sie für die Fische wertlos sind.
    - ☐ Ja, Pflanzennährstoffe wirken auch in geringer Konzentration auf Fische nachteilig.

22. **Ist der Sauerstoffgehalt in fließenden Gewässern gewöhnlich höher oder niedriger als in stehenden Gewässern?**
    - ☐ Es besteht kein Unterschied, da die Aufnahmefähigkeit des Wassers für Sauerstoff immer gleich ist.
    - ☐ Er ist niedriger wegen der höheren Wassertemperatur.
    - ☒ Er ist höher, da durch die Verwirbelung des Wassers mit der Luft ständig Sauerstoff aufgenommen und bis zum Grund verteilt wird.

23. **In welcher Fischregion der Fließgewässer sind regelmäßig die meisten Fischarten vorhanden?**
    - ☐ Äschenregion.
    - ☒ Brassenregion.
    - ☐ Barbenregion.

24. **Was sollte mit krankheitsverdächtigen toten Fischen geschehen?**
    - ☒ Sie sollten gekühlt und möglichst umgehend zu einer Untersuchungsstelle gebracht werden.
    - ☐ Sie sollten wegen der Ansteckungsgefahr nicht berührt werden.
    - ☐ Sie sind nicht weiter zu beachten.

25. **Welche Stoffe haben besondere Bedeutung als Pflanzennährstoffe in Gewässern?**
    - ☐ Wasserstoff und Sauerstoff.
    - ☐ Sand und Kies.
    - ☒ Phosphor und Stickstoff.

26. **Welche biologische Funktion hat der im Wasser gelöste Sauerstoff?**
    - ☒ Er wird für die Atmung der Wasserorganismen benötigt.
    - ☐ Er neutralisiert alkalische Abwässer.
    - ☐ Er neutralisiert saure Abwässer.

27. **Was ist beim Kauf der Satzfische vor allem zu beachten?**
    - ☒ Die Fische müssen frei von Parasiten und erkennbaren Krankheitserscheinungen sein.
    - ☐ Die Fische sollen gleiche Größe und gleiches Gewicht haben.
    - ☐ Die Fische müssen preiswert sein.

28. **Hat die Kleintierlebewelt im Gewässer einen Nutzen, gegebenenfalls welchen?**
    - ☐ Nein.
    - ☒ Ja, sie ist die Ernährungsgrundlage u. a. für Fische.
    - ☐ Ja, sie versorgt das Wasser mit Sauerstoff.

29. **Warum sind landwirtschaftliche Abwässer für Fische schädlich?**
    - ☒ Weil ihr Abbau im Gewässer sehr viel Sauerstoff bindet.
    - ☐ Weil sie giftige Schwermetalle enthalten.
    - ☐ Weil sie erwärmt sind.

30. **Beeinflusst die Wassertemperatur die Löslichkeit für Sauerstoff?**
    - ☐ Nein.
    - ☒ Ja, kaltes Wasser nimmt mehr Sauerstoff auf als warmes.
    - ☐ Ja, warmes Wasser enthält mehr Sauerstoff.

*Testprüfung* *Natur- und Tierschutz*

**31. Wie wird der Fisch waidgerecht getötet?**
☐ Der Fisch bleibt auf dem Land, bis er erstickt ist.
☐ Durch Einschnitt an der Schwanzwurzel.
☒ Durch einen Schlag auf den Gehirnschädel und durch Herzstich.

**32. Was ist unter Fluchtdistanz zu verstehen?**
☒ Die Entfernung, ab welcher ein Tier vor einem wirklichen oder vermeintlichen Feind flüchtet.
☐ Die von einem gehakten Fisch während der Drillphase zurückgelegte Distanz.
☐ Die im Castingsport beim Werfen erzielte Weite.

**33. Müssen ausgelegte Angeln ständig überwacht werden?**
☐ Nein, der Fisch hakt sich oft selber.
☒ Ja, damit der Fisch nicht durch anhaltende, erfolglose Fluchtversuche Stress erleidet.
☐ Ja, damit sie nicht gestohlen werden.

**34. Wie lange soll ein gehakter Fisch gedrillt werden?**
☒ Solange wie nötig, um ihn schonend zu landen.
☐ Bis der Angler ermüdet.
☐ Mindestens 10 Minuten.

**35. Was macht man, wenn man einen untermaßigen Fisch gefangen hat?**
☐ Man schneidet die Schnur durch und lässt den Fisch frei.
☒ Man löst den Fisch vorsichtig mit nassen Händen vom Haken und setzt ihn ins Wasser zurück.
☐ Man hält den Fisch mit einem trockenen Tuch und löst ihn vorsichtig vom Haken.

**36. Welche der genannten Vogelarten sind stark gefährdet?**
☒ Bekassine und großer Brachvogel.
☐ Stockente und Lachmöwe.
☐ Nebelkrähe und Schwarzdrossel.

**37. Warum sollte ein maßiger Fisch nach dem Fang sofort getötet werden?**
☐ Damit der Fisch nicht an Gewicht verliert.
☐ Damit der Fisch ordentlich gemessen werden kann.
☒ Damit dem Fisch unnötiges Leiden erspart bleibt.

**38. Bezieht sich das Tierschutzgesetz auch auf Fische?**
☐ Nein, es bezieht sich nur auf Säugetiere.
☐ Nein, im Wasser lebende Organismen sind davon nicht betroffen.
☒ Ja, auch Fischen dürfen nicht ohne vernünftigen Grund Schmerzen, Leiden oder Schäden zugefügt werden.

**39. Welche der genannten Tierarten gehören zu den Amphibien?**
☐ Wasserschildkröte und Griechische Landschildkröte.
☐ Kreuzotter und Würfelnatter.
☒ Wasserfrosch und Gelbbauchunke.

**40. Was ist zu tun, wenn sich in einem Gewässer große Bestände der Weißen Seerose oder der Gelben Teichrose angesiedelt haben?**
☐ Die Bestände dieser Pflanze sind zu entfernen.
☒ Die genannten Pflanzen sind gesetzlich geschützt und dürfen nicht entfernt werden.
☐ Das Gedeihen dieser Pflanzen ist durch Düngung zu fördern.

*Gerätekunde* *Testprüfung*

41. **Welchen Einfluss haben Knoten auf die Reißfestigkeit der Schnur?**
    - ☐ Sie haben keinen Einfluss.
    - ☐ Sie sind besonders reißfest.
    - ☒ Sie vermindern die Reißfestigkeit.

42. **Angelschnur welcher Tragkraft sollte in der Regel beim Fang von Karpfen, Hecht und Aal verwendet werden?**
    - ☐ 2 – 6 kg.
    - ☐ 6 – 9 kg.
    - ☒ 9 – 17 kg.

43. **Wie lang ist eine normale Einhand-Spinnrute?**
    - ☒ 1,8 – 2,7 m.
    - ☐ 2,7 – 3,5 m.
    - ☐ 3,5 – 5 m.

44. **Welche verschiedenen Hakenformen gibt es zum Anbinden beim Einzelhaken?**
    - ☒ Plättchen- und Öhrhaken.
    - ☐ Dick- oder dünnschenklige Haken.
    - ☐ Flach- und Rundstahlhaken.

45. **Was ist eine Rachensperre?**
    - ☐ Eine Fischkrankheit.
    - ☒ Ein Hilfsgerät bei der Hechtangelei.
    - ☐ Spezialblinker für große Zander.

46. **Auf welche Hakenform werden Fliegen gebunden?**
    - ☐ Auf Plättchenhaken.
    - ☒ Auf Öhrhaken.
    - ☐ Auf Spezialhaken mit eingebundenem Vorfach.

47. **Wodurch unterscheidet sich ein Spinner von einem Blinker?**
    - ☐ Der Spinner ist leichter als ein Blinker.
    - ☒ Das Blatt des Spinners dreht sich um eine Achse.
    - ☐ Der Spinner ist farbiger als ein Blinker.

48. **Wie lang soll das Stahlvorfach (cm) bei der Hechtfischerei mit dem künstlichen Köder (Blinker) mindestens sein?**
    - ☐ 30.
    - ☒ 15.
    - ☐ 5.

49. **Welche wesentliche Aufgabe hat bei der Spinnfischerei ein vorgeschalteter Wirbel?**
    - ☐ Er hat das Wasser mit Sauerstoff anzureichern.
    - ☐ Er erhöht den Anreiz zum Anbiss für den Raubfisch.
    - ☒ Er verhindert ein Verdrallen der Schnur.

50. **Wodurch unterscheidet sich die Stationärrolle von der Multi- und der Nottinghamrolle?**
    - ☐ Durch ihr Gewicht.
    - ☐ Durch größeres Schnurfassungsvermögen.
    - ☒ Die Rollenachse steht parallel zum Rutenschaft.

## Testprüfung — Gesetzeskunde

**51. Wer stellt einen Fischereierlaubnisschein aus?**
- ☒ Die Fischereibehörde.
- ☐ Die LÖBF/LAfAO, Abteilung 5.
- ☒ Der Fischereiberechtigte oder der Fischereipächter.

**52. Wer wählt den Vorstand der Fischereigenossenschaft?**
- ☐ Der Oberkreisdirektor.
- ☒ Die zur Genossenschaft gehörenden Fischereiberechtigten.
- ☐ Die Fischereivereine.

**53. Darf die Elektrofischerei von jedermann ausgeübt werden?**
- ☐ Nein, nur vom Fischereiberechtigten im eigenen Gewässer.
- ☒ Nein, ausschließlich von Personen, die den Bedienungsschein besitzen.
- ☐ Ja, wenn ein Fischereierlaubnisschein für das zu befischende Gewässer vorliegt.

**54. Ist der Fischfang in Fischwegen erlaubt?**
- ☐ Ja, da die Fangmöglichkeiten besonders gut sind.
- ☒ Nein, er ist grundsätzlich verboten.
- ☐ Ja, aber nur am unteren Ende des Fischweges.

**55. Wer stellt Fischereischeine aus?**
- ☐ Der Angelverein.
- ☒ Die Gemeinde.
- ☐ Die Fischereigenossenschaft.

**56. Welche Maßnahmen gelten für einen neu entstandenen Baggersee?**
- ☐ Er muss unmittelbar nach Beendigung der Baggerarbeiten mit Forellen besetzt werden.
- ☒ Während der Entstehungsphase und drei Jahre danach ruht die Fischerei.
- ☐ Es muss ein Naturschutzgebiet ausgewiesen werden.

**57. Ist das Aussetzen nicht einheimischer Fischarten z. B. aus Aquarien oder Gartenteichen erlaubt?**
- ☒ Nein, es ist nach der Landesfischereiordnung verboten.
- ☐ Ja, es erhöht die Artenvielfalt unserer Gewässer.
- ☐ Ja, denn sie haben es in einem großen Gewässer allemal besser als in einem Gartenteich.

**58. Wer bekommt einen Jugendfischereischein?**
- ☐ Angler unter 18 Jahren, die die Fischerprüfung bestanden haben.
- ☐ Angler zwischen 16 und 18 Jahren, die noch keine Fischerprüfung bestanden haben.
- ☒ Angler zwischen 10 und 16 Jahren, die noch keine Fischerprüfung abgelegt haben.

**59. Welche Behörde ist für Naturschutzgebiete zuständig?**
- ☐ Die Fischereibehörde.
- ☒ Die Landschaftsbehörde.
- ☐ Das Bauamt.

**60. Darf ein Fischereiberechtigter oder Pächter die Fischerei an einem mehr als 0,5 ha großen Gewässer allein ausüben?**
- ☐ Ja, ohne Einschränkung.
- ☒ Nein, er muss eine angemessene Zahl Erlaubnisscheine ausstellen.
- ☐ Ja, wenn das Gewässer umzäunt ist und nicht zum Haus und Hofbereich gehört.

# *Praktische Püfung Teil I*
## *(Gerätezusammenstellung)*

Um erfolgreich die Fischerprüfung zu bestehen, fordert der Gesetzgeber theoretische und praktische Kenntnisse über insgesamt 10 Gerätekombinationen. Dabei gibt es für den Fang der unterschiedlichen Fischarten verschiedene Gerätekombinationen und Angelmethoden.

Zur Standardausrüstung gehören eine Angelrute, eine Angelrolle mit Schnur, ein Bissanzeiger, die Bebleiung, ein Vorfach mit Angelhaken, der Angelköder und Hilfsgeräte zur Versorgung des gefangenen Fisches.

| Geräte | Hinweise |
|---|---|
| Angelrute | Unterschiedliche Längen, unterschiedliches Wurfgewicht je nach zu beangelnder Fischart. |
| Angelrolle | Angelmethode, Schnurstärke, Schnurfassungsvermögen und die Fischart bestimmen den Rollentyp und die Rollengröße. |
| Schnur | Kriterien sind hier die Tragkraft (kg) der Schnüre, bei Fliegenschnüre kommen schwimmende und sinkende Eigenschaften, Schnurformen und Klassenbezeichnungen hinzu. |
| Bißanzeiger | Schwimmer, Pose, Schwingspitze. Der Angler fühlt, hört oder sieht, wenn der Fisch anbeißt. |
| Bebleiung | Die Wahl der Bebleiung ist von der Angelmethode, der Fischart, der gewünschten Wurfweite und der Gewässerströmung abhängig. |
| Vorfach | Es gibt monofile Vorfächer, Stahlvorfächer für den Raubfischfang, Brandungsvorfächer und Fliegenvorfächer. |
| Wirbel | Für die Süßwasserfische werden Karabinerwirbel mit kleiner bis mittlerer Tragkraft (kg) und für die Meeresangelei große Wirbel mit großer Tragkraft eingesetzt. |
| Haken | Je nach gewählter Angelmethode und Fischart verwendet man Haken in verschiedenen Größen und Formen. Vorfachhaken sind bereits mit einer angebundenen Angelschnur versehen. |
| Köder | Man unterscheidet natürliche und künstliche Köder. |
| Hilfsgeräte | Geräte zum Landen, Messen, Betäuben, Töten und Entfernen des Hakens. |

■ **Gerätemontage**

Nachdem man die richtige Angelrute ausgewählt und zusammengesteckt (Steckrute) oder auseinandergeschoben hat (Teleskoprute), wird die Angelrolle angebracht. Danach fädelt man die Angelschnur durch die Schnurlaufringe der Rute.

Der Bissanzeiger wird auf die Angelschnur geschoben und festgeklemmt oder bei Laufposten zunächst der Stopper montiert und dann die Laufpose aufgeschoben.

## Gerätezusammenstellung

Die Bleie werden angebracht und das Vorfach mit dem angebundenen Angelhaken montiert. Bei einigen Gerätekombinationen wird zwischen der Hauptschnur und dem Vorfach ein Wirbel eingebunden.

Je nach Fischart werden als Hilfsgeräte ein Unterfangnetz, Metermaß, Schlagholz, Messer, Hakenlöser und teilweise eine Rachensperre gebraucht.

## Gerätezusammenstellung bezogen auf Fischarten

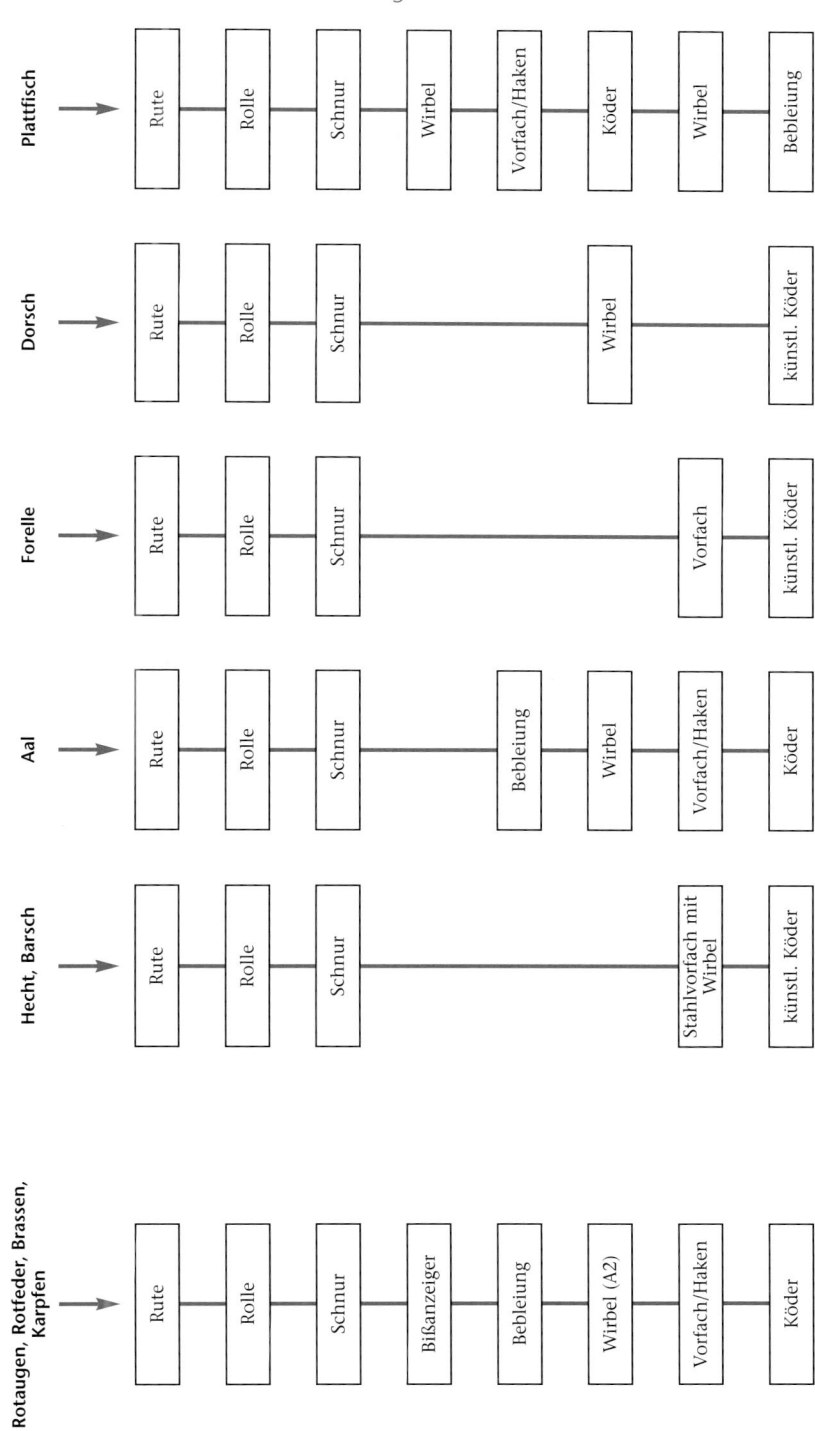

### Gerätezusammenstellung

**Plattfisch** → Rute – Rolle – Schnur – Wirbel – Vorfach/Haken – Köder – Wirbel – Bebleiung

**Dorsch** → Rute – Rolle – Schnur – Wirbel – künstl. Köder

**Forelle** → Rute – Rolle – Schnur – Vorfach – künstl. Köder

**Aal** → Rute – Rolle – Schnur – Bebleiung – Wirbel – Vorfach/Haken – Köder

**Hecht, Barsch** → Rute – Rolle – Schnur – Stahlvorfach mit Wirbel – künstl. Köder

**Rotaugen, Rotfeder, Brassen, Karpfen** → Rute – Rolle – Schnur – Bißanzeiger – Bebleiung – Wirbel (A2) – Vorfach/Haken – Köder

*Gerätezusammenstellung*

## Versorgen des gefangenen Fisches

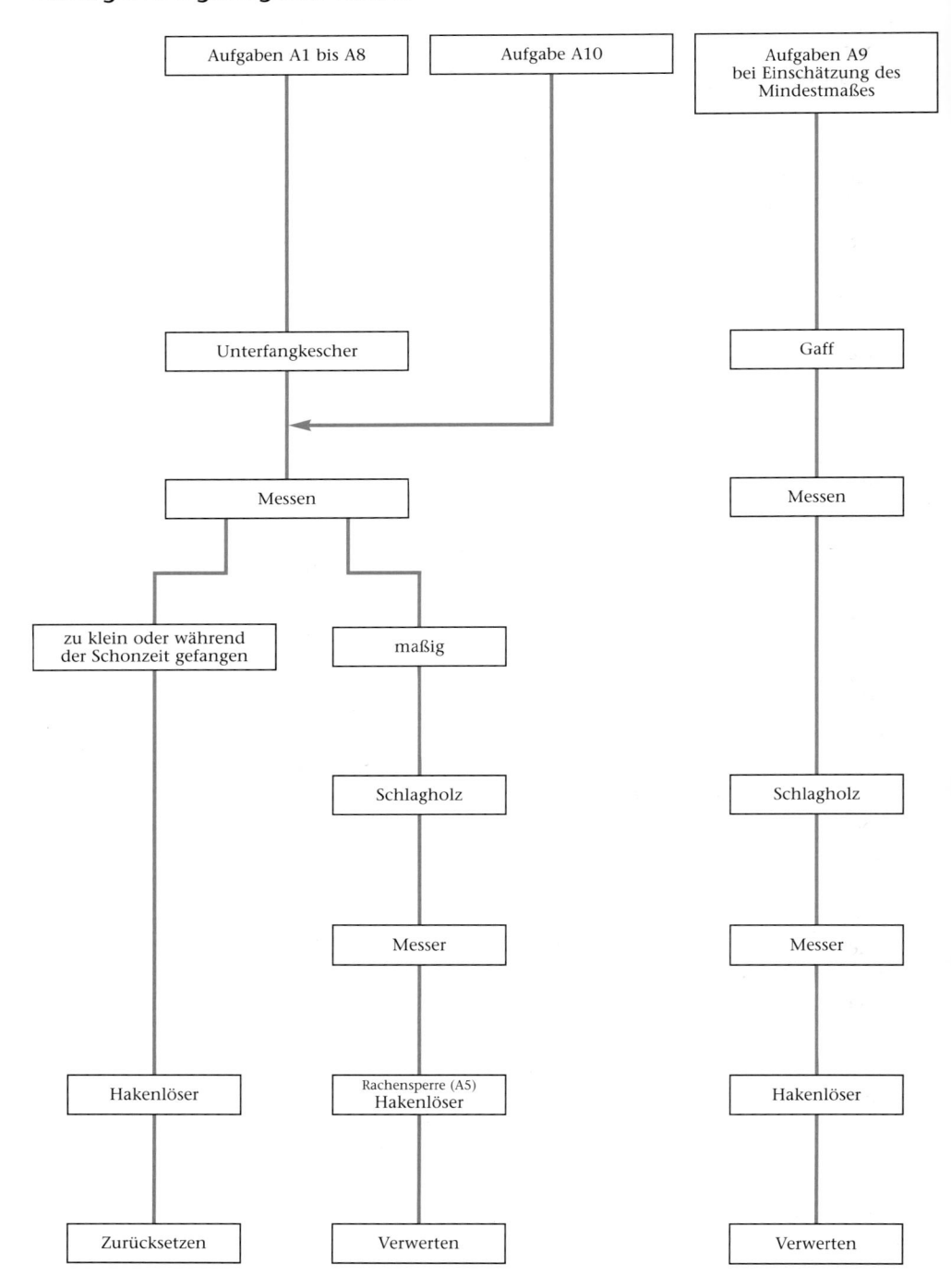

| Aufgaben A1 bis A8 | Aufgabe A10 | Aufgaben A9 bei Einschätzung des Mindestmaßes |
|---|---|---|
| Unterfangkescher | | Gaff |
| Messen | | Messen |
| zu klein oder während der Schonzeit gefangen | mäßig | |
| | Schlagholz | Schlagholz |
| | Messer | Messer |
| Hakenlöser | Rachensperre (A5) Hakenlöser | Hakenlöser |
| Zurücksetzen | Verwerten | Verwerten |

## Gerätezusammenstellung

**Prüfungsaufgaben**

Im ersten Teil der praktischen Prüfung gibt es 10 Prüfungsaufgaben. In der Aufgabenstellung ist der Rutentyp oder/und die Fischart beschrieben, sowie ein Hinweis auf die Zusammenstellung des notwendigen Zubehörs gegeben.

**A1:** Stellen Sie eine **beringte leichte Angelrute zum Fang von Rotaugen, Rotfedern und Brassen** und das weitere notwendige Zubehör waidgerecht zusammen.

**A2:** Stellen Sie eine **Schwingspitzenrute zum Fang von Rotaugen, Rotfedern und Brassen** und das weitere notwendige Zubehör waidgerecht zusammen.

**A3:** Stellen Sie eine **Angelrute zum Fang von Karpfen** und das weitere notwendige Zubehör waidgerecht zusammen.

**A4:** Stellen Sie eine **Grundrute zum Fang von Aalen** und das weitere notwendige Zubehör waidgerecht zusammen.

**A5:** Stellen Sie eine **Spinnrute zum Fang von Hechten** und das weitere notwendige Zubehör waidgerecht zusammen.

**A6:** Stellen Sie eine **Spinnrute zum Fang von Barschen** und das weitere notwendige Zubehör waidgerecht zusammen.

**A7:** Stellen Sie eine **Fliegenrute zum Fang von Forellen (Trockenfischen)** und das weitere notwendige Zubehör waidgerecht zusammen.

**A8:** Stellen Sie eine **Fliegenrute zum Fang von Forellen (Nassfischen)** und das weitere notwendige Zubehör waidgerecht zusammen.

**A9:** Stellen Sie eine **Angelrute zum Fang von Dorschen** und das weitere notwendige Zubehör waidgerecht zusammen.

**A10:** Stellen Sie eine **Brandungsrute zum Fang von Plattfischen** und das weitere notwendige Zubehör waidgerecht zusammen.

**Training**

In der Gerätekunde werden Sie von Ihrem Kursleiter mit allen zur Aufgabe gehörenden Einzelteilen praxisnah vertraut gemacht. Auf den Seiten 136–145 erhalten Sie eine Geräte- und Zubehörübersicht mit den dazugehörigen Prüfungsfragen.

Die schematischen Darstellungen (Seiten 179–180) sollen Ihnen zunächst eine Zusammenstellungsübersicht geben. Trainieren Sie dann, begleitend zum praktischen Unterricht, durch Eintragen der richtigen Lösungen die Aufgaben 1–10 (Seiten 182–191).

Korrigieren und bewerten Sie die Lösungen zusammen mit Ihrem Lehrgangsbegleiter!

*Gerätezusammenstellung*

**A1:** Stellen Sie eine **beringte leichte Angelrute zum Fang von Rotaugen, Rotfedern und Brassen** und das weitere notwendige Zubehör waidgerecht zusammen.

| Nr. | Geräte | Gerätebezeichnungen | Pkt. |
|---|---|---|---|
| 1 | Rute<br>0-1-3 | | |
| 2 | Rolle<br>0-1-3 | | |
| 3 | Schnur<br>0-1-3 | | |
| 4 | Bissanzeiger<br>0-1 | | |
| 5 | Bebleiung<br>0-1 | | |
| 6 | Vorfach<br>0-3 | | |
| 7 | Wirbel<br>0-1 | | |
| 8 | Haken<br>0-1 | | |
| 9 | Köder<br>0-1 | | |

| Nr. | Geräte | Gerätebezeichnungen | Pkt. |
|---|---|---|---|
| 10 | Landehilfe<br>0-1 | | |
| 11 | Messen<br>0-2 | | |
| 12 | Betäuben<br>0-2 | | |
| 13 | Töten<br>0-2 | | |
| 14 | Rachensperre<br>0-1 | | |
| 15 | Haken entfernen<br>0-1 | | |
| 16 | Reihenfolge<br>0-2 | | |

☐ nicht bestanden      ☐ bestanden
0–24 Punkte nicht bestanden      25–28 Punkte bestanden

## Gerätezusammenstellung

**A2:** Stellen Sie eine **Schwingspitzenrute zum Fang von Rotaugen, Rotfedern und Brassen** und das weitere notwendige Zubehör waidgerecht zusammen.

| Nr. | Geräte | Gerätebezeichnungen | Pkt. |
|---|---|---|---|
| 1 | Rute 0-1-3 | | |
| 2 | Rolle 0-1-3 | | |
| 3 | Schnur 0-1-3 | | |
| 4 | Bissanzeiger 0-1 | | |
| 5 | Bebleiung 0-1 | | |
| 6 | Vorfach 0-3 | | |
| 7 | Wirbel 0-1 | | |
| 8 | Haken 0-1 | | |
| 9 | Köder 0-1 | | |
| 10 | Landehilfe 0-1 | | |
| 11 | Messen 0-2 | | |
| 12 | Betäuben 0-2 | | |
| 13 | Töten 0-2 | | |
| 14 | Rachensperre 0-1 | | |
| 15 | Haken entfernen 0-1 | | |
| 16 | Reihenfolge 0-2 | | |

☐ nicht bestanden  
0–24 Punkte nicht bestanden

☐ bestanden  
25–28 Punkte bestanden

*Gerätezusammenstellung*

**A3:** Stellen Sie eine **Angelrute zum Fang von Karpfen** und das weitere notwendige Zubehör waidgerecht zusammen.

| Nr. | Geräte | Gerätebezeichnungen | Pkt. |
|---|---|---|---|
| 1 | Rute 0-1-3 | | |
| 2 | Rolle 0-1-3 | | |
| 3 | Schnur 0-1-3 | | |
| 4 | Bissanzeiger 0-1 | | |
| 5 | Bebleiung 0-1 | | |
| 6 | Vorfach 0-3 | | |
| 7 | Wirbel 0-1 | | |
| 8 | Haken 0-1 | | |
| 9 | Köder 0-1 | | |
| 10 | Landehilfe 0-1 | | |
| 11 | Messen 0-2 | | |
| 12 | Betäuben 0-2 | | |
| 13 | Töten 0-2 | | |
| 14 | Rachensperre 0-1 | | |
| 15 | Haken entfernen 0-1 | | |
| 16 | Reihenfolge 0-2 | | |

☐ nicht bestanden  
0–24 Punkte nicht bestanden

☐ bestanden  
25–28 Punkte bestanden

*Gerätezusammenstellung*

**A4:** Stellen Sie eine **Grundrute zum Fang von Aalen** und das weitere notwendige Zubehör waidgerecht zusammen.

| Nr. | Geräte | Gerätebezeichnungen | Pkt. |
|---|---|---|---|
| 1 | Rute<br>0-1-3 | | |
| 2 | Rolle<br>0-1-3 | | |
| 3 | Schnur<br>0-1-3 | | |
| 4 | Bissanzeiger<br>0-1 | | |
| 5 | Bebleiung<br>0-1 | | |
| 6 | Vorfach<br>0-3 | | |
| 7 | Wirbel<br>0-1 | | |
| 8 | Haken<br>0-1 | | |
| 9 | Köder<br>0-1 | | |

| Nr. | Geräte | Gerätebezeichnungen | Pkt. |
|---|---|---|---|
| 10 | Landehilfe<br>0-1 | | |
| 11 | Messen<br>0-2 | | |
| 12 | Betäuben<br>0-2 | | |
| 13 | Töten<br>0-2 | | |
| 14 | Rachensperre<br>0-1 | | |
| 15 | Haken entfernen<br>0-1 | | |
| 16 | Reihenfolge<br>0-2 | | |

☐ nicht bestanden  ☐ bestanden
0–24 Punkte nicht bestanden   25–28 Punkte bestanden

*Gerätezusammenstellung*

**A5:** Stellen Sie eine **Spinnrute zum Fang von Hechten** und das weitere notwendige Zubehör waidgerecht zusammen.

| Nr. | Geräte | Gerätebezeichnungen | Pkt. |
|---|---|---|---|
| 1 | Rute 0-1-3 | | |
| 2 | Rolle 0-1-3 | | |
| 3 | Schnur 0-1-3 | | |
| 4 | Bissanzeiger 0-1 | | |
| 5 | Bebleiung 0-1 | | |
| 6 | Vorfach 0-3 | | |
| 7 | Wirbel 0-1 | | |
| 8 | Haken 0-1 | | |
| 9 | Köder 0-1 | | |
| 10 | Landehilfe 0-1 | | |
| 11 | Messen 0-2 | | |
| 12 | Betäuben 0-2 | | |
| 13 | Töten 0-2 | | |
| 14 | Rachensperre 0-1 | | |
| 15 | Haken entfernen 0-1 | | |
| 16 | Reihenfolge 0-2 | | |

☐ nicht bestanden  
0–24 Punkte nicht bestanden

☐ bestanden  
25–28 Punkte bestanden

*Gerätezusammenstellung*

**A6:** Stellen Sie eine **Spinnrute zum Fang von Barschen** und das weitere notwendige Zubehör waidgerecht zusammen.

| Nr. | Geräte | Gerätebezeichnungen | Pkt. |
|---|---|---|---|
| 1 | Rute 0-1-3 | | |
| 2 | Rolle 0-1-3 | | |
| 3 | Schnur 0-1-3 | | |
| 4 | Bissanzeiger 0-1 | | |
| 5 | Bebleiung 0-1 | | |
| 6 | Vorfach 0-3 | | |
| 7 | Wirbel 0-1 | | |
| 8 | Haken 0-1 | | |
| 9 | Köder 0-1 | | |
| 10 | Landehilfe 0-1 | | |
| 11 | Messen 0-2 | | |
| 12 | Betäuben 0-2 | | |
| 13 | Töten 0-2 | | |
| 14 | Rachensperre 0-1 | | |
| 15 | Haken entfernen 0-1 | | |
| 16 | Reihenfolge 0-2 | | |

☐ nicht bestanden  
0–24 Punkte nicht bestanden

☐ bestanden  
25–28 Punkte bestanden

*Gerätezusammenstellung*

**A7:** Stellen Sie eine **Fliegenrute zum Fang von Forellen (Trockenfischen)** und das weitere notwendige Zubehör waidgerecht zusammen.

| Nr. | Geräte | Gerätebezeichnungen | Pkt. |
|---|---|---|---|
| 1 | Rute 0-1-3 | | |
| 2 | Rolle 0-1-3 | | |
| 3 | Schnur 0-1-3 | | |
| 4 | Bissanzeiger 0-1 | | |
| 5 | Bebleiung 0-1 | | |
| 6 | Vorfach 0-3 | | |
| 7 | Wirbel 0-1 | | |
| 8 | Haken 0-1 | | |
| 9 | Köder 0-1 | | |
| 10 | Landehilfe 0-1 | | |
| 11 | Messen 0-2 | | |
| 12 | Betäuben 0-2 | | |
| 13 | Töten 0-2 | | |
| 14 | Rachensperre 0-1 | | |
| 15 | Haken entfernen 0-1 | | |
| 16 | Reihenfolge 0-2 | | |

☐ nicht bestanden  
0–24 Punkte nicht bestanden

☐ bestanden  
25–28 Punkte bestanden

*Gerätezusammenstellung*

**A8:** Stellen Sie eine **Fliegenrute zum Fang von Forellen (Nassfischen)** und das weitere notwendige Zubehör waidgerecht zusammen.

| Nr. | Geräte | Gerätebezeichnungen | Pkt. |
|---|---|---|---|
| 1 | Rute<br>0-1-3 | | |
| 2 | Rolle<br>0-1-3 | | |
| 3 | Schnur<br>0-1-3 | | |
| 4 | Bissanzeiger<br>0-1 | | |
| 5 | Bebleiung<br>0-1 | | |
| 6 | Vorfach<br>0-3 | | |
| 7 | Wirbel<br>0-1 | | |
| 8 | Haken<br>0-1 | | |
| 9 | Köder<br>0-1 | | |
| 10 | Landehilfe<br>0-1 | | |
| 11 | Messen<br>0-2 | | |
| 12 | Betäuben<br>0-2 | | |
| 13 | Töten<br>0-2 | | |
| 14 | Rachensperre<br>0-1 | | |
| 15 | Haken entfernen<br>0-1 | | |
| 16 | Reihenfolge<br>0-2 | | |

☐ nicht bestanden ☐ bestanden
0–24 Punkte nicht bestanden 25–28 Punkte bestanden

## Gerätezusammenstellung

**A9:** Stellen Sie eine **Angelrute zum Fang von Dorschen** und das weitere notwendige Zubehör waidgerecht zusammen.

| Nr. | Geräte | Gerätebezeichnungen | Pkt. |
|---|---|---|---|
| 1 | Rute<br>0-1-3 | | |
| 2 | Rolle<br>0-1-3 | | |
| 3 | Schnur<br>0-1-3 | | |
| 4 | Bissanzeiger<br>0-1 | | |
| 5 | Bebleiung<br>0-1 | | |
| 6 | Vorfach<br>0-3 | | |
| 7 | Wirbel<br>0-1 | | |
| 8 | Haken<br>0-1 | | |
| 9 | Köder<br>0-1 | | |
| 10 | Landehilfe<br>0-1 | | |
| 11 | Messen<br>0-2 | | |
| 12 | Betäuben<br>0-2 | | |
| 13 | Töten<br>0-2 | | |
| 14 | Rachensperre<br>0-1 | | |
| 15 | Haken entfernen<br>0-1 | | |
| 16 | Reihenfolge<br>0-2 | | |

☐ nicht bestanden  
0–24 Punkte nicht bestanden

☐ bestanden  
25–28 Punkte bestanden

*Gerätezusammenstellung*

**A10:** Stellen Sie eine **Brandungsrute zum Fang von Plattfischen** und das weitere notwendige Zubehör waidgerecht zusammen.

| Nr. | Geräte | Gerätebezeichnungen | Pkt. |
|---|---|---|---|
| 1 | Rute<br>0-1-3 | | |
| 2 | Rolle<br>0-1-3 | | |
| 3 | Schnur<br>0-1-3 | | |
| 4 | Bissanzeiger<br>0-1 | | |
| 5 | Bebleiung<br>0-1 | | |
| 6 | Vorfach<br>0-3 | | |
| 7 | Wirbel<br>0-1 | | |
| 8 | Haken<br>0-1 | | |
| 9 | Köder<br>0-1 | | |
| 10 | Landehilfe<br>0-1 | | |
| 11 | Messen<br>0-2 | | |
| 12 | Betäuben<br>0-2 | | |
| 13 | Töten<br>0-2 | | |
| 14 | Rachensperre<br>0-1 | | |
| 15 | Haken entfernen<br>0-1 | | |
| 16 | Reihenfolge<br>0-2 | | |

☐ nicht bestanden  ☐ bestanden
0–24 Punkte nicht bestanden   25–28 Punkte bestanden

# Praktische Püfung Teil II
## (Fischartenbestimmung)

In diesem Prüfungsteil ist eine ausreichende Artenkenntnis der hier vorkommenden Fische, Neunaugen und Krebse nachzuweisen. Dazu werden 44 Bildtafeln mit je einer Abbildung der nachfolgend aufgeführten Arten verwendet. Die Bildtafeln haben DIN-A4-Format. Das abgebildete Tier ist naturgetreu in Farbe wiedergegeben und mit der Angabe seiner Maximallänge in cm versehen.

Auf den Bildtafeln sind folgende Arten abgebildet:
1. Bach-/Flussneunauge — *Lampetra planeri/L. fluviatilis*
2. Lachs — *Salmo salar*
3. Meerforelle — *Salmo trutta trutta*
4. Bachforelle — *Salmo trutta f. fario*
5. Regenbogenforelle — *Oncorhynchus mykiss*
6. Bachsaibling — *Salvelinus fontinalis*
7. Äsche — *Thymallus thymallus*
8. Hecht — *Esox lucius*
9. Rotauge — *Rutilus rutilus*
10. Moderlieschen — *Leucaspius delineatus*
11. Hasel — *Leuciscus leuciscus*
12. Döbel — *Leuciscus cephalus*
13. Elritze — *Phoxinus phoxinus*
14. Rotfeder — *Scardinius erythrophthalmus*
15. Rapfen — *Aspius aspius*
16. Schleie — *Tinca tinca*
17. Nase — *Chondrostoma nasus*
18. Gründling — *Gobio gobio*
19. Barbe — *Barbus barbus*
20. Ukelei — *Alburnus alburnus*
21. Schneider — *Alburnoides bipunctatus*
22. Güster — *Blicca björkna*
23. Brachsen — *Abramis brama*
24. Bitterling — *Rhodeus sericeus amarus*
25. Karausche — *Carassius carassius*
26. Giebel — *Carassius auratus gibelio*
27. Wildkarpfen — *Cyprinus carpio*
28. Schmerle — *Barbatula barbatula*
29. Schlammpeitzger — *Misgurnus fossilis*

*Fischartenbestimmung*

| | | |
|---|---|---|
| 30. | Steinbeißer | *Cobitis taenia* |
| 31. | Wels | *Silurus glanis* |
| 32. | Aal | *Anguilla anguilla* |
| 33. | Quappe | *Lota lota* |
| 34. | Flussbarsch | *Perca fluviatilis* |
| 35. | Zander | *Stizostedion lucioperca* |
| 36. | Kaulbarsch | *Gymnocephalus cernuus* |
| 37. | Groppe (Mühlkoppe) | *Cottus gobio* |
| 38. | Dreistachliger Stichling | *Gasterosteus aculeatus* |
| 39. | Zwergstichling | *Pungitius pungitius* |
| 40. | Kabeljau (Dorsch) | *Gadus morhua* |
| 41. | Makrele | *Scomber scombrus* |
| 42. | Flunder | *Platichthys flesus* |
| 43. | Europäischer Flusskrebs (Edelkrebs) | *Astacus astacus* |
| 44. | Amerikanischer Flusskrebs (Kamberkrebs) | *Orconectes limosus* |

# Bestimmungsschlüssel

## Fischfamilien

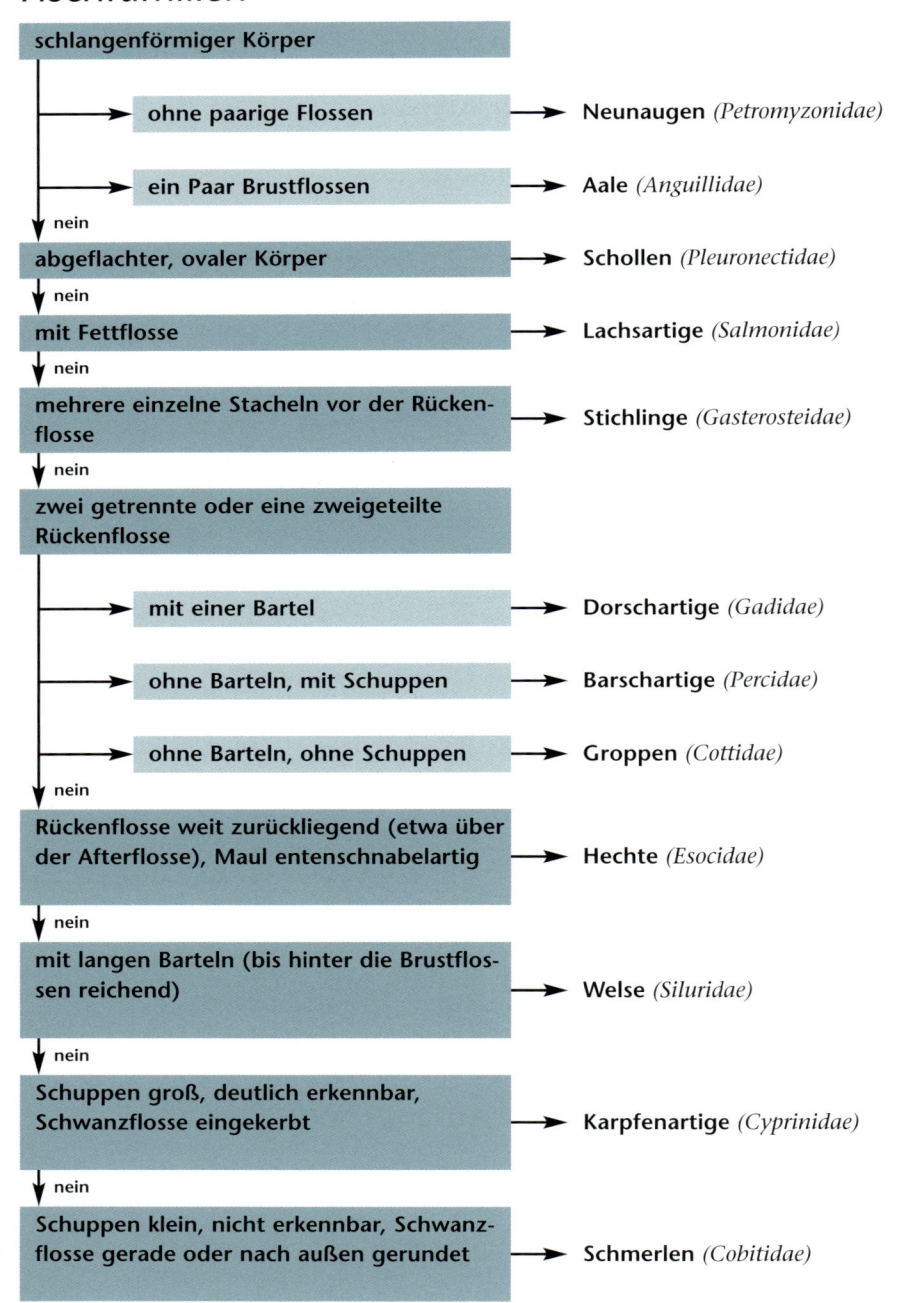

**schlangenförmiger Körper**
- **ohne paarige Flossen** → Neunaugen *(Petromyzonidae)*
- **ein Paar Brustflossen** → Aale *(Anguillidae)*

*nein*

**abgeflachter, ovaler Körper** → Schollen *(Pleuronectidae)*

*nein*

**mit Fettflosse** → Lachsartige *(Salmonidae)*

*nein*

**mehrere einzelne Stacheln vor der Rückenflosse** → Stichlinge *(Gasterosteidae)*

*nein*

**zwei getrennte oder eine zweigeteilte Rückenflosse**
- **mit einer Bartel** → Dorschartige *(Gadidae)*
- **ohne Barteln, mit Schuppen** → Barschartige *(Percidae)*
- **ohne Barteln, ohne Schuppen** → Groppen *(Cottidae)*

*nein*

**Rückenflosse weit zurückliegend (etwa über der Afterflosse), Maul entenschnabelartig** → Hechte *(Esocidae)*

*nein*

**mit langen Barteln (bis hinter die Brustflossen reichend)** → Welse *(Siluridae)*

*nein*

**Schuppen groß, deutlich erkennbar, Schwanzflosse eingekerbt** → Karpfenartige *(Cyprinidae)*

*nein*

**Schuppen klein, nicht erkennbar, Schwanzflosse gerade oder nach außen gerundet** → Schmerlen *(Cobitidae)*

# Lachsartige (Salmonidae)

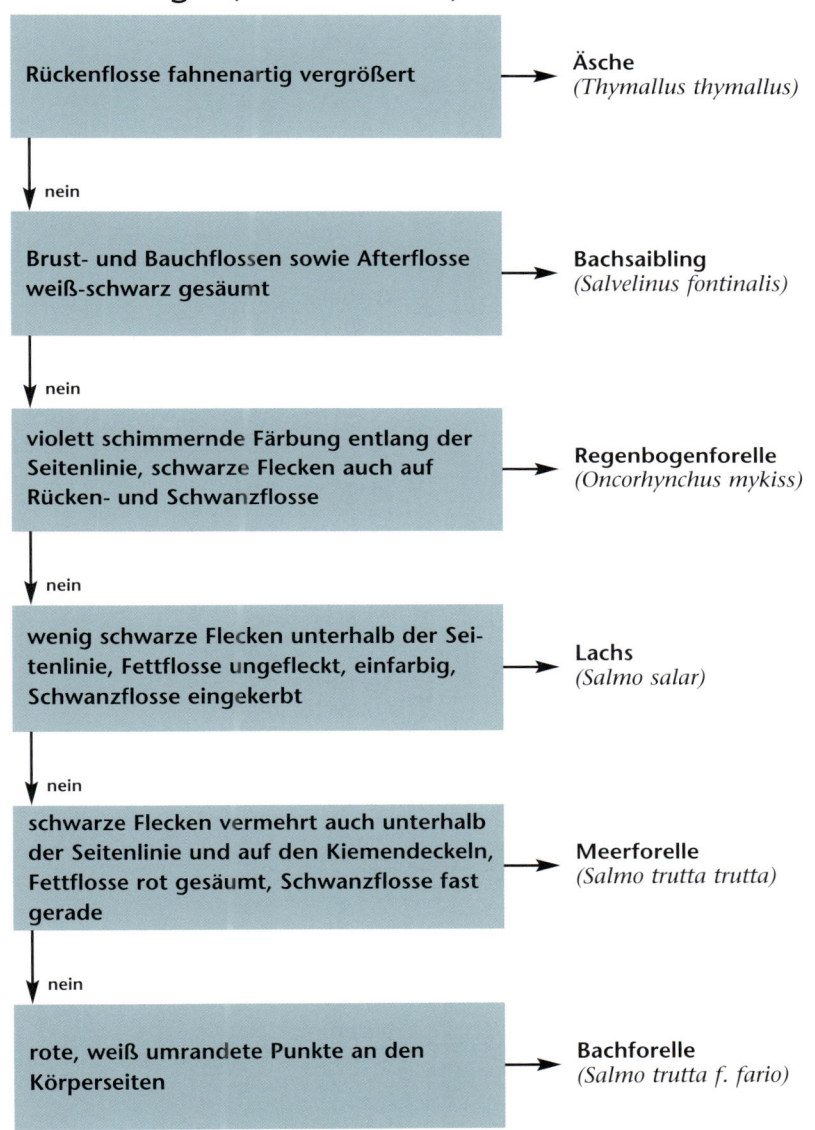

Rückenflosse fahnenartig vergrößert → **Äsche** *(Thymallus thymallus)*

↓ nein

Brust- und Bauchflossen sowie Afterflosse weiß-schwarz gesäumt → **Bachsaibling** *(Salvelinus fontinalis)*

↓ nein

violett schimmernde Färbung entlang der Seitenlinie, schwarze Flecken auch auf Rücken- und Schwanzflosse → **Regenbogenforelle** *(Oncorhynchus mykiss)*

↓ nein

wenig schwarze Flecken unterhalb der Seitenlinie, Fettflosse ungefleckt, einfarbig, Schwanzflosse eingekerbt → **Lachs** *(Salmo salar)*

↓ nein

schwarze Flecken vermehrt auch unterhalb der Seitenlinie und auf den Kiemendeckeln, Fettflosse rot gesäumt, Schwanzflosse fast gerade → **Meerforelle** *(Salmo trutta trutta)*

↓ nein

rote, weiß umrandete Punkte an den Körperseiten → **Bachforelle** *(Salmo trutta f. fario)*

*Bestimmungsschlüssel*

# Karpfenartige (Cyprinidae)

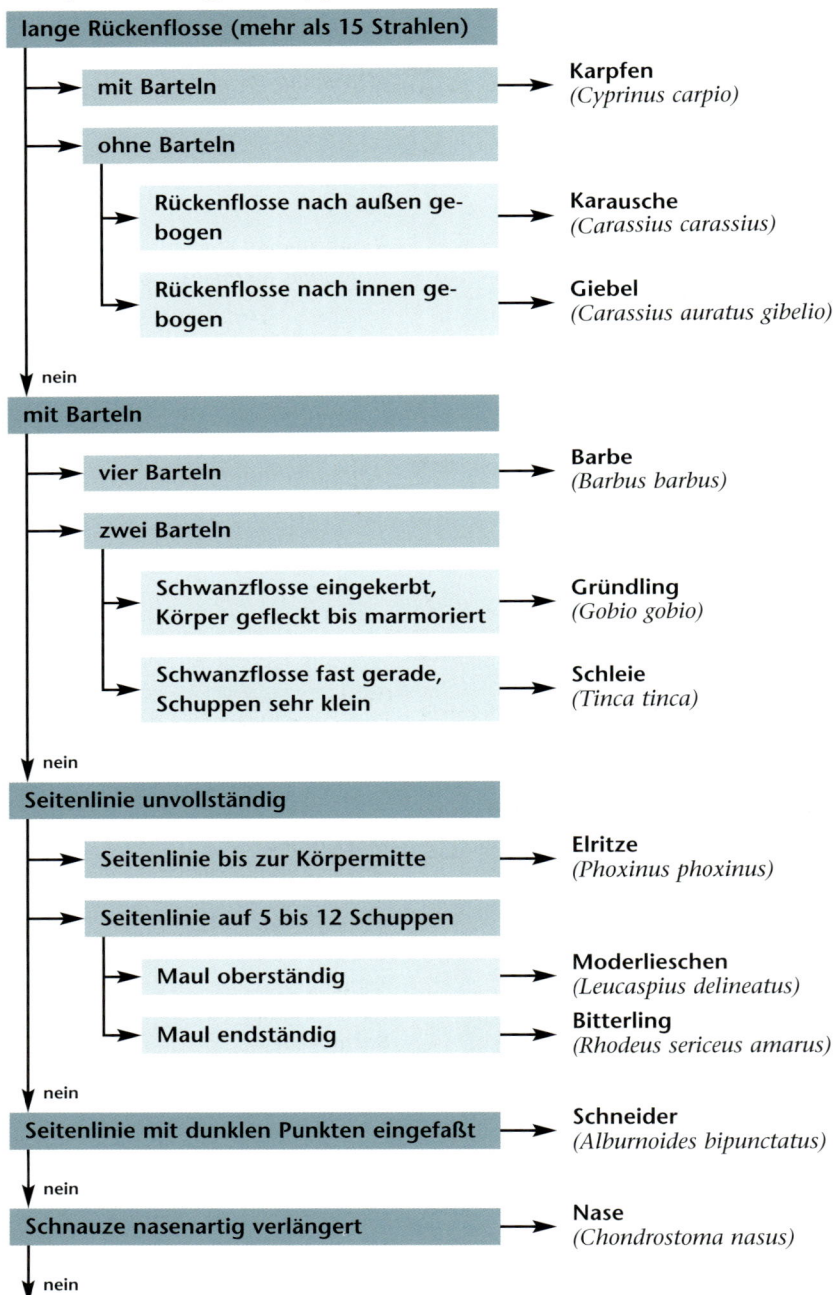

**lange Rückenflosse (mehr als 15 Strahlen)**
- mit Barteln → **Karpfen** *(Cyprinus carpio)*
- ohne Barteln
  - Rückenflosse nach außen gebogen → **Karausche** *(Carassius carassius)*
  - Rückenflosse nach innen gebogen → **Giebel** *(Carassius auratus gibelio)*

↓ nein

**mit Barteln**
- vier Barteln → **Barbe** *(Barbus barbus)*
- zwei Barteln
  - Schwanzflosse eingekerbt, Körper gefleckt bis marmoriert → **Gründling** *(Gobio gobio)*
  - Schwanzflosse fast gerade, Schuppen sehr klein → **Schleie** *(Tinca tinca)*

↓ nein

**Seitenlinie unvollständig**
- Seitenlinie bis zur Körpermitte → **Elritze** *(Phoxinus phoxinus)*
- Seitenlinie auf 5 bis 12 Schuppen
  - Maul oberständig → **Moderlieschen** *(Leucaspius delineatus)*
  - Maul endständig → **Bitterling** *(Rhodeus sericeus amarus)*

↓ nein

**Seitenlinie mit dunklen Punkten eingefaßt** → **Schneider** *(Alburnoides bipunctatus)*

↓ nein

**Schnauze nasenartig verlängert** → **Nase** *(Chondrostoma nasus)*

↓ nein

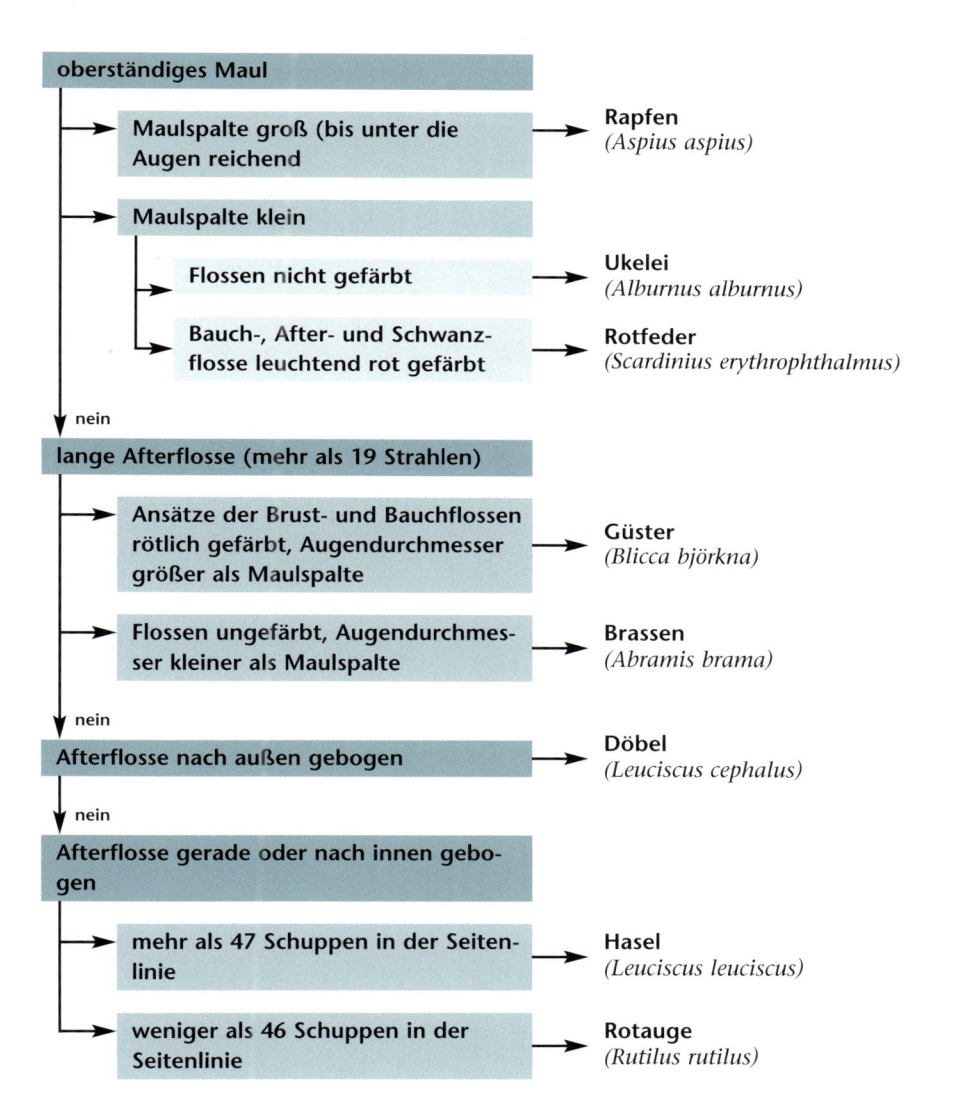

*Bestimmungsschlüssel*

**oberständiges Maul**
- **Maulspalte groß (bis unter die Augen reichend)** → **Rapfen** *(Aspius aspius)*
- **Maulspalte klein**
  - **Flossen nicht gefärbt** → **Ukelei** *(Alburnus alburnus)*
  - **Bauch-, After- und Schwanzflosse leuchtend rot gefärbt** → **Rotfeder** *(Scardinius erythrophthalmus)*

↓ nein

**lange Afterflosse (mehr als 19 Strahlen)**
- **Ansätze der Brust- und Bauchflossen rötlich gefärbt, Augendurchmesser größer als Maulspalte** → **Güster** *(Blicca björkna)*
- **Flossen ungefärbt, Augendurchmesser kleiner als Maulspalte** → **Brassen** *(Abramis brama)*

↓ nein

**Afterflosse nach außen gebogen** → **Döbel** *(Leuciscus cephalus)*

↓ nein

**Afterflosse gerade oder nach innen gebogen**
- **mehr als 47 Schuppen in der Seitenlinie** → **Hasel** *(Leuciscus leuciscus)*
- **weniger als 46 Schuppen in der Seitenlinie** → **Rotauge** *(Rutilus rutilus)*

## Schmerlen (Cobitidae)

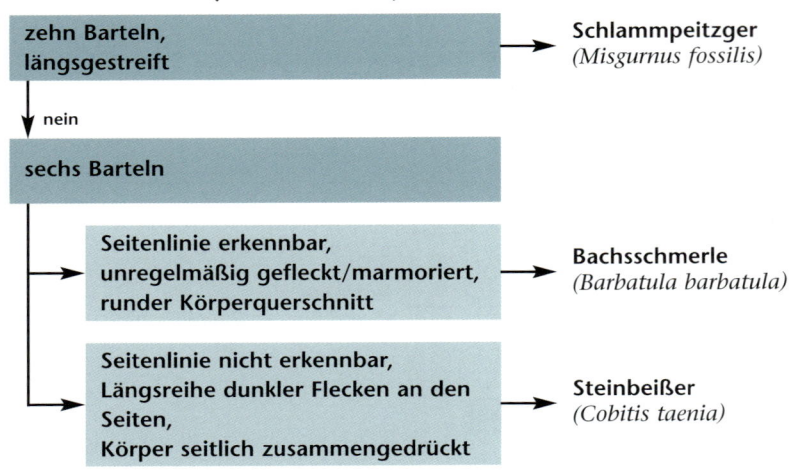

- **zehn Barteln, längsgestreift** → **Schlammpeitzger** *(Misgurnus fossilis)*
- nein ↓
- **sechs Barteln**
  - **Seitenlinie erkennbar, unregelmäßig gefleckt/marmoriert, runder Körperquerschnitt** → **Bachsschmerle** *(Barbatula barbatula)*
  - **Seitenlinie nicht erkennbar, Längsreihe dunkler Flecken an den Seiten, Körper seitlich zusammengedrückt** → **Steinbeißer** *(Cobitis taenia)*

# Hinweise zur praktischen Prüfung

Die praktische Prüfung findet vor dem gesamten Prüfungsausschuss statt. Die Prüfungszeit beträgt für Teil I und II zusammen 15 Minuten. Die Reihenfolge der Prüfungsteile ist nicht festgelegt.

Im ersten Teil der Prüfung müssen Sie ein vom Prüfungsausschuss zu bestimmendes Angelgerät für den Fischfang waidgerecht zusammenbauen und das weitere notwendige Zubehör hinzufügen.

Die Prüfung kann auf das Zusammenstellen von Teilen des Gerätes beschränkt bleiben, wenn bereits dadurch zur Überzeugung des Prüfungsausschusses der Nachweis der erforderlichen Fertigkeit erbracht worden ist.

Zusatzfragen aus dem theoretischen Teil der Prüfung sind nicht zulässig.

Im Teil I der praktischen Prüfung müssen Sie mindestens 25 von 28 Punkten erreichen.

Dazu zählt mit zwei Punkten auch die Reihenfolge des Zubehörs. Wird ein notwendiges Zubehörteil weggelassen, fehlen zwar in der Bewertung dafür die entsprechenden Punkte, die Reihenfolge wird allein durch das Fehlen eines Zubehörteils aber nicht falsch.

Beispiel: Beim Zusammenstellen der „Spinnrute zum Fang von Hechten" (A5) wird die Rachensperre vergessen. Alle anderen Geräte einschließlich der Reihenfolge des übrigen Zubehörs sind richtig. Der Kandidat besteht die praktische Prüfung mit 27 Punkten.

Im Teil II der praktischen Prüfung müssen mindestens vier von sechs nach dem Zufallsprinzip vorgelegten Bildtafeln mit den richtigen Artnamen benannt werden.

Erklärt der Prüfungsausschuss einen der aufgeführten Teile der Prüfung für nicht bestanden, so ist der Prüfling von der weiteren Teilnahme an der Prüfung ausgeschlossen.

Hat der Prüfling den genannten Mindestanforderungen im schriftlichen oder praktischen Teil der Prüfung nicht entsprochen, braucht in einem neuen Prüfungsverfahren nur der nicht bestandene Teil der Prüfung wiederholt werden.

# Fachbegriffe

| | |
|---|---|
| *abiotische Faktoren* | Einflüsse, die von der unbelebten Umwelt ausgehen. Auf Fische wirken u.a. Witterungsverhältnisse, Strömungskräfte und chemische Zusammensetzung des Wassers. |
| *Abgrabung/-sgewässer* | bei der Abgrabung von Ton, Sand oder Kies zurückbleibende, wassergefüllte Senke |
| *Altgewässer* | ehemalige Flussschlinge, die nur noch einseitig an den Fluss angeschlossen ist (Altarm) oder mit diesem nur noch bei Hochwasser bzw. über das Grundwasser in Verbindung steht (Altwasser) |
| *anorganisch* | unbelebt (→organisch) |
| *aquatisch* | im Wasser lebend |
| *adult* | heranwachsend bzw. geschlechtsreif; im Gegensatz zu Jugendstadien bzw. →Larve |
| *anadrom* | Wanderverhalten von Fischen, die zum Laichen vom Meer in die Flüsse schwimmen |
| *Anatomie/anatomisch* | Lehre vom inneren Bau der Pflanzen und Tiere; den Bauplan betreffend |
| *Biotop* | Lebensraum einer Artengemeinschaft, der durch bestimmte Umwelteinflüsse gekennzeichnet ist |
| *Brackwasserzone* | Flussmündungsgebiete, wo sich Süß- und Salzwasser vermischen |
| *eingebürgerte Fischarten* | ursprünglich →gebietsfremde Fischarten, die bewusst eingeführt wurden und über einen längeren Zeitraum stabile wildlebende →Populationen bilden |
| *Embryo* | frühes Entwicklungsstadium eines Tieres im Ei |

## Fachbegriffe

| | |
|---|---|
| örtlich eng begrenztes Vorkommen von Tier- und Pflanzenarten. Endemische Arten sind besonders häufig auf Inseln anzutreffen, weil dort der Austausch des Erbguts eingeschränkt ist. | *endemisch* |
| künstliche, durch Menschen geschaffene →Lebensräume für Pflanzen und Tiere. Manche Arten können diese anstatt zerstörter natürlicher Lebensräume annehmen. Baggerseen mit Verbindung zum Fluss können beispielsweise einige Funktionen der fehlenden Auengewässern übernehmen. | *Ersatzlebensraum* |
| Anreicherung mit Pflanzennährstoffen, Düngung | *Eutrophierung* |
| stammesgeschichtliche Entwicklung von Tier- und Pflanzenarten durch das Zusammenwirken von zufälligen Veränderungen im Erbgut (Mutationen) und natürlicher Auslese (Selektion) | *Evolution* |
| festgelegte Fangmengen bei der gemeinsamen Nutzung von Fischbeständen. Vor allem Seefischbestände werden durch internationale Übereinkommen vor →Überfischung geschützt. | *Fangquoten* |
| →Larve | *Fischlarve* |
| künstliche Aufstiegshilfe für Fische an einem Wanderhindernis im Fließgewässer | *Fischtreppe* |
| Entfernung, bei der wildlebende Tiere die Flucht ergreifen, wenn sich Menschen oder Raubtiere nähern | *Fluchtdistanz* |
| Fische, die sich im Gegensatz zu →Raubfischen nicht von anderen Fischen ernähren. Der Begriff ist irreführend, weil auch Friedfische überwiegend tierische Nahrung (→Makrozoobenthos) aufnehmen. | *Friedfische* |
| (allg. gebietsfremde Tierarten = Neozoen) nicht einheimische Fischarten, die unter direkter oder indirekter Mitwirkung des Menschen angesiedelt wurden. Als zeitliche Abgrenzung des Begriffs „einheimisch" wurde das Jahr 1492, das Datum der Entdeckung Amerikas gewählt. | *gebietsfremde Fischarten* |

## Fachbegriffe

| | |
|---|---|
| *genetisch/Genetik* | die Vererbung betreffend; Vererbungslehre. Aus Untersuchungen des Erbguts können Verwandtschaftsbeziehungen von Fischarten und -populationen abgeleitet werden. |
| *Gewässerdynamik* | aus der Strömung resultierende, gestalterische Kraft von Fließgewässern, die sich unmittelbar auf die umgebende Landschaft auswirkt |
| *Habitat* | Lebensraum einer Tier- oder Pflanzenart unter Einbeziehung aller wirksamen Umwelteinflüsse |
| *Hege* | Eingriffe in wildlebende Tier→populationen sowie deren Lebensräume zur Erhaltung und Regulierung der Bestände |
| *hydrostatisch/ -es Organ* | im Gleichgewichtszustand mit Flüssigkeiten befindlich; Körperteil, der diesen Zustand bewirkt |
| *Kaltwasserfische* | Fischarten, deren →Stoffwechsel an niedrige Temperaturen angepasst ist. Kaltwasserfische zeichnen sich durch ein hohes Sauerstoffbedürfnis aus. |
| *katadrom* | Wanderverhalten von Fischen, die zum Laichen aus den Flüssen ins Meer schwimmen |
| *Kannibalismus* | Auffressen von Artgenossen |
| *Kieslückensystem* | Lebensraum zwischen den Steinen im Boden. Im Kieslückensystem herrscht ständiger Wasseraustausch, sofern es nicht durch Feinsedimente wie Sand oder →organisches Material zugesetzt wird. |
| *Kleinfische* | Fischarten von geringer Körpergröße, die zwar fischereiwirtschaftlich unbedeutend sind, die aber wichtige ökologische Funktionen im Gewässer erfüllen können |
| *Kleinwasserkraftwerke* | Anlagen zur Stromerzeugung mittels Wasserkraft. Die mit erheblichen ökologischen Schäden verbundenen Kleinwasserkraftwerke mit einer Leistung bis zu 1 MW (Megawatt) haben nur einen geringen Anteil (unter 1 %) an der Gesamtproduktion elektrischer Energie. |
| *Kulturfolger* | Tiere und Pflanzen, die aus der →Kulturlandschaft einen Vorteil ziehen |

## Fachbegriffe

| | |
|---|---|
| durch die kultivierende Tätigkeit des Menschen seit Jahrhunderten geprägte Landschaft. Im Gegensatz dazu stehen Naturlandschaften, die es in Mitteleuropa aber kaum noch gibt. | *Kulturlandschaft* |
| →Substrat | *Laichsubstrat* |
| Lebensabschnitt der Jugend, in dem sich die Entwicklungsstadien im Aussehen deutlich von →adulten Tieren unterscheiden | *Larve/Larvalphase* |
| Tierart, die für eine bestimmte Kombination von Umweltparametern typisch ist. Fischarten sind typisch und namensgebend für Fließgewässerabschnitte und Seen. | *Leit(fisch)art* |
| am Boden von Gewässern lebende Tiere, die mit bloßem Auge sichtbar sind | *Makrozoobenthos* |
| sehr kleine Organismen, die mit bloßem Auge nicht mehr sichtbar sind | *Mikroorganismen* |
| Zersetzung →organischen Materials bis zu den →anorganischen (mineralischen) Bestandteilen. An dieser Stufe des Stoffabbaus sind vor allem Bakterien und Pilze beteiligt. | *Mineralisierung* |
| über einen längeren Zeitraum gleich bleibender Ertrag. Bei einer nachhaltigen fischereilichen Bewirtschaftung wird nur der jährliche Zuwachs eines Fischbestandes abgeschöpft. | *nachhaltiger (fischereilicher) Ertrag* |
| Abfolge von Organismen, die durch Nahrungsbeziehungen miteinander verbunden sind | *Nahrungskette* |
| Fließgewässer, die in ein übergeordnetes Gewässer münden | *Nebengewässer* |
| Gesamtheit der Beziehungen, die eine Tier- oder Pflanzenart mit ihrer belebten und unbelebten Umwelt verbindet. Der Begriff „Nische" wird häufig nur räumlich gedeutet und dadurch missverstanden. | *ökologische Nische* |

## Fachbegriffe

**Ökosystem**    Gefüge aus verschiedenen Organismen und Umwelteinflüssen, die miteinander in engen Wechselbeziehungen stehen. Ökosysteme sind nicht abgeschlossen, sondern stehen durch Stofftransporte und Organismenwanderungen miteinander in Verbindung.

**organisch**    lebend (im Gegensatz zu anorganisch = unbelebt). Materie, die hauptsächlich aus Kohlenstoffverbindungen besteht und daher Tieren als Nahrungsgrundlage dient. Organisches Material ist fäulnisfähig, d.h. es kann unter Sauerstoffverbrauch abgebaut werden.

**organische Gewässerbelastung**    Übermäßiger Eintrag →organischen Materials in die Gewässer, hauptsächlich aus der Landwirtschaft. Beim Abbau durch →Mikroorganismen wird Sauerstoff verbraucht.

**Organismen**    Lebewesen (Tiere oder Pflanzen)

**Parasiten**    Tiere oder Pflanzen, die für ihre Ernährung, Fortpflanzung oder Verbreitung auf fremde Organismen angewiesen sind (sog. Wirte). Die Beziehung nutzt nur den Parasiten, während die Wirte unterschiedlich stark geschädigt werden.

**pelagisch/Pelagial**    im Freiwasser lebend; Freiwasserzone

**Phytoplankton**    pflanzliches →Plankton

**Plankton**    Gemeinschaft →aquatischer Lebewesen, die frei im Wasser schweben. Planktonorganismen verfügen nur über geringe Schwimmleistungen, so dass sie von den vorherrschenden Strömungen →verdriftet werden.

**Population**    Fortpflanzungsgemeinschaft einer Tierart mit gemeinsamen →genetischen Merkmalen

**Renaturierung**    Wiederherstellung naturnaher Lebensräume. Durch Renaturierungsmaßnahmen wird nicht nur der frühere Ausbau der Gewässer zurückgenommen, sondern häufig ein nach menschlichem Ermessen naturnaher Zustand modelliert.

## Fachbegriffe

| | |
|---|---|
| Sauerstoffgehalt im Wasser, ausgedrückt in Prozent [%]. Die Sättigungswerte werden neben den Konzentrationswerten [mg/l] verwendet, weil die physikalische Löslichkeit von Sauerstoff in Wasser temperaturabhängig ist. | *Sauerstoffsättigung* |
| Von der Fischereiverwaltung oder Gewässerpächtern erlassene Bestimmungen zum Schutz der Fischbestände. Schonzeiten und Mindestmaße sind in NRW durch die Landesfischereiordnung geregelt. | *Schonbestimmungen* |
| →anorganische oder →organische Teilchen, die aufgrund ihrer geringen Größe im Wasser schweben | *Schwebstoffe* |
| Wasserschicht, in der sich Temperatur und Dichte des Wassers mit der Tiefe sprunghaft ändern | *Sprungschicht* |
| Umwandlung von Stoffen im Körper eines Lebewesens. Der Stoffwechsel dient zur Erhaltung lebenswichtiger Körperfunktionen und zum Aufbau von Körpersubstanz. | *Stoffwechsel* |
| Untergrund aus Steinen, Pflanzen oder Totholz, der für verschiedene Lebensvorgänge eine Bedeutung hat, z.B. als Laichsubstrat für die Eiablage von Fischen | *Substrat* |
| Summe der Tagestemperaturen während der Entwicklungsdauer von Fischeiern. Bei 20°C Wassertemperatur entwickeln sich die Eier des Karpfens z.B. in 4 Tagen, was 80 d° entspricht. | *Tagesgrade (d°)* |
| →Sprungschicht | *Temperatursprungschicht* |
| Fließ- und Stillgewässer, die bei geringen Niederschlägen zeitweilig im Jahr austrocknen. Speziell angepasste Organismen überstehen die Trockenphasen durch widerstandsfähige Dauerstadien. | *temporäre Gewässer* |
| abgestorbenes Holz (umgestürzte Bäume, Treibholz), das als →Substrat und zur Bildung von Gewässerstrukturen dient | *Totholz* |
| Ausbeutung von Fischbeständen über den natürlichen Zuwachs hinaus. Durch die übermäßige Entnahme u.a. von Jungfischen lässt der fischereiliche Ertrag nach. | *Überfischung* |

## Fachbegriffe

**Umgehungsgerinne** — Fischwanderhilfe in natürlicher Bauweise. Zur Umgehung eines Querbauwerks wird ein künstliches Flussbett angelegt. Für die meisten Fische und →Wirbellosen ist dies eine geeignete Form der Wanderhilfe.

**Vegetationsperiode** — Wachstumsphase der Pflanzen von Frühjahr bis Herbst bei mittleren Temperaturen > 5 °C.

**Verbuttung** — Kleinwüchsigkeit aufgrund von Nahrungsmangel bei hoher Fischdichte. Insbesondere anspruchslose Fischarten wie Brassen, Rotauge und Flussbarsch, die auch unter ungünstigen Bedingungen eine hohe Vermehrungsrate aufweisen, neigen zur Massenentwicklung.

**verdriften** — von der Strömung mitgenommen werden. Vor allem kleine, im Wasser schwebende Organismen (→Plankton) treiben mit den vorherrschenden Strömungen.

**Verlandung** — Zuwachsen eines Stillgewässers von den Ufern durch die ständige Ablagerung von Pflanzensubstanz

**Vertikalwanderungen** — tageszeitabhängige senkrechte Bewegungen von →Planktonorganismen und Fischen

**Weißfische** — Umgangssprachliche Bezeichnung für eine Gruppe häufiger karpfenartiger Fische, die hell bis silbrig gefärbt sind (z.B. Brassen, Güstern, Rotaugen, Rotfedern, Hasel, Döbel, Ukelei)

**Wirbellose** — Tiere, die im Gegensatz zu den Wirbeltieren kein inneres Stützskelett aufweisen. Dazu zählen z.B. die artenreichen Gliedertiere mit den Krebsen und Insekten. Diese stellen einen bedeutenden Teil des →Makrozoobenthos.

**Zooplankton** — tierisches →Plankton

*Notizen*

*Notizen*